21 世纪高职高专能力本位型系列规划教材·物流管理系列

# 物流设施与设备

主　编　傅莉萍　涂华斌
副主编　廖　敏

# 内 容 简 介

本书立足于高职高专学生的特点及未来从业的实际需要,依据教育部高职高专物流管理专业新教学大纲,密切结合我国物流企业在物流管理过程中的实际情况,本着"科学性、理论性和实用性相结合,现实性和前瞻性相结合"的原则编写而成。本书主要介绍了物流运输设施设备、装卸搬运设备、集装单元化设备、仓储设施与设备、自动分拣设备、流通加工设备和物流信息设备的功能、特点、选用以及管理,内容体系完整,简洁实用,重点突出。

本书可作为高职高专物流管理、企业管理、工商管理等专业的教材,也可作为物流企业管理人员的培训用书。

**图书在版编目(CIP)数据**

物流设施与设备/傅莉萍,涂华斌主编. —北京:北京大学出版社,2013.7
(21世纪高职高专能力本位型系列规划教材・物流管理系列)
ISBN 978-7-301-22823-4

Ⅰ.①物… Ⅱ.①傅…②涂… Ⅲ.①物流—设备管理—高等职业教育—教材 Ⅳ.①F252

中国版本图书馆 CIP 数据核字(2013)第 154157 号

| | |
|---|---|
| 书　　　名: | 物流设施与设备 |
| 著作责任者: | 傅莉萍　涂华斌　主编 |
| 策 划 编 辑: | 蔡华兵　陈颖颖 |
| 责 任 编 辑: | 陈颖颖 |
| 标 准 书 号: | ISBN 978-7-301-22823-4/F・3672 |
| 出 版 发 行: | 北京大学出版社 |
| 地　　　址: | 北京市海淀区成府路 205 号　100871 |
| 网　　　址: | http://www.pup.cn　新浪官方微博:@北京大学出版社 |
| 电 子 信 箱: | pup_6@163.com |
| 电　　　话: | 邮购部 62752015　发行部 62750672　编辑部 62750667　出版部 62754962 |
| 印 刷 者: | 北京鑫海金澳胶印有限公司 |
| 经 销 者: | 新华书店 |
| | 787 毫米×1092 毫米　16 开本　13.75 印张　313 千字 |
| | 2013 年 7 月第 1 版　2016 年 7 月第 2 次印刷 |
| 定　　　价: | 28.00 元 |

未经许可,不得以任何方式复制或抄袭本书之部分或全部内容。
**版权所有,侵权必究**
举报电话:010-62752024　电子信箱:fd@pup.pku.edu.cn

# 前　言

本书是为了满足高职高专"以服务为宗旨、以就业为导向"的目标，培养既具备理论知识水平又具有一定动手操作能力的物流人才而编写的。

本书依据高职高专教育的培养目标和人才培养模式的基本特征，围绕适合社会需要和职业岗位群的要求，坚持以提高学生整体素质为基础，以培养学生的应用物流设施设备能力，特别是创新能力和实践能力为主线，全面地介绍了物流设施与设备在物流活动过程各环节的应用。本书遵循物流职业资格认证培训的相关标准，着重阐述了物流设施与设备的合理选择、使用和管理，重点分析了常见物流设施与设备的特点、功能和作用。全书内容体系完整、理论够用、内容新颖，每章都安排技能训练，突出实用性。

本书由广东培正学院傅莉萍和江西城市职业学院涂华斌担任主编，廖敏担任副主编。具体编写分工为：傅莉萍编写第 1、2、3 章；廖敏编写第 4、5、6 章；陈玮茵、丘惠翠编写第 7 章；涂华斌编写第 8 章。本书的出版获得了广东培正学院教材建设立项资助，在此向有关领导表示感谢！在编写本书的过程中，编者得到了北京大学出版社的指导、支持和帮助，在此表示感谢！此外，本书编写过程中，参考了国内外有关物流设施与设备管理方面的众多教材，引用了相关资料和数据，在此对相关企业和相关资料的撰写者表示衷心的感谢！

本书编写力图反映现代物流设施与设备方面的最新知识，但限于教材结构、编写时间、编者学识水平和经验，书中错误和缺点在所难免，恳请业内专家学者、广大读者批评指正，以便再版时改正。欢迎与我们联系交流：hzne999888@163.com。

编　者

2013 年 3 月

# 目　录

**第 1 章　物流设施设备** .................................... 1
  1.1　物流设施设备概述 ............................ 2
    1.1.1　物流设施设备的概念和构成 ...... 2
    1.1.2　物流设施设备在物流系统中的
           地位和作用 ............................ 4
    1.1.3　我国物流设备的发展趋势 ......... 5
  1.2　物流设施设备的选配 ........................ 6
    1.2.1　物流设施设备选配的基本要求 ... 6
    1.2.2　物流设施设备选配的原则 ......... 7
  1.3　物流设备管理 ................................... 9
    1.3.1　物流设备管理概述 .................... 9
    1.3.2　物流设备的评价 ...................... 10
    1.3.3　物流设备的合理使用 ............... 11
    1.3.4　物流设备的维护保养与修理 ..... 14
    1.3.5　物流设备的更新与改造 ........... 15
  本章小结 .................................................. 17
  课后习题 .................................................. 17
  技能训练 .................................................. 18

**第 2 章　运输设施设备** .................................... 19
  2.1　铁路运输设施与设备 ...................... 20
    2.1.1　铁路运输概述 ......................... 20
    2.1.2　铁路运输的主要设施设备 ....... 21
  2.2　公路运输设施与设备 ...................... 25
    2.2.1　公路运输概述 ......................... 25
    2.2.2　公路运输的主要设施设备 ....... 26
  2.3　水路运输设施与设备 ...................... 32
    2.3.1　水路运输概述 ......................... 32
    2.3.2　水路运输的主要设施设备 ....... 33
  2.4　航空运输设施与设备 ...................... 41
    2.4.1　航空运输概述 ......................... 41
    2.4.2　航空运输的主要设施设备 ....... 42
  2.5　管道运输设施与设备 ...................... 46
    2.5.1　管道运输概述 ......................... 46
    2.5.2　管道运输的主要设施设备 ....... 47
  本章小结 .................................................. 48
  课后习题 .................................................. 48
  技能训练 .................................................. 50

**第 3 章　装卸搬运设备** .................................... 51
  3.1　装卸搬运设备概述 .......................... 52
    3.1.1　装卸搬运 ................................. 52
    3.1.2　装卸搬运设备概念及作用 ....... 56
    3.1.3　装卸搬运设备分类及管理 ....... 56
  3.2　起重设备 ........................................ 58
    3.2.1　起重设备的概念及分类 ........... 58
    3.2.2　起重设备的组成 ...................... 62
    3.2.3　起重设备的常见类型 ............... 66
  3.3　叉车 ............................................... 67
    3.3.1　叉车的概念、特点及分类 ....... 67
    3.3.2　叉车的组成 ............................. 70
    3.3.3　叉车的使用性能 ...................... 72
  3.4　连续输送设备 ................................. 73
    3.4.1　连续输送设备的概念、特点及
           分类 ....................................... 73
    3.4.2　连续输送设备的主要性能
           指标 ....................................... 75
    3.4.3　连续输送设备的常见类型 ....... 76
  3.5　自动导引搬运车 .............................. 81
    3.5.1　自动导引搬运车的概念与
           使用特点 ............................... 81
    3.5.2　自动导引搬运车的分类和
           结构 ....................................... 82
    3.5.3　自动导引搬运车的运行调度 ..... 83
  本章小结 .................................................. 85
  课后习题 .................................................. 85
  技能训练 .................................................. 86

**第 4 章　集装单元化设备** ................................ 87
  4.1　集装单元化 .................................... 88

  4.1.1 集装单元化概述 .................... 88
  4.1.2 集装单元化设备的类型 ......... 89
  4.1.3 集装单元化设备的合理配置 ..... 90
 4.2 集装箱 ........................................... 92
  4.2.1 集装箱的定义和优缺点 ......... 92
  4.2.2 集装箱的结构 ........................ 92
  4.2.3 集装箱的分类 ........................ 93
  4.2.4 集装箱的标准化 .................... 97
  4.2.5 集装箱的使用管理 ................ 98
 4.3 托盘 .............................................. 102
  4.3.1 托盘的概念、特点及分类 ..... 102
  4.3.2 托盘的标准化 ........................ 104
  4.3.3 托盘的集装方法及使用 ......... 104
 4.4 其他集装器具 ............................... 108
  4.4.1 集装袋 .................................... 108
  4.4.2 仓库（储）笼 ........................ 111
本章小结 ................................................... 112
课后习题 ................................................... 112
技能训练 ................................................... 114

## 第5章 仓储设施与设备 ............... 115

 5.1 仓库 .............................................. 116
  5.1.1 仓库的概念和分类 ................ 116
  5.1.2 仓库的功能 ............................ 119
  5.1.3 仓库的主要性能指标 ............ 120
  5.1.4 自动化立体仓库 .................... 121
 5.2 货架 .............................................. 124
  5.2.1 货架的概念、作用及分类 ..... 124
  5.2.2 常用货架的特点及用途 ......... 125
 5.3 站台 .............................................. 129
  5.3.1 站台概述 ................................ 129
  5.3.2 装卸平台 ................................ 130
  5.3.3 站台接泊板 ............................ 132
  5.3.4 剪式升降平台 ........................ 132
  5.3.5 移动式登车桥 ........................ 133
 5.4 其他仓储设施与设备 ................... 133
  5.4.1 计量设备 ................................ 133
  5.4.2 仓储保管养护设备 ................ 135
  5.4.3 仓储安全消防设备 ................ 136

本章小结 ................................................... 138
课后习题 ................................................... 138
技能训练 ................................................... 140

## 第6章 自动分拣设备 ..................... 141

 6.1 自动分拣设备概述 ....................... 142
  6.1.1 分拣作业 ................................ 142
  6.1.2 分拣输送系统 ........................ 143
  6.1.3 自动分拣输送系统 ................ 145
 6.2 常用的自动分拣机 ....................... 146
 6.3 电子标签拣选系统 ....................... 151
  6.3.1 电子标签辅助拣货系统概述 ... 151
  6.3.2 电子标签辅助拣货系统的
     结构组成 ................................ 153
  6.3.3 电子标签辅助拣货系统的
     类型 ........................................ 154
 6.4 拣选系统合理配置和使用 ........... 155
  6.4.1 拣选系统配置原则 ................ 155
  6.4.2 分拣系统合理使用 ................ 156
本章小结 ................................................... 157
课后习题 ................................................... 157
技能训练 ................................................... 158

## 第7章 流通加工设备 ..................... 159

 7.1 流通加工机械设备 ....................... 160
  7.1.1 流通加工概述 ........................ 160
  7.1.2 流通加工设备概述 ................ 160
 7.2 包装机械设备 ............................... 166
  7.2.1 包装机械设备的概念 ............ 166
  7.2.2 包装机械设备的类型 ............ 166
 7.3 包装自动生产线 ........................... 172
  7.3.1 包装自动生产线的概念 ......... 172
  7.3.2 包装自动生产线的分类 ......... 173
  7.3.3 典型的包装生产线 ................ 173
 7.4 冷链设备 ....................................... 174
  7.4.1 冷链概述 ................................ 174
  7.4.2 冷链物流 ................................ 176
  7.4.3 常见的冷链设备 .................... 176

本章小结 .................................................... 180
课后习题 .................................................... 180
技能训练 .................................................... 182

## 第 8 章　物流信息设备 .................................... 183

8.1　物流信息设备概述 .................................... 184
  8.1.1　物流信息的概念及分类 ........... 184
  8.1.2　物流信息设备的概念、分类及
     特点 ................................................ 185
8.2　自动识别设备 ............................................ 186
  8.2.1　自动识别技术 ........................... 186
  8.2.2　条形码技术与设备 ................... 186
  8.2.3　无线射频技术与设备 ............... 194
8.3　EDI 与 POS 系统 ...................................... 197
  8.3.1　EDI 系统 ................................... 197
  8.3.2　POS 系统 .................................. 199
8.4　GPS 与 GIS ............................................... 201
  8.4.1　GPS ........................................... 201
  8.4.2　GIS ............................................ 204

本章小结 .................................................... 206
课后习题 .................................................... 206
技能训练 .................................................... 207

## 参考文献 .................................................... 209

# 第 1 章

## 物流设施设备

WULIU SHESHI SHEBEI

【知识目标】

(1) 理解物流设备与设施的基本概念。
(2) 掌握物流设备的分类标准和主要类型。
(3) 熟悉物流机械设备的发展现状和趋势。
(4) 明确物流设备管理的基本内容。

【能力目标】

(1) 掌握基本的物流设备管理手段。
(2) 能够根据实际作业需求选定正确的物流设备类型。

**【导入案例】**

我国《道路运输业"十二五"发展规划纲要》对道路运输提出了具体目标：2015 年营运货车达到 1 200 万辆，道路运输货运量、货物周转量分别达到 300 亿吨、58 400 亿吨公里；国家公路运输枢纽客、货运站场建成率分别达到 50%、40%；中高级客车所占比重以及重型专用、厢式货车所占比重分别达到 40%和 25%；营运货车实载率达到 60%；牵引车与挂车比例达到 1∶2，甩挂运输完成的周转量在道路货运中的比重达到 12%以上；完成货运量达到 165～180 亿吨，货物周转量 12 000 亿～13 500 亿吨公里，年均增长率分别为 4.0%和 5.3%；全国等级汽车货运站达到 2 800 个，国家规划的 49 个公路主枢纽基本建成，中心城市形成综合性的客运枢纽、物流中心或物流园区；中等城市和县级城市都要建成等级货运站，人口在 20 万以上的城市至少建成一个等级货运站；以国家高速公路网为依托，快速货运网络基本形成，基本实现 400～500 公里以内当日往返，800～1 000 公里以内当日到达；集装箱运输、甩挂运输得到快速发展，装卸搬运机械化、自动化得到普及，集疏运效率大大提高，促进和保障物流产业的快速有序发展。

思考分析：

(1) 如何定义物流设施与设备？案例中提到了哪些物流设施与设备？

(2) 如何科学地划分物流设施与设备的类型？

## 1.1　物流设施设备概述

### 1.1.1　物流设施设备的概念和构成

1．物流设施设备的概念

物流活动是指物流诸功能的实施与管理的过程，它由包装、搬运（装卸）、运输、储存、配送和流通加工等环节构成。物流作业是指实现物流功能时所进行的具体操作活动。

物流设施与设备是进行各项物流活动和物流作业所需要的设施与设备的总称。物流活动的实现需要相应的劳动场所和劳动工具，而这些劳动场所和劳动工具就是物流设施与设备。

物流系统的建立和运行需要有大量技术装备手段，这些手段的有机联系对物流系统的运行有决定意义。这些要素对实现物流和某一方面的功能也是必不可少的，主要有以下几个要素。

（1）物流设施。它是组织物流系统运行的基础物质条件，包括物流站、场，物流中心、仓库，物流线路，建筑、公路、铁路和港口等。

（2）物流装备。它是保证物流系统开动的条件，包括仓库货架、进出库设备、加工设备、运输设备和装卸机械等。

（3）物流工具。它是物流系统运行的物质条件，包括包装工具、维护保养工具和办公设备等。

（4）信息技术及网络。它是掌握和传递物流信息的手段，根据所需信息水平不同，包括通信设备及线路、传真设备、计算机及网络设备等。

（5）组织及管理。它是物流网络的"软件"，起着连接、调运、运筹、协调和指挥其他各要素以保障物流系统目的实现的作用。

2. 物流设施设备的构成

1）物流设施

任何一项生产经营活动都必须有一定的活动空间，物流设施就是物流活动的空间，它贯穿了物流的全过程，涉及物流的各个作业环节，主要有以下两大类。

（1）物流基础性设施。这类设施多为公共设施，是宏观物流的基础，主要由政府或机构投资建设，其特点是战略地位高、辐射范围大。

① 物流网络结构中的节点：包括大型交通枢纽，如铁路枢纽、公路枢纽、航空港枢纽和水路枢纽港，也包括国家级战略物流储备中心、辐射性强的物流基地等。

② 物流网络结构中的线路：包括铁路、公路、航线、航道和管道等。

③ 物流基础信息平台：为企业提供基础物流信息服务，如交通状况信息、交通组织与管理信息、城市商务及经济地理信息等，用于共享物流信息，提供物流宏观管理决策支持。

（2）物流功能性设施。这类设施既有企业自有的，也有第三方物流企业拥有的，是提供物流功能性服务的基本手段。

① 以存放货物为主要职能的节点：如储备仓库、营业仓库、中转仓库和货栈等，货物在这种节点上停滞的时间较长。

② 以组织物资在系统中实现移动为主要职能的节点：如流通仓库、流通中心、配送中心和流通加工点等。

③ 物流系统中的载体：包括货运车辆、货运列车、货运船舶、货运飞机和管道等。

2）物流设备

物流设备是指用于储存、搬卸装运、运输、包装、流通加工、配送、信息采集与处理等物流活动的设备或装备。根据物流设备所能提供的功能可将其划分为6大类：运输配送设备、储存设备、装卸搬运设备、流通加工设备、物流信息技术设备、集装单元器具。

（1）运输配送设备。在物流活动中，运输始终居于核心地位，它承担了物品在空间各个环节的位置移动，解决了供给者和需求者之间场所的分离，是创造空间效用的主要功能要素，具有以时间换取空间的特殊功能。运输在物流中的独特地位对运输设备提出了更高的要求，要求运输设备具有高速化、智能化、通用化、大型化、安全可靠的特点，以提高运输的作业效率，降低运输成本，最大程度地发挥运输设备的作用。

运输配送设备是指用于较长距离运输货物的设备。根据运输方式的不同，运输配送设备可分为公路运输设备、铁道运输设备、水路运输设备、航空运输设备和管道运输设备等。

（2）储存设备。仓储是指利用仓库及相关设施设备进行物品的进库、储存、出库的作业过程。保管是对物品进行储存，并对其进行物理性管理的活动。储存即保护、管理、贮藏物品，在物流系统中起着缓冲、调节、集散和平衡的作用，是物流系统的另一个核心环节。储存设备是指在仓储及储存过程中所需要的设备和器具，主要包括货架、起重堆垛机械、商品质量检验器具和商品保管维护工具等，也包括装卸搬运机械。

（3）装卸搬运设备。装卸是指物品在指定地点以人力或机械装入运输设备或卸下的活动。搬运是指在同一场所内，对物品进行以水平移动为主的物流作业。装卸搬运设备是指用于搬移、升降、装卸和短距离输送物料的设备。它是物流系统中使用频率最高、使用数量最多的一类设备，是物流设备的重要组成部分，主要包括人力、机械化、自动化搬运车辆，连续输送及自动分拣机械，起重机械等。

装卸搬运设备主要应用于港口码头、物流园区、物流中心、配送中心、货运站场、仓库等物流节点内。在这些物流节点内，装卸搬运的工作量和所花费的时间，耗费的人力、物力在整个物流过程中都占有很大的比重。因此，合理配置装卸搬运设备对提高整个物流系统的效率和降低物流总成本都有很大的影响。

（4）流通加工设备。流通加工是指物品在从生产地到使用地的过程中，根据需要施加包装、分割、计量、分拣、刷标志、拴标签、组装等简单作业的总称。它是商品流通中的一种特殊形式，是弥补生产过程加工程度的不足、更有效地满足用户多样化的需要、更好地衔接产需并促进销售的一种高效、辅助性的加工活动。流通加工设备是指进行流通加工活动所需的各类设备。

（5）物流信息技术设备。物流信息技术是指运用于物流各环节中的信息技术。根据物流的功能及特点，物流信息技术包括计算机技术、网络技术、信息分类编码技术、条码技术、射频识别技术、电子数据交换技术、全球定位系统（GPS）、地理信息系统（GIS）等。在这些技术的应用过程中，都必须配备相应的技术设备。例如，条码技术的典型设备包括条码数据采集器、无线车载终端和无线基站等；无线射频自动识别技术的典型设备包括电子标签、读写器和读写天线等。

（6）集装单元器具。集装单元器具是一种便于储运物料的载体单元，是物流机械化、自动化作业的基础。它把各式各样的物料集装成集装单元，主要有托盘、集装箱、集装袋和其他类型的集装单元器具。货物经集装和组合包装后，大大提高了搬运活性，随时处于准备流动的状态，便于储存、装卸搬运、运输等环节的合理组织，便于实现物流作业的标准化、机械化和自动化。

## 1.1.2 物流设施设备在物流系统中的地位和作用

物流系统是由若干个相互区别、相互联系而又相互作用的要素组成，处于一定的物流环境之中，为达到物流活动的整体目标而存在的有机整体。其基本组成要素包括人、财、物、设备、信息、组织管理等。因此，物流设施与设备作为构成物流系统的基本要素之一，其在物流系统中的地位和作用可概括如下。

1. 物流设施与设备是物流系统的物质基础和重要资产

任何物流系统的正常运转都离不开物流设施与设备的支持，不同的物流系统必须在不同的物流设施与设备的支持下才能正常运行。因此，物流技术与物流装备是实现物流功能的技术保证。而且，物流设施与设备往往需要很大的投资。现代物流设施与设备既是技术密集型的物流服务工具，也是资金密集型的社会财富。因此，科学合理地配置和运用物流设施与设备是提高物流系统效率、降低物流总成本的关键技术手段，也是提高企业经济效益和社会效益的重要方法。

2. 物流设施与设备涉及物流系统的全过程

根据物流设施与设备的基本概念，在物流系统运营中，物流各基本功能的实现以及实现物流功能目标的全过程，都离不开相应的物流设施与设备，并且物流设施与设备配置的合理与否直接影响着整个物流系统的运营效率和效果。

3．物流设施与设备是物流服务水平的重要标志

随着国民经济的不断发展，人们对现代物流服务的要求越来越高，物流设施与设备作为现代物流服务的技术手段，已经成为衡量一个国家、地区和企业的物流服务水平的重要标志。可以说，具备了现代化的物流设施与设备，就具备了向社会提供高水平物流服务的能力。

4．物流设施与设备是物流系统的物质技术基础

不同的物流系统必须在不同的物流设施和设备的支持下才能正常运行。因此，物流设施和设备是实现物流功能的技术保证，是实现物流现代化、科学化、自动化的重要手段。物流系统的正常运转离不开物流设施和设备，正确、合理地配置和运用物流设施与设备是提高物流效率的根本途径，也是降低物流成本、提高经济效益的关键。

5．物流设施与设备是物流技术水平的主要标志

在现代化的物流系统中，自动化仓库技术综合运用了自动控制技术、计算机技术、现代通信技术（包括计算机网络和无线射频技术等）等高科技技术，使仓储作业实现了半自动化、自动化。在物流管理过程中，从信息的自动采集、处理到信息的发布完全可以实现智能化，依靠功能完善的高水平监控管理软件来实现对物流各环节的自动监控，依靠专家系统对物流系统的运行情况进行及时的诊断，对系统的优化提出合理化建议。因此，物流设备与设施的现代化水平是物流技术水平高低的主要标志。

### 1.1.3　我国物流设备的发展趋势

随着现代物流的发展，物流设备作为其物质基础表现出了以下几个方面的发展趋势。

1．大型化和高速化

大型化指设备的容量、规模、能力越来越大。大型化是实现物流规模效应的基本手段，可以提升物流系统功能，目前载重超过 400 t 的运输车辆已经出现。

高速化是指设备运行速度、识别速度、运算速度大大加快，以提高物流作业效率。

2．实用化和轻型化

物流设备应适应不同的作业要求，应好用、易维护、易操作，具有耐久性、无故障性、良好的经济性以及较高的安全性、可靠性和环保性。物流设备要考虑综合效益，可降低外形高度、简化结构、降低造价，同时也可减少设备的运行成本。

3．专用化和通用化

随着物流的多样性，物流设备的品种越来越多且不断更新。物流活动的系统性、经济性、机动性、快速化，要求一些设备向专门化方向发展，又有一些设备向通用化、标准化方向发展。

物流设备专门化是提高物流效率的基础，主要体现在两个方面：一是物流设备专门化；二是物流方式专门化。物流设备专门化是以物流工具为主体的物流对象专门化，如从客货混载到客货分载，出现了专门运输客货的飞机、轮船、汽车以及专用车辆等设备和设施。

通用化主要以集装箱运输的发展为代表。国外研制的公路、铁路两用车辆与机车，可直

接实现公路、铁路运输方式的转换。公路运输用大型集装箱拖车可运载海运、空运、铁运的所有尺寸的集装箱,还有客货两用飞机、水空两用飞机以及正在研究的载客管道运输等。通用化的运输工具为物流系统供应链的高效率提供了基本保证。通用化设备还可以实现物流作业的快速转换,极大地提高了物流作业效率。

4. 自动化和智能化

将机械技术和电子技术相结合,将先进的微电子技术、电力拖动技术、光缆技术、液压技术、模糊控制技术应用到机械的驱动和控制系统,实现物流设备的自动化和智能化将是物流设备今后的发展方向。例如,大型高效起重机的新一代电气控制装置将发展为全自动数字化控制系统,可使起重机具有更高的柔性,以提高单机综合自动化水平。自动化仓库中的送取货小车、智能式搬运车(AHV)、公路运输智能交通系统(ITS)的开发和应用已引起各国的广泛重视。此外,将卫星通信技术及计算机、网络等多项高新技术结合起来的物流车辆管理技术正在逐渐被应用。

5. 成套化和系统化

只有当组成物流系统的设备成套且匹配时,物流系统才是最有效、最经济的。在物流设备单机自动化的基础上,通过计算机把各种物流设备组成一个集成系统,通过中央控制室的控制与物流系统协调配合,形成不同机种的最佳匹配和组合,将会取长补短,发挥最佳效用。为此,成套化和系统化物流设备具有广阔的发展前景,以后将重点发展的有工厂生产搬运自动化系统、货物配送集散系统、集装箱装卸搬运系统、货物自动分拣与搬运系统等。

6. 绿色化

绿色化就是要达到环保要求,这涉及两个方面:一是与牵引动力、制造以及辅助材料等技术发展有关;二是与使用有关。对于牵引力的发展,一要提高牵引动力,二要有效利用能源,减少污染排放,使用清洁能源及新型动力。其中涉及的使用因素包括对各物流设备的维护、合理调度、恰当使用等。

 **1.2 物流设施设备的选配**

### 1.2.1 物流设施设备选配的基本要求

物流设施与设备并不是越先进越好,也不是数量越多越好,而是必须根据物流系统的经营目标合理地选择与配置物流设施与设备,并通过管好、用好物流设备,使其充分发挥效能,保证快速、及时、准确、经济地实现物流作业和物流活动。

1. 合理确定物流设施与设备的自动化程度

首先要从系统的角度将物流设备看成物流系统的一个子系统,根据物流系统的总体目标,合理确定物流设备系统的自动化程度。根据自动化程度的不同,物流设备系统可分为机械化系统、半自动化系统和自动化系统。

1)机械化系统

机械化系统是指在物流系统的各环节中,广泛采用各种机械设备代替人力的各种操作来完成物流作业的设备系统。

2）半自动化系统

半自动化系统是指在物流系统的各环节中，主要的物流作业实现了自动化，但仍有一些辅助作业要靠人力来完成的设备系统。

3）自动化系统

自动化系统是指在物流系统的各个环节中，所有的物流作业都由自动化设备来完成，各作业环节和功能的实现由控制系统统一控制，整个物流系统能够按照物流作业指令自动运行的设备系统。

2．合理选用物流设施与设备

合理选用物流设施与设备是指所选用的设施与设备要充分发挥其性能，不能造成功能的浪费。在选用时，既要考虑设施与设备的技术先进性，又要考虑其购置和使用的经济性，同时还要考虑其环保性，不能对环境造成危害。在具体选择和配置时，一定要考虑系统的整体优化问题。单个设备的性能最优，不一定使整个系统的性能最优。因此，要根据所确定的设备系统类型，合理地选择各种设施与设备的类型、技术性能参数和型号规格。

3．充分考虑设施与设备之间的合理配套

合理配套是指在选择和配置物流设施设备时，要充分考虑各物流环节之间所用设施设备的协调配套问题，保证物流系统各环节的作业顺畅有序的进行。

4．设施与设备应具有较强的适应性

在物流系统中，所采用的物流机械设备应能适应各种不同物流环境、物流作业和实际应用的需求，使用方便，符合人机工程学的要求。

5．尽量选用标准化的器具和设备

采用标准化器具和设备有利于实现装卸、搬运、储存等环节的机械化、自动化作业，有利于各环节的有效衔接，能够降低设备和器具的购置和管理费用。

6．设备的配置应充分利用和节约空间

设备的选用应有利于现有空间的有效合理利用，在满足性能要求的前提下，外形尺寸尽量小，占用的作业空间尽量小。

## 1.2.2　物流设施设备选配的原则

物流设施与设备一般投资较大，使用周期较长，特别是一些基础性的设施，如自动化立体仓库从设计到建设再到投入使用最少要半年以上的时间，费用从几百万元到几千万元都有可能。因此，在配置和选择物流设施与设备时，一定要进行科学决策和统一规划，正确地配置和选择物流设施与设备，这样可以为物流作业选择出最优的技术设备，使有限的投资发挥最大的技术经济效益。总体来说，配置和选择物流设施与设备应遵循技术上先进、经济上合理和生产上可行三大原则。

1．技术先进性原则

技术先进性是指配置与选择物流设备能反映当前科学技术的先进成果，在主要技术性能、自动化程度、结构优化、环境保护、操作条件和现代新技术的应用等方面具有技术上的先进性，并在时效性方面能满足技术发展的要求。物流设备的技术先进性是实现物流现代化所必备的技术基础。但先进性是以物流作业适用为前提、以获得最大经济效益为目的的，绝不是不顾现实条件和脱离物流作业的实际需要而片面追求技术上的先进。

2. 经济合理性原则

经济合理性原则不是指一次购置或建造费用低，而是指物流设施设备的寿命周期内的整体成本低，特别是长期使用和维护费用低。任何先进的物流设备的使用都受到经济条件的制约，低成本是衡量机械设备技术可行性的重要标志和依据之一。在多数情况下，物流设备的技术先进性与低成本可能会发生矛盾。但在满足使用的前提下应对技术先进与经济上的耗费进行全面考虑和权衡，做出合理的判断，这就需要进一步做好成本分析。全面考查物流设备的价格和运行成本，选择整个寿命周期费用低的物流设备，才能取得良好的经济效益。

3. 生产可行性原则

生产可行性包括系统性、适用性、可靠性、安全性、一机多用性和环保性等多个方面。

1）系统性

系统性就是在物流设备配置、选择中用系统论的观点和方法，对物流设备运行所涉及的各个环节进行分析，把各个物流设备与物流系统总目标、物流设备之间、物流设备与操作人员之间、物流设备与作业任务等有机严密地结合起来，发挥各个环节的机能，使物流设备的配置、选择最佳，使物流设备能发挥最大的效能，并使物流系统整体效益最优。

2）适用性

适用性是指物流设备满足使用要求的能力，包括适应性和实用性，在配置和选择物流设备时，应充分注意到与物流作业的实际需要和发展规划相适应；应符合货物的特征、货运量的需要；应适应不同的工作条件和多种作业性能要求，操作使用灵活方便。因此，首先应根据物流作业的特点确定必要功能，再选择相应的物流设备。这样的物流设备才有针对性，才能充分发挥其功能。

3）可靠性

可靠性是指物流设备在规定的使用时间和条件下，完成规定功能的能力。它是物流设备的一项基本性能指标，是物流设备功能在时间上的稳定性和保持性。如果可靠性不高，无法保持稳定的物流作业能力，也就失去了物流设备的基本功能。物流设备的可靠性与物流设备的经济性是密切相关的。从经济上看，物流设备的可靠性高就可以减少或避免因发生故障而造成的停机损失与维修费用的支出。但可靠性并非越高越好，这是因为提高物流设备的可靠性需要在物流设备研发制造中投入更多的资金。因此，应全面权衡提高可靠性所需的费用开支与物流设备不可靠造成的费用损失，从而确定最佳的可靠度。

4）安全性

安全性是指物流设备在使用过程中保证人身和货物安全以及环境免遭损害的能力。它主要包括设备的自动控制性能、自动保护性能以及对错误操作的防护和警示装置等。在配置与选择物流设备时，应充分考虑物流设备的安全性，防止人身事故，保证物流作业顺利进行。

5）一机多用性

一机多用性是指物流设备具有多种功能，能适应多种作业的能力。配置用途单一的物流设备，既不方便使用，又不利于管理。配置和选择一机多用的物流设备，可以实现一机同时适宜多种作业环境的连续作业，有利于减少作业环节、提高作业效率并减少物流设备的台数，便于物流设备的管理,从而充分发挥物流设备的潜能,确保以最低的投入获得最大的效益。如叉车具有装卸和搬运两种功能,因此应用极为广泛。

## 1.3 物流设备管理

### 1.3.1 物流设备管理概述

1. 物流设备管理的概念

物流设备管理是以物流设备系统为研究对象,以设备的寿命周期费用最经济和设备综合效率最高为目标,动员全员参加的综合管理。其目的是充分发挥设备效能并寻求寿命周期费用最经济,从而获得最佳投资效果。它是应用一系列理论与方法,通过一系列技术、经济、组织措施,对设备的物质运动和价值运动进行从规划、设计、制造、选型、购置、安装、使用和维护修理直至报废的全过程的科学管理。

2. 设备管理的主要内容

设备管理分为前期管理和后期管理两部分。

1)设备前期管理的主要内容

(1)依据企业经营目标及生产需要制订企业设备规划。

(2)选择和购置所需设备,必要时自行设计和制造。

(3)组织安装和调试即将投入运行的设备。

2)设备后期管理的主要内容

(1)对投入运行的设备正确、合理地使用。

(2)精心维护保养并及时检修设备,保证设备正常运行。

(3)适时改造和更新设备。

3)设备管理的特点

设备管理是以提高设备综合效益和实现设备寿命周期费用最小为目标的一种新型设备管理模式。它具有以下特点。

(1)设备管理是一种全过程的系统管理。它强调对设备的一生(从设计、制造使用到报废)进行管理,认为设备的前期管理与后期管理密不可分,二者同等重要,决不可偏袒任何一方。

(2)设备管理是一种全方位的综合管理。它强调设备管理工作有技术、经济和组织 3 个方面的内容,三者有机联系、相互影响。在设备管理工作中要充分考虑三者的平衡。

(3)设备管理是一种全员参与的群众性管理。它强调设备管理不只是设备使用和管理部门的事情,企业中的所有与设备有关的部门和人员都应参与其中。

4)设备管理的意义

在生产的主体由人力渐渐向设备转移的今天,设备管理的好坏对企业的影响和意义是极大的。

(1)设备管理直接影响企业管理的各个方面。在现代化的企业里,企业的计划、交货期和生产监控等各方面的工作无不与设备管理密切相关。

（2）设备管理直接关系到企业产品的产量和质量。

（3）设备管理水平的高低直接影响着产品制造成本的高低。

（4）设备管理关系到安全生产和环境保护。

（5）设备管理影响着企业生产资金的合理使用。在工业企业中，设备及其备品备件占用的资金往往占到企业全部生产资金的50%甚至60%或更多。

### 1.3.2 物流设备的评价

企业创建、扩建或对原有设备进行更新时均需添置新的设备。对大部分企业来说，自行研制的设备并不很多，所以当添置新的设备时，很多情况下要从市场购置。这就要对所需购置的设备从技术性和经济性等方面进行选择和评价，以购置到符合要求、性能良好、质量可靠同时又经济合理的设备。

1. 设备的技术性评价

选择和评价设备的第一步往往是进行一次使用或技术上的仔细考察，以确定设备在技术上是否可行。在评价一台设备的技术规格时，应该认真考察下列因素。

（1）生产能力：在选择一台设备时，其生产能力应能满足生产现状对它的要求，并在可预见的将来也是可以胜任的。

（2）可靠性：所谓可靠性，是指设备在规定条件下和规定时间内完成规定功能的能力。谁也不希望购置一台老出故障的设备，因为这不仅会造成损失，而且还会耽误交货期，尤其是在生产连续性越来越强、市场竞争越来越激烈的今天。因此，购置一台安全可靠的设备是一个重要的考察因素。

（3）可维修性：所谓可维修性，是指设备易于（便于）维修的特性。尽管现在已出现了许多无须维修的设备，但对绝大多数的设备来说，出故障总是难以完全避免的。因此，在选择设备时，可维修性就应作为一个重要评价因素，在其他因素基本一致的情况下，无疑应选结构合理，易于检查、维护和修理的设备。

（4）互换性：在可能的情况下，新购置的设备在备件供应、维护和操作等方面应与企业现有设备互有关联，尽量相同或相似，以节约人员培训、购置辅助装备等的费用。

（5）安全性：尽管在今天的市场上已很少有不安全的设备出售，但由于设备的安全性对企业的生产、人员的安全等方面关系重大，因此，在选择设备时应慎重评价。

（6）配套性：在设备日益复杂、精密的今天，许多设备只有在配套完备的辅助设备的辅助下，才能充分发挥作用。因此在选择主机设备时，往往要把辅助设备的配套情况及其利用率作为决定性因素来予以考虑，尤其是对于应用日益广泛的数控设备，如果缺乏配套的"软件"，这些设备的作用是很难发挥的。

（7）操作性：设备的日趋复杂、精密意味着操作也日趋复杂。过分复杂的操作往往造成操作人员的疲劳和失误以及人员培训费用的增加，所以应选操作容易、简便的设备。

（8）易于安装：这一点往往容易被忽略。在选购设备前，应对设备的安装地点进行考察。对于一些大型设备，还需考察运输路线，以选择合适的、易于安装的设备。

（9）节能性：设备的节能包括两方面的含义，一是指对原材料消耗的节省，二是指对能源消耗的节省。节能不仅是降低产品成本的需要，也是我们的基本国策。

（10）对现行组织的影响：选购设备，尤其是选购更为先进、精密和复杂的设备时，应充分考虑其对现行生产组织的影响。例如，当购置了数控机床或加工中心时，无疑会对现行的工艺准备、生产计划和现场监控人员的组织等方面带来影响，这些均应在设备购进之前予以充分评价。

（11）交货：这需要考虑供货厂家的信誉及交货期。购置信誉好和交货期有保证的厂家的设备总是让人更放心。

（12）备件的供应：当设备由于磨损或发生故障需要维修和更换零部件时，备件是否齐备就会成为能否尽快恢复生产的重要因素。因此，在选购设备时应充分考虑备件的供应情况，尤其对于进口设备更需如此。

（13）售后服务：选择设备供应厂家时应考查他们提供安装、调试、人员培训及维修服务的条件，有着良好售后服务条件的设备运行就会有充分保证。

（14）法律及环保：选购设备时要遵守国家和地方政府的有关法令和政策，同时要注意与环境的协调性，不要购置那种与政策和自然环境不相容的设备。

2．设备的经济性评价

一台设备在技术上先进并不意味着就一定值得购置，我们尚需考察它在经济上是否合理。我们需要的是技术先进又经济合理的设备。经济性评价的方法有投资回收期法、现值法、内部收益率（IRR）和不确定性评价法等。

### 1.3.3 物流设备的合理使用

1．物流设备故障的概念

所谓设备故障，一般是指设备失去或降低其规定功能的事件或现象，表现为设备的某些零件失去原有的精度或性能，使设备不能正常运行、技术性能降低，致使设备中断生产或因效率降低而影响生产。

设备在使用过程中，由于摩擦、外力、应力及化学反应的作用，零件总会逐渐磨损和腐蚀、断裂，导致因故障而停机。加强设备保养维修，及时掌握零件磨损情况，在零件进入剧烈磨损阶段前进行修理更换，就可防止故障停机所造成的经济损失。

2．设备故障的分类

设备故障按技术性原因可分为 4 大类：磨损性故障、腐蚀性故障、断裂性故障及老化性故障。

1）磨损性故障

由于运动部件磨损在某一时刻超过极限值所引起的故障称为磨损性故障。所谓磨损，是指机械在工作过程中，互相接触做相互运动的对偶表面，在摩擦作用下发生尺寸、形状和表面质量变化的现象。按其形成机理又分为粘附磨损、表面疲劳磨损、腐蚀磨损和微振磨损 4 种类型。

2）腐蚀性故障

腐蚀性故障按腐蚀机理不同又可分为化学腐蚀、电化学腐蚀和物理腐蚀 3 类。

（1）化学腐蚀：金属和周围介质直接发生化学反应所造成的腐蚀，反应过程中没有电流产生。

（2）电化学腐蚀：金属与电介质溶液发生电化学反应所造成的腐蚀，反应过程中有电流产生。

（3）物理腐蚀：金属与熔融盐、熔碱和液态金属相接触，使金属某一区域不断熔解另一区域不断形成的物质转移现象，称为物理腐蚀。

3）断裂性故障

断裂性故障可分为脆性断裂、疲劳断裂、应力腐蚀断裂和塑性断裂等。

（1）脆性断裂：可能由于材料性质不均匀引起或由于加工工艺处理不当所引起（如在锻、铸、焊、磨、热处理等工艺过程中处理不当，就容易产生脆性断裂）；也可能由于恶劣环境引起。例如：温度过低使材料的机械性能降低，主要是指冲击韧性降低，因此低温容器在20℃以下必须选用冲击值大于一定值的材料。再如放射线辐射也能引起材料脆化，从而引起脆性断裂。

（2）疲劳断裂：由于热疲劳（如高温疲劳等）、机械疲劳（又分为弯曲疲劳、扭转疲劳、接触疲劳和复合载荷疲劳等）以及复杂环境下的疲劳等各种综合因素共同作用所引起的断裂。

（3）应力腐蚀断裂：一个有热应力、焊接应力、残余应力或其他外加拉应力的设备，如果同时存在与金属材料相匹配的腐蚀介质，则将使材料产生裂纹，并以显著速度发展进而引起断裂。

（4）塑性断裂：塑性断裂是由过载断裂和撞击断裂所引起的。

4）老化性故障

上述综合因素作用于设备，使其性能老化所引起的故障。

3．设备故障的阶段

随着时间的变化，任何设备从投入使用到退役，其故障发生的变化过程大致分为3个阶段：早期故障期、偶发故障期和耗损故障期。

（1）早期故障期亦称磨合期，该时期的故障率通常是由于设计、制造及装配等问题引起的。随运行时间的增加，各机件逐渐进入最佳配合状态，故障率也逐渐降至最低值。

（2）偶发故障或随机故障期的故障是由于使用不当、操作疏忽、润滑不良、维护欠佳、材料隐患和工艺缺陷等偶然原因所致，没有一种特定的失效机理主导作用，因而故障是随机的。

（3）耗损故障期是由于机械设备长期使用后，零部件因磨损、疲劳，其强度和配合质量迅速下降而引起的，其损坏属于老化性质。

4．设备故障的征兆

（1）功能异常：指设备的工作状况突然出现不正常现象，这种故障的征兆比较明显，所以容易察觉。

（2）异常响声，异常振动：设备在运转过程中出现的非正常声响，是设备故障的"报警器"；设备运转过程中振动剧烈。

（3）跑冒滴漏：设备的润滑油、齿轮油、动力转向系油液和制动液等出现渗漏；空气等出现渗漏压缩现象，有时可以明显地听到漏气的声音；循环冷却水等渗漏。

（4）有特殊气味：电动机过热、润滑油窜缸燃烧时，会散发出一种特殊的气味；电路短路、搭铁导线等绝缘材料烧毁时会有焦煳味；橡胶等材料发出烧焦味。

以上各种故障先兆是提供给操作人员和维修人员的故障信息，帮助他们及早发现事故苗头，以便防患于未然。

5．设备的合理使用

设备只有在使用中才能发挥其作为生产力要素的作用，而对设备的使用合理与否又直接影响着设备的使用寿命、精度和性能，从而影响其生产的产品的数量、质量和企业的经济效益。因此，对设备的合理正确的使用，就成了实现设备综合管理的极其重要的一个方面。

目前，许多企业创造了许多有效的合理使用设备的方法和制度，综合起来可以看出，合理正确使用设备应从 3 个方面着手：一是提高设备的利用程度；二是保证设备的工作精度；三是建立健全合理使用设备的规章制度。

1）提高设备的利用程度

设备管理的根本目标在于使设备在其寿命周期内发挥其最大的效益，因此，如何充分利用设备、提高设备的利用程度就成了设备管理中的重要问题。一般来说，提高设备的利用程度主要有 3 方面的含义。

（1）提高设备的利用广度：所谓提高设备的利用广度，就是要充分利用设备可能的工作时间，不能让设备长期闲置。设备长期闲置不用，不仅导致设备的经济磨损（若再保管不善，还会造成物理磨损），造成设备价值的不断降低，给企业造成直接的经济损失，而且还会延长设备的使用期限，影响设备更新的速度，阻碍企业劳动生产率的提高。

（2）提高设备的利用强度：为了充分利用设备能力，只注意设备的利用广度还是远远不够的。我们的目标是要让设备在使用寿命周期内生产出尽可能多的合格产品，因此，还存在着一个利用强度的问题，即要使设备在单位工作时间内生产出尽可能多的合格产品，这就是提高所谓的机器生产率的问题。

（3）提高设备利用的合理性：要使设备做到物尽其用，首先要使设备用得其所。一些企业的设备常常存在着大量不合理利用的现象，比如大设备干小活、精设备干粗活、长设备干短活、月初空闲月末突击等，这些对设备的不合理利用使设备的效能不能充分发挥，造成了设备能力的浪费。

2）保证设备的工作精度

设备的能力表现在两个方面：一是表现为数量上的机器生产率，二是表现为质量上的加工精密度。这两者有所区别，前者影响加工对象的数量，后者影响加工对象的质量。同时，这两者又有联系，只求数量不求质量或过分追求质量而不计数量，都是不足取的。

3）建立健全合理使用设备的规章制度

设备的合理使用是设备管理工作的重要内容，也是与企业工人关系密切的一项工作。要实现设备的合理使用，除了前述的提高设备的利用程度、保证设备的工作精度以外，建立健全相应的规章制度并使之得到遵守执行也是一个极其重要的方面，这往往也是难度最大的一个方面。在企业中应对设备的操作工人进行思想教育，使他们认识到合理正确使用设备的重要性，并要求他们认真执行正确使用设备的各项基本要求、规章和相应的设备操作规程。经过多年探索，我国的工业企业总结了一系列卓有成效的合理使用设备的规章制度，如凭证操作、定人定机、交接班制、"四项要求"（整齐、清洁、润滑、安全）、五项纪律、"三好"（管好设备、用好设备、修好设备）和"四会"（会使用、会检查、会维护、会排除故障）等，如能结合企业实际、认真执行好相应的规章制度，无疑会对设备的合理使用，进而对设备的综合管理产生巨大的作用。

### 1.3.4 物流设备的维护保养与修理

#### 1. 物流设备的维护与保养

正确使用与维护设备是设备管理工作的重要环节,是由操作工人和专业人员根据设备的技术资料及参数要求和保养细则对设备进行一系列维护工作,它也是设备自身运行的客观要求。

1) 物流设备的维护

设备的维护一般包括预防维护、预知维护和事后维护。

(1) 预防维护:为了降低设备失效或功能退化的概率,按预定的时间间隔或规定的标准进行的维护。投入更多的维护成本,确保设备系统的绝对可靠运行。其特点是维护成本高,系统可靠性高。

(2) 预知维护:在对设备系统状态的准确掌握和预判的基础上,科学确定维护时机,最大限度节约维护成本。其特点是管理要求高,维护成本低。

(3) 事后维护:最低的管理要求,损坏后维修即可。其特点是维护成本和系统可靠性都是最低的。

2) 物流设备的保养

我国工业企业现行的设备维护保养制度分为3级,包括日常保养、一级保养和二级保养。

(1) 日常保养:设备的日常保养由操作者负责,班前班后由操作工人认真检查、擦拭设备各处或注油保养,设备应经常保持润滑、清洁。班中设备发生故障,要及时排除,并认真做好交接班记录。

(2) 一级保养:以操作工人为主、维修工人辅助的按计划对设备进行的定期维护。其内容为:对设备进行局部拆卸、检查和清洗;疏通油路,更换不合格的毡垫、密封;调整设备各部位配合间隙,紧固设备各个部位,电气部分由维修电工负责。设备运转600小时,要进行一次一级保养。一级保养简称一保,根据不同设备及运行条件定期进行。

(3) 二级保养:以维修工人为主、操作工人参加的定期维修。其内容为:对设备进行部分解体,擦洗设备,调整精度,拆检、更换和修复少量易损件,局部恢复精度,润滑系统清洗、换油,电仪系统检查修理,并进行调整、紧固,刮研轻微磨损的部件。保持设备完好及正常运行。设备运转3 000小时要进行一次二级保养。

#### 2. 物流设备的修理

设备修理是指修复由于日常的或不正常的原因而造成的设备损坏和精度劣化。通过修理更换磨损、老化和腐蚀的零部件,可以使设备性能得到恢复。设备的修理和维护保养是设备维修的不同方面,二者由于工作内容与作用的区别是不能相互替代的,应把二者同时做好,以便相互配合、相互补充。

1) 物流设备修理的种类

根据修理范围的大小、修理间隔期长短和修理费用多少,设备修理可分为小修理、中修理和大修理3类。

(1) 小修理。小修理通常只需修复、更换部分磨损较快和使用期限等于或小于修理间隔期的零件,调整设备的局部结构,以保证设备能正常运转到计划修理时间。小修理的特点是:

修理次数多，工作量小，每次修理时间短，修理费用计入生产费用。小修理一般在生产现场由车间专职维修工人执行。

(2) 中修理。中修理是对设备进行部分解体、修理或更换部分主要零件与基准件，或修理使用期限等于或小于修理间隔期的零件；同时要检查整个机械系统、紧固所有机件、消除扩大的间隙、校正设备的基准，以保证机器设备能恢复和达到应有的标准和技术要求。中修理的特点是：修理次数较多，工作量不是很大，每次修理时间较短，修理费用计入生产费用。中修理的大部分项目由车间的专职维修工在生产车间现场进行，个别要求高的项目可由机修车间承担，修理后要组织检查验收并办理送修和承修单位交接手续。

(3) 大修理。大修理是指通过更换、恢复其主要零部件，恢复设备原有精度、性能和生产效率而进行的全面修理。大修理的特点是：修理次数少，工作量大，每次修理时间较长，修理费用由大修理基金支付。设备大修后，质量管理部门和设备管理部门应组织使用和承修单位有关人员共同检查验收，合格后送修单位与承修单位办理交接手续。

2) 物流设备修理的方法

常用的设备修理的方法主要有以下几种。

(1) 标准修理法，又称强制修理法，是指根据设备零件的使用寿命，预先编制具体的修理计划，明确规定设备的修理日期、类别和内容。设备运转到规定的期限，不管其技术状况好坏、任务轻重，都必须按照规定的作业范围和要求进行修理。此方法有利于做好修理前准备工作，有效保证设备的正常运转，但有时会造成过度修理，增加了修理费用。

(2) 定期修理法，是指根据零件的使用寿命、生产类型、工件条件和有关定额资料，事先规定出各类计划修理的固定顺序、计划修理间隔期及其修理工作量。在修理前通常根据设备状态来确定修理内容。此方法有利于做好修理前准备工作，有利于采用先进修理技术，减少修理费用。

(3) 检查后修理法，是指根据设备零部件的磨损资料，事先只规定检查次数和时间，而每次修理的具体期限、类别和内容均由检查后的结果来决定。这种方法简单易行，但由于修理计划性较差，检查时有可能由于对设备状况的主观判断失误引起零件的过度磨损或故障。

### 1.3.5 物流设备的更新与改造

1. 物流设备的更新

设备更新是指对在技术上或经济上不宜继续使用的设备，用新的设备更换或用先进的技术对原有设备进行局部改造；或者说是以结构先进、技术完善、效率高和耗能少的新设备，代替物质上无法继续使用或经济上不宜继续使用的陈旧设备。

1) 设备更新的原因

设备更新主要是由磨损引起的。设备的磨损有两类。

(1) 有形磨损（或叫物质磨损）：即设备物理上的磨损，其中主要是使用磨损与自然磨损。

(2) 无形磨损（或叫精神磨损）：即因技术进步、劳动生产率提高而引起的价值损耗。

2) 设备更新的分析

设备更新是消除设备有形磨损和无形磨损的一种重要手段，更新时应该对设备的寿命进行技术经济分析。

(1) 设备的物质寿命（或叫自然寿命）：指从设备开始投入使用起，因物质磨损使设备老化、损坏，直至报废为止所经历的时间。

（2）设备的技术寿命：指设备从开始使用，直至因技术进步而出现了更先进、更经济的新型设备，从而使现有设备在物质寿命尚未结束前就被淘汰所经历的时间。

（3）设备的经济寿命：指设备从投入使用到因继续使用不经济而提前更新所经历的时间。在进行设备的改造、更新决策时，不能只考虑设备的物质寿命，同时还要考虑设备的经济寿命和技术寿命。

3）设备更新的内容

设备更新分为原型更新和技术更新。

（1）原型更新（即简单更新），是指用结构相同的新设备更换因严重有形磨损而在技术上不宜继续使用的旧设备。这种更换主要解决设备的损坏问题，不具有技术进步的性质。

（2）技术更新，是指用技术上更先进的设备去更换技术陈旧的设备。它不仅能恢复原有设备的性能，而且使设备具有先进的技术水平，具有技术进步的性质。

2．物流设备的改造

设备改造是指把科学技术新成果应用于企业的现有设备，通过对设备进行局部革新、改造来改善设备性能，提高生产效率和设备的现代化水平。

1）设备改造的内容

（1）提高设备自动化程度，实现数控化、联动化。

（2）提高设备功率、速度和扩大设备的工艺性能。

（3）提高设备零部件的可靠性、维修性。

（4）将通用设备改装成高效、专用设备。

（5）实现加工对象的自动控制。

（6）改进润滑、冷却系统。

（7）改进安全、保护装置及环境污染系统。

（8）降低设备原材料及能源消耗。

（9）使零部件通用化、系列化和标准化。

2）设备改造的形式

（1）设备的改装：是指为了满足增加产量或加工的要求，对设备的容量、功率、体积和形状的加大或改变。例如，将设备以小拼大、以短接长和多机串联等。改装能够充分利用现有条件，减少新设备的购置，节省投资。

（2）设备的技术改造（也称现代化改造）：是指把科学技术的新成果应用于企业的现有设备，改变其落后的技术面貌。例如，将旧机床改造为程控、数控机床，或在旧机床上增设精密的检测装置等。技术改造可提高产品质量和生产效率，降低消耗，提高经济效益。

（3）购买新设备。

3）设备改造的原则

企业在搞设备改造时，必须充分考虑改造的必要性、技术上的可行性和经济上的合理性，具体应遵循以下几点。

（1）设备改造必须适应生产技术发展的需要，必须针对设备对产品质量、数量、成本、生产安全、能源消耗和环境保护等方面的影响程度不同，在能够取得实际效益的前提下，有计划、有重点和有步骤地进行。

（2）必须充分考虑技术上的可能性，即设备值得改造和利用，有改善功率、提高效率的可能。改造要经过大量试验，并严格执行企业审批手续。

（3）必须充分考虑经济上的合理性。改造方案要由专业技术人员进行技术经济分析，并进行可行性研究和论证。设备改造工作一般应与大修理结合进行。

（4）必须坚持自力更生方针，充分发动群众，总结经验，借鉴国内企业的先进技术成果，同时也要重视吸收国外领先的科学技术。

## 本章小结

物流设备是组织实施物流活动的重要手段，是物流活动的基础。物流设备主要包括储存设备、装卸搬运设备、运输配送设备、流通加工设备、物流信息技术设备和集装单元器具 6 大类。伴随着用户需求的变化以及自动控制技术和信息技术在物流设备上的应用，在大力吸收国外先进技术和发展我国机械制造业的基础上，我国又建立了比较完善的物流设备制造体系，物流设备的技术水平有了较大的提高。现代物流设备正朝着大型化、高速化、信息化、多样化、标准化、系统化、智能化、实用化和绿色化的方向发展。

## 课后习题

一、填空题

1. 物流系统包括（　　）和（　　）。
2. 物流设施与设备选配的一般原则是（　　）、（　　）、（　　）。
3. 设备的维护一般包括（　　）、（　　）和（　　）。

二、选择题

1. 设备管理分为前期管理和（　　）。
   A. 不定期管理　　B. 后期管理　　C. 中期管理　　D. 定期管理
2. 设备改造的形式有（　　）。
   A. 设备改装　　　　　　　　　B. 设备技术改造
   C. 购买新设备　　　　　　　　D. 设备磨损

三、简答题

1. 什么是物流设施与设备？
2. 简述物流设施与设备的基本构成体系。
3. 简述物流设施与设备在物流系统中的作用和地位。
4. 简述物流设施与设备的发展趋势。
5. 简述设备修理的方法。

## 四、案例分析题

### 学研社的自动化立体仓

位于日本东京和平岛流通基地内的学研社以出版和销售杂志、书籍为主，兼营与教育相关的教学器材、教材、体育用品、文具、玩具等。随着销售量的急剧上升，学研社总公司为日本 4 000 多家特约销售店服务，每天的物流量高达 1 万吨左右。

为适应迅速发展的业务需要，该公司曾几次改进仓储进出库作业方式。1964 年公司决定将传统的仓库改建为仓储配送中心，引进托盘化作业、传送带包装拣货等，为现代装卸搬运、仓储保管打下了基础。1974 年公司采用了自动化立体仓库技术，商品出入库作业全部实现自动化，并将计算机用于库存管理和出库作业路线图的编制等。近年来，公司为提升服务、节省成本，开发了新一代仓储、配送信息网络系统。

学研社的书籍、教材均属多品种、少批量，规格、形状、尺寸各异的商品。该类入库商品在 4 楼卸车码盘验收后暂时保管，随后打包成标准包装进入选作业线。零星出库商品用纸箱重力式货架移动，等待拣选，然后根据运输方向用标签进行拣选。拣选商品中的标准包装贴上标签进入自动分拣系统。传送带全长 430 米，水平搬运，并从 4 楼向 1 楼的垂直搬运带出货，送往高速自动分拣系统。经激光扫描器扫描，自动阅读标签上的条形码，自动分拣到指定的分拣滑道。每天的处理能力约为 300 吨。

杂志类属少品种，大批量，规格、形状、尺寸基本统一的商品。该类入库商品在 1 楼收货、验货，热缩包装集装化后装载在托盘上，暂时储存在托盘重力式货架上。部分存放在 2 楼重力式货架的杂志，得到补货指令，便自动通过垂直输送机运到 1 楼出库。根据出库的信息，商品自动地被拣选，计算机系统打印出配送用的标签，自动粘贴在纸箱上。在 1 楼的出货站台，一旦汽车到达，出货商品由水平输送机等设备自动送到出货处装车。而零星商品在 3 楼拣货、配货后，由垂直输送机向 1 楼运送出货，一天的出货量约 300 吨。

（资料来源：http://wenku.baidu.com/view/7c0ba9355a8102d276a22f76.html.）

问题：
(1) 该公司的商品是如何分区分类储存的？
(2) 为确保商品质量安全，在货位选择时应注意哪些问题？

【实训项目】
学生 8 人一组到企业参观调研。

【实训目的】
(1) 了解物流设备现场作业的情形以及当地哪些物流设备使用比较广泛。
(2) 分析相关物流设备在当地及我国投入使用的可行性、使用的条件和场合，据此能够对物流设备有一个全面的认识。

【实训内容】
试就下列现象进行分析，提出解决的措施。

现象 1：企业里经常会出现设备计划外采购的情况，一般都是因为出现了临时的意外情况，这时一般需要领导的特批。可是有一个真实的例子就是，有一个厂的厂长在偶然一次进仓库时发现了两台设备是几个月前他特批过的，因为当时情况特别紧急，所以他的印象特别深刻，但是在他发现的时候，那两台设备还是原封不动地躺在仓库里。

现象 2：众所周知，企业之间的竞争最后其实是成本的竞争，而在现在生产设备自动化程度越来越高的时候，压缩产品在流通过程中的成本空间越来越小，而设备购买成本却大有文章可做。但是，物流成本居高不下却一直是许多企业的顽疾之一。

【实验步骤】
(1) 分析上面两种情况。
(2) 小组讨论。

# 第 2 章

## 运输设施设备

YUNSHU SHESHI SHEBEI

【知识目标】
(1) 掌握铁路运输设施与设备的基本特征。
(2) 掌握公路运输设施与设备的基本特征。
(3) 掌握水路运输设施与设备的基本特征。
(4) 掌握航空运输设施与设备的基本特征。
(5) 掌握管道运输设施与设备的基本特征。

【能力目标】
(1) 能够根据货物的实际情况选择相应的运输设施和设备。
(2) 能够根据实际的需要对物流设施进行简单的规划。

【导入案例】

## 家乐福（中国）及其运输决策

成立于 1959 年的法国家乐福集团是大型超级市场概念的创始者，目前是欧洲第一、全球第二的跨国零售企业，也是全球国际化程度最高的零售企业。家乐福于 1995 年进入中国市场，最早在北京和上海开设了当时规模最大的大卖场。目前，家乐福在中国 31 个城市相继开设了 86 家商店，拥有员工 4 万多人。家乐福中国公司经营的商品 95%来自本地，因此家乐福的供货很及时，这也是家乐福在中国经营成功的原因之一。家乐福实行的是"店长责任制"，给各店长极大的权力，所以各个店之间并不受太多的制约，店长能灵活决定所管理的店内的货物来源和销售模式等。由于家乐福采用的是各生产商缴纳入场费，商品也主要由各零售商自己配送，家乐福中国总公司本身调配干涉力度不大，所以各分店能根据具体情况灵活决定货物配送情况，事实证明这样做的效果目前很成功。

家乐福（中国）在网络设计方面主要体现为运输网络分散度高，一般流通企业都是自己建立仓库及其配送中心，而家乐福的供应商直送模式决定了它的大量仓库及配送中心事实上都是由供应商自己解决的，由家乐福集中配送的货物占极少数。这样的经营模式不但可以节省大量的建设仓库和管理费用，商品运送也较集中，对配送来说更方便，而且能及时供应商品或下架滞销商品，不仅对家乐福的销售有利，对供货商了解商品销售情况也是极有利的。在运输方式上，除了较少数需要进口或长途运送的货物使用集装箱挂车及大型货运卡车外，由于大量商品来自本地生产商，故较多采用送货车。这些送货车中有一部分是家乐福租的车，而绝大部分则是供应商自己长期为家乐福各店送货的车，家乐福自身需要车的数量不多，所以它并没有自己的运输车队，这省去了大量的运输费用，也从另一方面提高了效益。在配送方面，供应商直送的模式下，商品来自多条线路，而无论各供应商还是家乐福自己的车辆都采用了"轻重配载"的策略，有效利用了车辆的各级空间，使单位货物的运输成本得以降低，进而在价格上取得主动地位。而先进的信息管理系统也能让供应商在最短时间内掌握货架上其供销售的各和商品的货物数量以及每天的销售情况，补货和退货因而变得很方便，也能让供应商与家乐福之间相互信任，建立长期的合作关系。

（资料来源：http://wenku.baidu.com/view/1bbf0266caaedd3383c4d33b.html.）

**思考分析：**
家乐福是如何根据自身的实际情况来选择运输方式的？

## 2.1 铁路运输设施与设备

### 2.1.1 铁路运输概述

1. 铁路运输的概念

铁路运输是使用铁路列车运送客货的一种运输方式。铁路运输主要承担长距离、大数量的货运，是在干线运输中起主力运输作用的运输形式。

2. 铁路运输特点

铁路运输作为我国运输业中的主要运输方式，其特点如下。

（1）运输能力大，运输成本较低。目前我国铁路的一列货物列车，一般可以运送数千吨货物，重载单元列车可运送 8 千吨左右的货物。从运输成本来看，铁路运输比公路运输和航空运输的成本低得多，因此，铁路运输适合于大批量低值商品的长距离运输。

（2）速度比较快。从北京到上海全程 1 463 公里，货运列车不到 24 小时就可到达，平均的运营速度已接近每小时 70 公里。作为长途运输的主要方式，其运行速度比水路运输速度快得多。

（3）安全可靠。铁路运输基本上不受气候条件的影响，可一年四季不分昼夜地进行，有可靠的安全行车设施和运行制度。

（4）货损货差率高。由于装卸次数多，货损货差率通常比其他运输方式高。

（5）通常需要依靠其他运输装备的配合，才能实现门到门的运输。

（6）对铁路路线的依赖性强，一旦某一路段发生故障，将影响其在全线上的正常运行。

（7）建设周期长，初期投资大。修建铁路时，需要开凿隧道、修建桥梁和大量的土石方工程，需要大量钢材、水泥、木材等材料及设备。

3．铁路货物运输方式

铁路货物运输的方式分为整车、零担和集装箱运输 3 种。它是根据托运货物的数量、性质、包装、体积、形状和运送条件等确定的。

（1）整车货物运输：凡托运方一次托运货物在 3 t 及 3 t 以上的称为整车运输。整车运输适合于大宗货物运输，例如，煤炭、粮食、木材、钢材、矿石、建筑材料等。在铁路货物运输中，整车货物运输占很大的比重。一些货物进出量大的工厂，如钢厂、化工厂、电厂以及储运仓库和港口等，一般铺设有铁路专用线延伸到内部的货场，货车沿专用线进入货场，在那里直接装卸货物。铁路专用线的使用可以减少倒载次数，提高装卸效率。

（2）零担运输：凡托运方一次托运货物不足 3 t 的称为零担运输。零担运输非常适合商品流通中品种繁杂、量小批多、价高贵重、时间紧迫、到达站点分散等特殊情况下的运输，弥补了整车运输及其他运输方式在运输零星货物方面的不足。

（3）集装箱货物运输：集装箱货物运输是指先将货物装入集装箱，再将集装箱作为一个单元装载到货车上进行运输的方式。利用铁路运输的集装箱货物包括两部分：一部分是利用铁路集装箱运输的国内货物，另一部分是利用海运集装箱运输的进出口货物。集装箱的装卸可以借助于机械完成，从而大大提高了装卸效率，缩短了运输时间。这种运输方式便于实现公铁、海铁联运，使从送货人到收货人的连贯运输成为可能，同时能够有效防止货物在运输途中的丢失和损毁。

## 2.1.2　铁路运输的主要设施设备

铁路运输一般适于大宗货物的中长距离的货物运输。同时铁路运输业也是一个庞大的物流生产部门，拥有上千亿元的固定资产。铁路运输的基本设施设备有以下几类。

1．线路

铁路线路是机车车辆和列车运行的基础。铁路线路是由路基、桥隧建筑物和轨道组成的一个整体的工程结构。在建设过程中，总是先修路基和桥隧建筑物，然后再铺轨道，因此，路基、桥隧建筑物和轨道成为铁路线路整体工程结构的主要组成部分。

铁路线路应当经常保持完好状态，使列车能按规定的最高速度安全、平稳和不间断地运行，以保证铁路运输部门能够高质量地完成客货运输任务。

1）铁路线路构成

（1）路基：路基是为铺设轨道供列车运行而修建的土工建筑物，它除承受轨道和列车静载荷和动载荷以外,还受各种人为因素和自然因素的侵袭。路基要求坚实而稳固,能承受沉重的压力,并经常保持完好状态,使列车能按规定的最高速度安全、平稳、不间断地运行。路基由路基本体(包括路基面、路基基床、边坡等)、路基排水设备(包括地面排水和地下排水设备)、路基防护设施(包括护坡设施、冲刷防护设施等)和路基加固设施(包括支撑加固设施和防风、防雪、防沙设施)这几部分组成。

(2)桥隧建筑物:桥隧建筑物是桥梁、隧道和涵洞等的总称。供铁路线路跨越江河、沟谷或其他交通线等天然和人为障碍,有一定承载力的架空建筑物称为桥梁。埋设在路堤内的过水建筑物称为涵洞。隧道是供铁路线路克服高程障碍,穿过山岭或江河、海底修筑的建筑物。前者称为山岭隧道,后者称为水底隧道。桥隧建筑物与路基联成一体,才能形成线路,因此,它实际是路基本体的重要组成部分。山区铁路桥隧的长度一般约占线路总长度的40%以上,即使是平原丘陵地区,其长度也占10%～30%。桥隧建筑物的造价比路基高得多。在修建铁路线路时,大桥和长隧道往往成为线路通车的重点控制工程。

(3)轨道:轨道是由道床、轨枕、钢轨、联结零件、道岔和防爬设备等组成。它承受着机车车辆的垂直压力和水平压力,这些力由钢轨传给轨枕,由轨枕传给道床、再逐步扩散,直到传给路基。其单位面积的应力越来越小,直至完全适应路基的承载力。

因此,轨道的各部分要求有足够的强度、坚固耐用并具有弹性,在结构尺寸和材质方面要互相配合,满足线路年通过运量和最高行车速度的要求。

(4)道岔。道岔是一种使机车车辆从一股道转入另一股道的线路连接设备,通常在车站、编组站大量铺设,如图2.1所示。

通过道岔可充分发挥线路的通过能力。即使是单线铁路,铺设道岔后,修筑一段大于列车长度的叉线,就可以对开列车。由于道岔具有数量多、构造复杂、使用寿命短、限制列车速度、行车安全性低、养护维修投入大等特点,它与曲线、接头并称为轨道的三大薄弱环节。

图2.1 道岔

2)铁路线路工程技术

铁路线路涉及的工程技术问题比较复杂,包括铁路轨距和铁路限界等多个方面的内容。

(1)铁路轨距:铁路轨距指铁路上两股钢轨头部的内侧距离。由于轨距不同,列车在不同轨距交接的地方必须进行换装或更换轮对。欧亚大陆铁路轨距按其大小不同,可分为宽轨、标准轨和窄轨3种。标准轨的轨距为1 435mm;大于标准轨的为宽轨,其轨距大多为1 524mm和1 520mm;小于标准轨的为窄轨,其轨距多为1 067mm和1 000mm。我国铁路基本上采用标准轨距,但海南岛的铁路轨距为1 067mm,昆明铁路局的部分轨距为1 000mm。

(2) 铁路限界：为了确保机车车辆在铁路线路上运行的安全，防止机车车辆撞击邻近线路的建筑物和设备，而对机车车辆和接近线路的建筑物、设备所规定的不允许超越的轮廓尺寸线，称为限界。铁路基本限界分为机车车辆限界和建筑接近限界两种。机车车辆限界是机车车辆横断面的最大极限，它规定了机车车辆不同部位的宽度、高度的最大尺寸和底部零件至轨面的最小距离。机车车辆限界和桥梁、隧道等限界相互制约。当机车车辆在满载状态下运行时，也不会因产生摇晃、偏移等现象而与桥梁、隧道及线路上其他设备相接触，从而保证行车安全。

(3) 超限货物。随着经济建设的发展，经由铁路运输的长大货物不断增加。当货物装车后，货物任何部分的高度和宽度超过机车车辆限界时，称为超限货物。按货物超限的程度，分为一级超限、二级超限和超级超限 3 个级别。对于超限货物的运输，则要采取特殊的组织方法来进行。

2．铁路车辆

铁路车辆是装运货物、运送旅客的运载工具，如图 2.2 所示。车辆没有动力装置，需要把车辆连挂在一起由机车牵引，才能完成客货运输任务。在铁路运输设备中，车辆不仅数量多、投资大，而且大部分在全路流通使用。由于客货运输任务繁重，要求铁路必须经常保有数量充足和技术状态良好的车辆，以保证安全、顺利地完成和超额完成国家的运输生产任务，满足国民经济持续发展的需要。

图 2.2　铁路车辆

铁路车辆是运送旅客和货物的工具。多年来，由于目的、用途及运用条件不同，车辆形成了许多类型，但其构造基本相同，大体均由以下 6 部分构成。

(1) 车体：车体是容纳运输对象的地方，又是安装与连接其他组成部分的基础。

(2) 车底架：车底架是承托车体的长方形构架，是车体的基础。

(3) 走行部：走行部是承受车辆自重和载重并引导车辆沿轨道行驶的部分。走行部大多采用转向架结构形式，以保证车辆的运行质量。

(4) 车钩缓冲装置：车钩缓冲装置由车钩及缓冲器等部件组成，装在车底架两端，其作用是将机车车辆连挂到一起，并传递纵向牵引力和冲击力，缓和机车车辆间的动力作用。车钩缓冲装置是保证列车安全运行的最重要部分，使高速运行中的车辆能于规定距离内停车或减速。

(5) 制动装置：制动装置一般包括空气制动机、手制动机（脚制动机）和基础制动装置部分。

（6）车辆内部设备：车辆内部设备主要指客车上为旅客旅行所提供的设备，如客车上的坐席、卧铺、行李架、给水、取暖、空调、通风、车电等装置。货车由于类型不同，内部设备也因此千差万别，但一般较为简单。

3．铁路机车

铁路机车是牵引客货列车和在车站上进行调车作业的基本动力设备，如图 2.3 所示。

铁路机车按用途可分为速度较高的客运机车、牵引力较大的货运机车和机动灵活的调车机车；按原动力的不同可分为蒸汽机车、内燃机车和电力机车。

4．铁路枢纽场站

一般把供列车到发、会让或越行的并具有配线的分界点，称为场站，如图 2.4 所示。场站一般经常办理客货运输业务，是客货运输的起始、中转和终到地点。因此，铁路场站是铁路运输的生产基地。为了完成上述作业，铁路场站上设有客货运输设备及与列车运行有关的各项技术设备，还配备了客运、货运和运转等方面的工作人员。做好铁路场站管理工作，对于充分利用设备能力、提高运输效率、降低运输成本以及保证列车运行安全正点等，都具有十分重要的作用。

图 2.3　铁路机车

图 2.4　铁路枢纽场站

5．信号与通信设备

通信、信号设备也是铁路运输的重要设备之一，人们通常把它们比作铁路运输的"耳目"，如图 2.5 所示。

图 2.5　铁路信号设备

铁路信号设备是信号、联锁、闭塞、调度集中、机车信号及自动停车装置、道口自动信号的总称。它是保证铁路行车安全和运输效率所必需的主要技术装备之一。铁路信号系统的发展水平是铁路现代化的主要内容之一。铁路通信设备的作用是保证迅速正确地组织运输、指挥列车运行，同时又确保各单位、各部门的密切联系，使全国铁路构成一体。

铁路运输基本设施设备是完成铁路运输任务的物质基础。为了经常保持设备的良好状态，需要进行日常检查、保养和各种检修工作。因此，铁路内部还设置了不同专业的修理厂、大修队、各种业务段和检修所等。

## 2.2 公路运输设施与设备

### 2.2.1 公路运输概述

1. 公路运输的概念

公路运输是指使用公路设施、设备运送物品的一种运输方式。

公路运输的主要工具是汽车，也可以使用其他的车辆在公路上进行运输。它是我国货物运输的主要形式。公路运输主要承担近距离、小批量的货运任务，承担水路、铁路运输难以到达地区的长途、大批量货运及铁路、水运难以发挥优势的短途运输。公路运输的灵活性强，一些可以使用铁路、水运的地区，较长途的大批量运输也可以使用公路进行运输。

2. 公路运输特点

（1）机动灵活，适应性强。由于公路运输网一般比铁路、水路网的密度要大十几倍，分布面也广，因此公路运输车辆可以"无处不到、无时不有"。公路运输在时间方面的机动性也比较大，车辆可随时调度、装运，各环节之间的衔接时间较短。尤其是公路运输对客货运量具有很强的适应性，汽车的载重吨位有小（0.25~1t）有大（200~300 t），既可以单个车辆独立运输，也可以由若干车辆组成车队同时运输，这一点对抢险、救灾工作和军事运输具有特别重要的意义。

（2）可实现"门到门"直达运输。由于汽车体积较小，中途一般也不需要换装，除了可沿分布较广的路网运行外，还可离开路网深入到工厂企业、农村田间、城市居民住宅等地，即可以把旅客和货物从始发地门口直接运送到目的地门口，实现"门到门"直达运输。这是其他运输方式无法比拟的特点之一。

（3）在中短途运输中，运送速度较快。在中短途运输中，由于公路运输可以实现"门到门"直达运输，中途不需要倒运、转乘就可以直接将客货运达目的地，因此，与其他运输方式相比，其客、货在途时间较短，运送速度较快。

（4）原始投资少，资金周转快。公路运输与铁路、水运、航空运输方式相比，所需固定设施简单，车辆购置费用一般也比较低，因此，投资兴办容易，投资回收期短。据有关资料表明，在正常经营情况下，公路运输的投资每年可周转 1~3 次，而铁路运输则需要 3~4 年才能周转一次。

（5）掌握车辆驾驶技术较易掌握。与火车司机或飞机驾驶员的培训要求相比，汽车驾驶技术比较容易掌握，对驾驶员的各方面素质要求相对也比较低。

（6）运量较小，运输成本较高。目前，世界上最大的汽车是美国通用汽车公司生产的矿用自卸车，长 20 多米自重 610 t，载重 350 t 左右，但载重量仍比火车、轮船小得多。由于汽车载重量小、行驶阻力比铁路大 9~14 倍,所消耗的燃料又是价格较高的液体汽油或柴油,因此除了航空运输,就是汽车运输成本最高。

(7) 运行持续性较差。据有关统计资料表明,在各种现代运输方式中,道路的平均运距是最短的,运行持续性较差。

(8) 安全性较低,污染环境较大。随着公路的发展,汽车货运数量增加,交通事故也急剧增加。汽车所排出的尾气和引起的噪声也严重地威胁着人类的健康,是大城市环境污染的污染源之一。

### 2.2.2 公路运输的主要设施设备

1. 公路

1) 公路的构成

连接城市、乡村和工矿基地之间,主要供汽车行驶并具备一定技术标准和设施的道路称为公路。

公路由路基、路面、桥梁、涵洞、隧道、排水系统、防护工程以及交通标志、路面标线和其他交通服务设施等构成。

(1) 路基。路基是公路的基本结构,是支撑路面结构的基础,与路面共同承受行车荷载的作用,同时承受气候变化和各种自然灾害的侵蚀和影响。路基结构形式可以分为填方路基、挖方路基和半填半挖路基 3 种形式。

(2) 路面。路面是铺筑在公路路基上与车轮直接接触的结构层,承受和传递车轮荷载、承受磨耗、经受自然气候和各种自然灾害的侵蚀和影响。对路面的基本要求是具有足够的强度、稳定性、平整度和抗滑性能等。路面结构一般由面层、基层、底基层与垫层组成。

(3) 桥涵。桥涵是指公路跨越水域、沟谷和其他障碍物时修建的构造物。桥涵分类采用两个指标,一个是单孔跨径,另一个是多孔跨径总长。桥涵的划分,无论有无填土,均以跨径大小为界:凡单孔跨径小于 5m 或多孔跨径总长小于 8m 的,一律称为涵洞;大于这一规定值的则称为桥梁。

(4) 隧道。公路隧道通常是指建造在山岭、江河、海峡和城市地面下,供车辆通过的工程构造物,按所处位置可分为山岭隧道、水底隧道和城市隧道。

(5) 排水系统。公路排水系统是为了排除地面水和地下水而设置的,由各种拦截、汇集、输送及排放等排水设施组成的构造物。

(6) 防护工程。防护工程是为了加固路基边坡,确保路基稳定而修建的构造物。

(7) 交通工程及沿线设施。公路交通工程及沿线设施是保证公路功能、保障安全行驶的配套设施,是现代公路的重要标志。公路交通工程主要包括交通安全设施、监控系统、收费系统和通信系统 4 大类。沿线设施主要是指与这些系统配套的服务设施、房屋建筑等。

2) 公路等级的划分

(1) 根据使用任务、功能和适应的交通量,将公路划分为 5 个等级。

① 高速公路。具有特别重要的政治、经济意义。为专门供汽车分向分车道行驶并全部控制出入的干线公路,分为四车道、六车道和八车道高速公路。一般能适应按各种汽车折合成小客车的年平均昼夜交通量 25 000 辆以上的情况。

② 一级公路。为连接重要政治、经济中心,通往重点工矿区、港口和机场,专供汽车分

道行驶并部分控制出入的公路。一般能适应按各种汽车折合成小客车的年平均昼夜交通量为15 000~30 000辆的情况。

③ 二级公路。为连接政治、经济中心或大矿区、港口和机场等地的公路。一般能适应按各种车辆折合成中型载重汽车的年平均昼夜交通量为3 000~7 500辆的情况。

④ 三级公路。为沟通县以上城市的公路。一般能适应按各种车辆折合成中型载重汽车的年平均昼夜交通量为1 000~4 000辆的情况。

⑤ 四级公路。为沟通县、乡（镇）、村的公路。一般能适应按各种车辆折合成中型载重汽车的年平均昼夜交通量为双车道1 500辆以下，单车道200辆以下的情况。

路面等级及要求见表2-1。

表2-1 路面等级及要求

| 公路等级 | 路面等级 | 面层类型 | 设计使用年限/年 |
| --- | --- | --- | --- |
| 高速公路 | 高级 | 沥青、混凝土 | 15 |
| 一级公路 | 高级 | 沥青、混凝土 | 12 |
| 二级公路 | 次高级 | 热拌沥青碎石混合料，沥青灌入式 | 10 |
| 三级公路 | 次高级 | 热拌沥青碎石混合料，沥青表面处理 | 8 |
| 四级公路 | 中级 | 水结碎石、泥结碎石 | 5 |
| | 低级 | 半整齐石块路面，粒粒改善土 | |

（2）根据公路在政治、经济和国防上的重要意义和使用性质，划分为5个行政等级。

① 国家公路（国道）。具有全国性政治、经济意义的主要干线公路，包括重要的国际公路、国防公路，连接首都与各省、自治区和直辖市首府的公路，连接各大经济中心、港站枢纽、商品生产基地和战略要地的干线公路。

② 省公路（省道）。具有全省（自治区、直辖市）政治、经济意义，连接各地市和重要地区以及不属于国道的干线公路。

③ 县公路（县道）。具有全县（县级市）政治、经济意义，连接县城和县内主要乡（镇）、主要商品生产和集散地的公路，以及不属于国道、省道的县际间公路。

④ 乡公路（乡道）。主要为乡（镇）村经济、文化和行政服务的公路，以及不属于县道以上公路的乡与乡之间及乡与外部联络的公路。

⑤ 专用公路。专供或主要供厂矿、林区、农场、油田、旅游区和军事要地等与外部联系的公路。

（3）路面等级按面层类型分高级、次高级、中级和低级4个等级。

① 高级。沥青混凝土路面或水泥混凝土路面。

② 次高级。沥青灌入或灌入式沥青碎石路面。

③ 中级。砂石路面。

④ 低级。泥结碎石或土路。

2．高速公路

高速公路是专供汽车高速行驶的公路。它采取限制出入、分隔行驶、汽车专用、全部立交以及采用较高的标准和完善的交通设施和服务设施等措施，为汽车的大量、快速、安全、舒适和连续的运行创造了条件。

1）高速公路设施与装备

高速公路设施与装备包括安全设施、服务设施、绿化设施和交通控制及管理系统，如图 2.6 所示。

图 2.6　高速公路

（1）交通安全设施：主要包括防护栅、防眩设备、防噪音设施、照明设施和交通标志等。

（2）服务设施：包括服务区（加油站、餐饮、住宿、休息室、公用电话、小卖部、公厕及停车场等）、休息区（公用电话、休息亭、公厕及停车场等）和辅助设施（养路站、园地等）。

（3）绿化设施：高速公路两侧种植风景林和防护林美化路容。中央分隔带种植高 1.2～1.4m 的长绿树木，以美化景色并避免对向车灯眩目。

（4）交通控制及管理系统：高速公路交通控制及管理采用电子计算机控制及信号自动化来监视路段交通情况，迅速测出交通堵塞和交通事故，通过交通信息变化标志和无线电行车信号，告知司机相关信息，进行交通导向，及时进行事故救援与交通排堵疏解。其设施设备分设在高速公路外场和机房控制中心。

高速公路外场主要配备应急电话、车辆检测器、可变情报站、可变限速板、可变标志牌、交通信息电台、气象监测器、可调摄像机、电动栏杆及供电设施等；机房控制中心主要配备主控台、监视器、大屏幕投影、服务器、计算机终端、光端机、供电设施及系统管理软件等。

2）高速公路的主要特征

（1）汽车专用，限速通行。高速公路只供汽车专用，不允许行人、牲畜及其他慢速行驶的车辆通行。同时，一般规定时速低于 50km 的车辆不得上路，最高时速不得超过 120km。

（2）全封闭、全立交，严格控制出入。高速公路实行的是一种封闭型管理，各种车辆只能在具有互通式立交的匝道进出。

（3）设中央分隔带，分道行驶。高速公路一般有 4 个以上车道，并实行上下车道分离，通过路面交通标线分流不同车速的车辆。

（4）通行能力大，专为直达交通服务。高速公路的通行能力比一般公路要高出几倍甚至几十倍。而且由于通行能力大，运输能力大大提高，能够保证车辆在高峰时间通畅通过，从根本上解决了交通拥挤问题。

（5）具有完善的现代化交通管理及交通安全设施，为道路上行驶的车辆提供更多的服务信息和手段，保证车辆安全、高速通过。

（6）经济效益显著。高速公路不受时间限制，缩短了运行时间，减少了装卸费用，能收到很好的经济效益。

（7）占地多、投资大、造价高、受气候影响大。

3. 货运站

货运站是货物运输过程中进行货物集结、暂存、装卸搬运、信息处理和车辆检修等活动的场所，货运站功能如下。

1）运输组织功能

货运站的运输组织功能是指进行货物运输市场的管理和站内运力与货流组织及管理，具体包括以下职能。

（1）货运生产组织管理：主要包括承运货物的发送、中转和到达等项作业，组织与其他运输方式的换装运输和联合运输及货物的装卸、分发、保管、换装作业，进行运力的调配和货物的配载作业，制定货物运输计划，进行货物运输全过程的质量监督与管理等项工作。

（2）货源组织与管理：货源是运输市场中的基本要素，是货运经营者在市场中竞争的焦点。货运站通过货运生产组织与管理、货源信息和货流变化规律等资料，及时掌握货源的分布、流向、流量和流时等特点，实现货物的合理运输。货运站应加强与物资单位联系、洽谈，承揽货运业务，并协助物资单位选择合理的运输方式和运输线路，签订有关运输合同和运输协议，为货运业务的有序运作提供可靠的保证。

（3）运力组织与管理：货运站通过向社会提供货源、货流信息，组织各种类型的车辆从事货物运输，运用市场机制协调货源与运力之间的匹配关系，使运力与运量始终保持相对平衡。

（4）运行组织与管理：根据货流特点确定货运车辆行驶的最佳线路和运行方式，制定运行作业计划，使货运车辆有序运转。

（5）参与货运市场管理：货运站应协同行业管理部门，通过运输管理把货主、货运经营者和运输管理职能部门机构有机地联系起来，运用经济杠杆和有效的管理手段，充分满足货主和参营者的需求，促使分散的社会车辆和物流组织化、运输秩序正常化、能源和资金利用合理化，从而达到管理的目的，使货物运输各个环节和储运、装卸工具协调灵活地运转。

2）中转换装功能

货运站的货物运输以集装箱运输和零担货物运输为主要研究对象。因此，货运站不仅要完成公路、水运、铁路集装箱和零担货物运输的中转换装，而且在不同的运输方式、不同企业之间的货物联合运输过程中，必然会产生货物中转换装的需求。所以，货运站应为货物中转和因储运需要而进行的换装运输提供服务。货运站利用内部装卸设备、仓库、堆场、货运受理点以及相应的配套设施保证中转货物安全可靠地完成换装作业，及时地运送到目的地。

3）装卸储存功能

货运站应面向社会开放，为货主提供仓储、保管和包装服务，代理货主销售、运输所仓储的货物，并在货运站场内进行各种装卸搬运作业，以利于货物的集、疏、运。

4）多式联运和运输代理功能

货运站除从事公路货物运输外，还应与其他运输方式开展联合运输，充分发挥各种运输方式的特点和优势，逐步完善综合运输体系。货运站应通过交通信息中心和自身的信息系统，与其他运输方式建立密切的货物联运关系,协调地开展联合运输业务。运输代理是指货运站为其服务区域内的各有关单位或个体代办各种货物运输业务,为货主和车主提供双向服务,选择最佳运输线路,合理组织多式联运,实行"一次承运,全程负责",从而达到方便货主、提高社会效益和经济效益的目的。

5)通讯信息功能

建立通讯信息中心,通过计算机及现代通信设施,使货运站与本地区有关单位乃至与周围省、市,以及与全国各省、市、区的路货运站场形成信息网络,从而获取和运用有关信息,进行货物跟踪、仓库管理、运输付款通知、运费结算、托运事务处理、发货事务处理和运输信息交换等。通过网络系统,使货运站与港口、码头等交通设施有机联系,相互衔接,实现联网运输与综合运输。同时,面向社会提供货源、运力、货流信息和车货配载信息等服务。

6)综合服务功能

货运站除开展正常的货运生产外,还应提供与运输生产有关的服务。如为货主代办报关、报检和保险等业务;提供商情信息等服务;开展商品的包装、加工和展示等服务;代货主办理货物的销售、运输和结算等服务。另外,还应为货运车辆提供停放、清洗、加油、检测和维修服务;为货主和司机以及助理人员提供食宿和娱乐服务等。

4.汽车

1)厢式汽车

厢式汽车又叫厢式车(图2.7),主要用于全密封运输各种物品,特殊种类的厢式货车还可以运输化学危险物品。它可使货物免受风吹、日晒和雨淋,将货物置于车厢内,防止货物散失、丢失,安全性好,比较适合于各种家用电器、电子产品、纺织品、食品和邮政运输。

厢式汽车按其功能可分为普通厢式运输车(厢式汽车)和特殊用途的厢式车(专用厢式车)。前者如后开门的硬体厢式汽车、软篷厢式运输车、篷布厢式运输车、翼开式厢式运输车等;后者如冷藏车、保温车、邮政车、救护车、运钞车等厢式专用车。因其功能特殊,其他车型无法替代,故厢式车在物流运输中具有很大优势。

图2.7 厢式汽车

2)罐式汽车

罐式汽车(图2.8),具有密封性强的特点,适用于运送易挥发、易燃物品和危险品。

图 2.8 罐式汽车

3)自卸车

自卸车(图 2.9),又称翻斗车,可以自动后翻或侧翻,使货物能够依靠本身的重力自行卸下,具有较大的动力和较强的通过能力,适用于矿山和建筑工地。

图 2.9 自卸车

在土木工程中,自卸车常与挖掘机、装载机、带式输送机等联合作业,构成装、运、卸生产线,进行土方、砂石、松散物料的装卸运输。由于装载车厢能自动倾翻一定角度卸料,大大节省了卸料时间和劳动力,缩短了运输周期,提高了生产效率,降低了运输成本。自卸车是常用的运输机械。

自卸车的分类如下。

(1)按底盘承载能力可分为轻卡系列自卸、中吨系列自卸和大吨位系列自卸。

(2)按驱动形式可分单桥自卸、双桥自卸、前四后八自卸、前四后十自卸等不同系列车型。

(3)按卸载液压举升机构不同可分为单顶自卸和双顶自卸。

4)保温箱货车

保温箱货车(图 2.10)专门运输对温度有要求的货物。

5)牵引车

专门用来牵引挂车、半挂车和长货挂车的主体,一般车上不搭乘旅客,没有装载货物的车厢（少数具有短货箱）的汽车称为牵引车，如图 2.11 所示。牵引车又称载货列车，一般可分为全挂牵引车和半挂牵引车。半挂车的载荷由自身和牵引车共同承受，如图 2.12 所示；全挂车的载荷全部由自身承受，如图 2.13 所示。应用中以半挂车最为常用。它是长距离运输集装箱的专用机械，主要用于港口码头、铁路货场与集装箱堆场之间的运输。

图 2.10　保温箱货车

图 2.11　牵引车

图 2.12　半挂车

图 2.13　全挂车

## 2.3　水路运输设施与设备

### 2.3.1　水路运输概述

1. 水路运输的概念

水路运输是指利用船舶，在江、河、湖泊、人工水道以及海洋上运送旅客和货物的一种运输方式，如图 2.14 所示。水路运输按其航行的区域，大体上可分为内河运输和海洋运输两种类型。

内河运输指利用船舶、排筏和其他浮运工具，在江、河、湖泊、水库及人工水道上从事的运输，如图 2.15 所示。

海洋运输又可分为远洋运输、近洋运输和沿海运输。远洋运输是指我国与其他国家或地区之间，经过四大洋中的一个或一个以上的海上运输；近洋运输指我国与其他国家或地区之间，只经过沿海或太平洋（或印度洋）的部分水域的海上运输；沿海运输指我国沿海区域各港之间的运输。海洋运输如图 2.16 所示。

图 2.14 水路运输

图 2.15 内河运输

图 2.16 海洋运输

2．水路运输特点

（1）建设投入小。水上运输所通过的航道均系天然形成，港口设施一般为政府修建，不像公路或铁路运输那样需要有大量投资用于修筑公路或铁路。

（2）运量大。随着造船技术的日益发展，船舶都朝着大型化发展。巨型客轮已超过 8 万吨，巨型油轮超过 60 万吨，就是一般的杂货轮也多在五六万吨以上。

（3）运价低。船舶运载量大、使用时间长、运输里程远，与其他运输方式相比，水运的单位运输成本较低。

（4）运输速度慢。货船体积大，水流阻力高，风力影响大，因此速度较低，一般多在每小时 10～20 海里之间，最新的集装箱船每小时 35 海里。

（5）连续性差。受自然条件和气候的影响较大，运输的连续性较差。

### 2.3.2 水路运输的主要设施设备

水路运输的主要设施设备包括船舶、港口和航道。

1．船舶

船舶是各种船只的总称，指依靠人力、风帆和发动机等动力，能在水上移动的交通手段。

1）船舶的构造

现代运输船舶尽管种类繁多，构造不一，但基本上都是由船体及其上层建筑、动力装置、舾装设备和系统组成。

（1）船体及其上层建筑。船体及其上层建筑是运输船舶的主体，它们为旅客、船员以及货物、动力装置和油、水等物料提供装载的空间。

船体是指主甲板以下部分，它是一个直接承受静水压力、浮力、波压力、冲击力、货载及本身重量等各种外力的空间结构。

上层建筑是指主甲板以上的建筑物，主要供驾驶操纵和船员生活之用。

（2）动力装置。船舶的动力装置包括为船舶提供推进动力的主机，为全船提供电力和照明的发电机组，以及其他各种辅机和设备。主机是运输船舶的心脏。现代运输船舶的主机绝大多数为低速或中速柴油机，驱动装在尾部的螺旋桨来推动船舶前进。各种辅机和设备主要有空气压缩机、各种油泵、水泵以及热交换器、管路、油水柜等。

（3）舾装设备和各种系统。舾装设备包括：①操纵设备，如舵设备；②系船设备，如锚泊设备和系泊设备等；③关闭设备，如舱口盖、水密门、舷门和出入口盖等；④信号设备，如信号灯、信号旗等；⑤救生设备，如救生艇、救生筏、救生圈和救生衣等；⑥起货设备，如货船上的吊杆装置和甲板起重机，油船上的货油泵，滚装船上的升降机、跳板等；⑦其他设备，如客船上的防摇设备，拖船上的拖带设备，顶推船上的顶推装置等。

船上各种系统包括：将舱底积水排出船外的舱底水排出系统，向压载水舱供水和把水排出的压载水系统，送水灭火的消防系统，排除甲板积水、粪便水和洗濯污水的疏水、处理和排污系统，供给船员和旅客所需饮用水、洗濯水和卫生用水的生活用水系统，以及通风、取暖和空气调节系统等。

2）船舶的主要性能

船舶的主要性能有浮性、稳性、抗沉性、快速性、耐波性和操纵性等。

（1）浮性：指船在各种装载情况下，能浮于水中并保持一定的首尾吃水和干舷的能力。船舶的浮性关系到船舶的装载能力和航行的安全。

（2）稳性：指船受外力作用离开平衡位置而倾斜，当外力消失后，船能回复到原平衡位置的能力。稳性是与船舶安全密切相关的一项重要性能。

（3）抗沉性：指船体水下部分发生破损，船舱淹水后仍能浮于水面而不沉和不倾覆的能力。

（4）快速性：是表征船舶在静水中直线航行的速度与其所需主机功率之间关系的性能。它是船舶的一项重要技术指标，对船舶营运开支影响较大。

（5）耐波性：指船舶在风浪中遭受外力干扰所产生的各种摇荡运动及抨击上浪、失速飞车和波浪弯矩等，仍具有足够的稳性和船体结构强度，并能保持一定的航速安全航行的性能。耐波性不仅关系到船上人员的舒适和安全，还影响船舶的安全和营运效益等，因而日益受到重视。

（6）操纵性：指船舶能按照驾驶者的操纵保持或改变航速、航向或位置的性能，主要包括航向稳定性和回转性两个方面，是保证船舶航行中少操舵、保持最短航程、靠离码头灵活方便和避让及时的重要环节，关系到船舶航行的安全和营运经济性。

3）船舶的种类

下文只讨论货运船舶。货运船舶简称为货船，是运送货物的船舶的总称。由于装运货物的不同，货船的种类也很多，常见的有以下几种。

（1）散货船（bulk cargo ship）：又称散装货船（图2.17），是用以装载无包装的煤炭、矿砂、谷物、化肥、水泥、钢铁、木材等散货的船舶。散货船的货种单一，不怕挤压，便于装卸。

图 2.17 散货船

根据载重量的不同，散货船通常分为如下几个级别。

① 好望角型船（图 2.18）：一般特指大型散货船，由于尺度限制不可能通过巴拿马运河和苏伊士运河，需绕行好望角海峡，故称好望角型船。其总载重量为 100 000 吨级以上，船长在 250～300m。

② 巴拿马型船（图 2.19）：这是一种巴拿马运河所容许通过的最大船型。通常总载重量为 60 000 吨级。船长要小于 245m，船宽不大于 32.2m，最大的容许吃水为 12.04m。

图 2.18 好望角型船

图 2.19 巴拿马型船

③ 轻便型散货船（图 2.20）：总载重量为 35 000～40 000 吨级，吃水较浅，世界上各港口基本都可以停靠。

④ 小型散货船：总载重量为 20 000～27 000 吨级。

（2）杂货船（general cargo ship）：又称普通货船、通用干货船，如图 2.21 所示，主要用于装载一般包装、袋装、箱装和桶装的件杂货物。由于件杂货物的批量较小，杂货船的吨位也较小。典型的杂货船载重量在 10 000～20 000 吨级，一般为双层甲板。货舱的数量和甲板分层较多，便于分隔货物。杂货船一般都装设有起货设备，多数以吊杆为主，也有的装有液压旋转吊。新型的杂货船一般为多用途型，既能运载普通件杂货，也能运载散货、大件货、冷藏货和集装箱等。

（3）集装箱船（container ship）：是用于载运集装箱的船舶，如图 2.22 所示。

图 2.20 轻便型散货船

图 2.21 杂货船

图 2.22 集装箱船

集装箱船可分为全集装箱船、部分集装箱船和可变换集装箱船 3 种类型。

① 全集装箱船（full container ship），指专门用于装运集装箱的船舶。该类船舶舱内设有固定式或活动式的格栅结构，舱盖上和甲板上设置固定集装箱的系紧装置，便于集装箱作业及定位。一般情况下，舱内可堆放 3～9 层集装箱，甲板上可堆放 3～4 层集装箱。

② 部分集装箱船（partial container ship）：这种船舶只是在船的中央部位用于装运集装箱，其他舱位用于装运普通杂货。

③ 可变换集装箱船（convertible container ship）：其货舱内装载集装箱的结构是可拆装式的，既可装运集装箱，必要时也可装运普通杂货。

（4）滚装船（roll on/roll off ship）：主要用来运送汽车和集装箱的船舶，如图 2.23 所示。这种船本身无须装卸设备，一般在船侧或船的首、尾有斜坡连接码头。装卸货物时，汽车或集装箱（装在拖车上）直接开进或开出船舱。其优点是不依赖码头上的装卸设备，装卸速度快，可加速船舶周转。

（5）冷藏船（refrigerated ship）：冷藏并运输鱼、肉、果、蔬等货物的船舶，如图 2.24 所示。

图 2.23　滚装船

图 2.24　冷藏船

冷藏船的货舱实际上就是一个大型冷藏库，冷藏舱所需的冷源由设置在机舱内的大型制冷机提供。为保证一定的制冷效果，冷藏舱的四壁、舱盖和柱子内部都设有隔热材料，以防止外界热量传入。冷藏舱内还装有各种远距离测量和记录装置，以便能及时掌握并控制舱内的温度、湿度、二氧化碳含量等参数。

（6）油船（oil tanker）：专门用于载运石油产品的液体船，简称油船，如图 2.25 所示。油船分为原油船和成品油船。由于原油运量巨大，所以油船载重量都很大，载重量达 565 000 吨级。

（7）木材船（timber ship）：是专门用于装载木材或原木的船舶。图 2.26 中的这种船舱口大，舱内无梁柱及其他妨碍装卸的设备，船舱及甲板上均可装载木材。为防甲板上的木材被海浪冲出舷外，在船舷两侧一般设置不低于一米的舷墙。

图 2.25　油船

图 2.26　木材船

(8) 驳船（barge）：指本身没有自航能力，需要拖船或顶推船带动运行的货船。如图 2.27 所示。驳船的特点是载货量大、吃水浅、设备简单，船上通常不设置装卸货物的起货设备。驳船与拖船或推船组成驳船船队，可以航行在狭窄水道和浅水航道，并可按运输货物的种类而随时编组，适应内河运输的需要。

(9) 载驳船（barge carrier）：又称母子船，由一大型机动母船（称为载驳船）运载一批相同规格的驳船（称为子船）进行运输，如图 2.28 所示。驳船实际上是货运单元，在其中可装载各种货物。当母船到达港口锚地时，不必靠码头，驳船直接从母船上卸下，再由拖船或推船运往目的地，而母船则可以装载另一批驳船继续航行。其优点是：由于货物单元是驳船，装卸可以在港域内外任意地点进行，无须使用码头，不受水深限制，可缩短母船的停泊时间，不受码头拥挤影响，装卸效率高，适宜进行江海联运。

图 2.27 驳船

图 2.28 载驳船

2．港口

港口位于江、河、湖、海沿岸，具有一定设施和条件，供船舶进行作业性及在恶劣气象条件下的靠泊、旅客上下、货物装卸和生活物料供应等作业的地方。它的范围包括水域和陆域两部分。一般设有航道、港池、锚地、码头、仓库货场、后方运输设备、修理设备（包括修理船舶）和必要的管理、服务机构等，如图 2.29 所示。

图 2.29 港口

1）港口的分类

(1) 海港：在自然地理条件和水文气象方面具有海洋性质的港口。海港又可分为：①海岸港：位于有掩护的或平直的海岸上。前者大都位于海湾中或海岸前有沙洲掩护，如旅顺军港、湛江港和榆林港等，都有良好的天然掩护，不需要建筑防护建筑物；若天然掩护不够，则需加筑外堤防护，如烟台港；位于平直海岸上的港一般都需要筑外堤掩护，如塘沽新港。

②河口港：位于入海河流河口段或河流下游潮区界内，历史悠久的著名大港多属此类。如我国的黄埔港，国外的鹿特丹港、纽约港、伦敦港和汉堡港均属于河口港。

由于海港受风浪、潮汐和沿岸输沙等的影响，一般利用海湾、岛屿和岬角等天然屏障，或建造防波堤等人工建筑物作为防护；港内有广阔的水域和深水航道，可供海船进出停泊，进行各种作业，补给燃料、淡水和其他物品，躲避风浪等。它是沿海运输和各种海上活动的基地。优良的海港通常是沟通国内外贸易的枢纽。

（2）河港：位于河流沿岸，且有河流水文特征的港口。如我国的南京港、武汉港和重庆港均属于此类。它可供内河运输船舶编解队、装卸作业、旅客上下和补给燃物料等。河港直接受河道径流的影响，天然河道的上游港口水位落差较大，装卸作业比较困难；中下游港口一般有冲刷或淤积的问题，常需扩岸或导治。

（3）水库港：建于大型水库沿岸的港口。水库港受风浪影响较大，常建于有天然掩护的地区，水位受工农业用水和河道流量调节等的影响，变化较大。

（4）湖港：位于湖泊沿岸或江河入湖口处的港口。一般水位落差不大，水面比较平稳，水域宽阔，水深较大，是内河、湖泊运输和湖上各种活动的基地。

（5）商港：以一般商船和客货运输为服务对象的港口，具有停靠船舶、上下客货、供应燃（物）料和修理船舶等所需要的各种设施和条件，是水陆运输的枢纽。如我国的上海港、大连港、天津港、广州港和湛江港等均属此类。国外的鹿特丹港、安特卫普港、神户港、伦敦港、纽约港和汉堡港也是商港。商港的规模大小以吞吐量表示。按装卸货物的种类分，有综合性港口和专业性港口两类。综合性港口指装卸多种货物的港口；专业性港口为装卸某单一货类的港口，如石油港、矿石港和煤港等。一般来说，由于专业性港口采用专门设备，其装卸效率和能力比综合性港口高，在货物流向稳定、数量大和货类不变的情况下，应多考虑建设专业性港口。

（6）工业港：为临近江、河、湖、海的大型工矿企业直接运输原材料及输出制成品而设置的港口。如大连地区的甘井子大化码头、上海市的吴泾焦化厂煤码头及宝山钢铁总厂码头均属此类。日本也有许多这类港口。

（7）散货港：是专门装卸大宗矿石、煤炭、粮食和砂石料等散货的港口。专门装卸煤炭的专业港称煤港。这类港口一般都配置大型专门装卸设备，效率高，成本低。

（8）油港：是专门装卸原油或成品油的港口。油港一般由以下几部分组成：①靠、系船设备；②水上或水下输油管线和输油臂；③油库、泵房和管线系统；④加温设备；⑤消防设备；⑥污水处理场地和设施等。为了防止污染和安全起见，油港距离城镇、一般港口和其他固定建筑物都要有一定的安全距离，通常以布置在其下游、下风向为宜。根据油港所在位置和油品闪点的不同，最小安全距离分别都有不同的规定，其范围从几十米到三千米不等。由于现代海上油轮愈建愈大，所以现代海上油港也随之向深水发展。

（9）渔港：是为渔船停泊、鱼货装卸、鱼货保鲜、冷藏加工、修补渔网和渔船生产及生活物资补给活动服务的港口，它是渔船队的基地，具有天然或人工的防浪设施，有码头作业线、装卸机械、加工和储存渔产品的工厂（场）、冷藏库和渔船修理厂等。

（10）军港：是供舰艇停泊并取得补给的港口，是海军基地的组成部分，通常有停泊、补给等设备和各种防御设施。

2）港口的组成

港口由水域和陆域所组成，如图2.30所示。

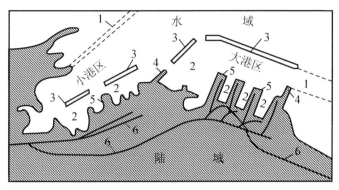

图2.30 港口的组成

1—进港航道 2—港池 3—岛堤 4—突堤 5—码头 6—铁路

（1）水域：通常包括进港航道、锚泊地和港池。

① 进港航道要保证船舶安全方便地进出港口，必须有足够的深度和宽度，适当的位置、方向和弯道曲率半径，避免强烈的横风、横流和严重淤积，尽量降低航道的开辟和维护费用。当港口位于深水岸段、低潮或低水位时天然水深已足够船舶航行需要时，无须人工开挖航道，但要标志出船舶出入港口的最安全方便路线。如果不能满足上述条件并要求船舶随时都能进出港口，则须开挖人工航道。人工航道分单向航道和双向航道。大型船舶的航道宽度为80～300m，小型船舶的为50～60m。

② 锚泊地指有天然掩护或人工掩护条件能抵御强风浪的水域，船舶可在此锚泊、等待靠泊码头或离开港口。如果港口缺乏深水码头泊位，也可在此进行船转船的水上装卸作业。内河驳船船队还可在此进行编解队和换拖（轮）作业。

③ 港池指直接和港口陆域毗邻，供船舶靠离码头、临时停泊和调头的水域。港池按构造形式分，有开敞式港池、封闭式港池和挖入式港池。港池尺度应根据船舶尺度、船舶靠离码头方式、水流和风向的影响及调头水域布置等确定。开敞式港池内不设闸门或船闸，水面随水位变化而升降。封闭式港池池内设有闸门或船闸，用以控制水位，适用于潮差较大的地区。挖入式港池在岸上开挖而成，多用于岸线长度不足、地形条件适宜的地方。

（2）陆域：指港口供货物装卸、堆存、转运和旅客集散之用的陆地面积。陆域上有进港陆上通道（铁路、道路、运输管道等）、码头前方装卸作业区和港口后方区。前方装卸作业区供分配货物，布置码头前沿铁路、道路、装卸机械设备和快速周转货物的仓库或堆场（前方库场）及候船大厅等之用。港口后方区供布置港内铁路、道路、较长时间堆存货物的仓库或堆场（后方库场）、港口附属设施（车库、停车场、机具修理车间、工具房、变电站、消防站等）以及行政、服务房屋等。为减少港口陆域面积，港内可不设后方库场。

3）港口设备

陆上设备包括间歇作业的装卸机械设备（门座式、轮胎式、汽车式、桥式及集装箱起重机、卸车机等）、连续作业的装卸机械设备（带式输送机、斗式提升机、压缩空气和水力输送式装置及泵站等）、供电照明设备、通信设备、给水排水设备和防火设备等。港内陆上运输机械设备包括火车、载重汽车、自行式搬运车及管道输送设备等。水上装卸运输机械设备包括起重船、拖轮、驳船及其他港口作业船、水下输送管道等。

4）港口的技术特征

港口的技术特征主要有港口水深、码头泊位数、码头线长度和港口陆域高程等。

（1）港口水深：港口的重要标志之一，表明港口条件和可供船舶使用的基本界限。增大水深可接纳吃水更大的船舶，但将增加挖泥量，增加港口水工建筑物的造价和维护费用。

在保证船舶行驶和停泊安全的前提下，港口各处水深可根据使用要求分别确定，不必完全一致。对有潮港，当进港航道挖泥量过大时，可考虑船舶乘潮进出港。现代港口供大型干货海轮停靠的码头水深 10～15m，大型油轮码头水深 10～20m。

（2）码头泊位数：根据货种分别确定。除供装卸货物和上下旅客所需泊位外，在港内还要有辅助船舶和修船码头泊位。

（3）码头线长度：根据可能同时停靠码头的船长和船舶间的安全间距确定。

（4）港口陆域高程：根据设计高水位加超高值确定，要求在高水位时不淹没港区。为降低工程造价，确定港区陆域高程时，应尽量考虑港区挖填方量的平衡。港区扩建或改建时，码头前沿高程应和原港区后方陆域高程相适应，以利于道路和铁路车辆运行。同一作业区的各个码头通常采用同一高程。

5）港口水工建筑物

港口水工建筑物一般包括防波堤、码头、修船和造船水工建筑物。进出港船舶的导航设施（航标、灯塔等）和港区护岸也属于港口水工建筑物的范围。港口水工建筑物的设计，除应满足一般的强度、刚度、稳定性（包括抗地震的稳定性）和沉陷方面的要求外，还应特别注意波浪、水流、泥沙、冰凌等动力因素对港口水工建筑物的作用及环境水（主要是海水）对建筑物的腐蚀作用，并采取相应的防冲、防淤、防渗、抗磨和防腐等措施。

（1）防波堤：位于港口水域外围，用以抵御风浪、保证港内有平稳水面的水工建筑物。突出水面伸向水域与岸相连的称突堤；立于水中与岸不相连的称岛堤。堤头外或两堤头间的水面称为港口口门。口门数和口门宽度应满足船舶在港内停泊、进行装卸作业时水面稳静及进出港航行安全、方便的要求。有时，防波堤也兼用于防止泥沙和浮冰侵入港内。防波堤内侧常兼作码头。防波堤的堤线布置形式有单突堤式、双突堤式、岛堤式和混合式。为使水流归顺，减少泥沙侵入港内，堤轴线常布置成环抱状。防波堤按其断面形状及对波浪的影响可分为斜坡式、直立式、混合式、透空式、浮式，以及配有喷气消波设备和喷水消波设备的防波堤等多种类型。

（2）码头：供船舶停靠、装卸货物和上下旅客的水工建筑物。现在广泛采用的是直立式码头，便于船舶停靠和机械直接开到码头前沿，以提高装卸效率。内河水位差大的地区也可采用斜坡式码头，斜坡道前方设有趸船作码头使用，这种码头由于装卸环节多，机械难于靠近码头前沿，装卸效率低。在水位差较小的河流、湖泊中和受天然或人工掩护的海港港池内也可采用浮码头，借助活动引桥把趸船与岸连接起来，这种码头一般用做客运码头、卸鱼码头、轮渡码头以及其他辅助码头。码头结构形式有重力式、高桩式和板桩式，主要根据使用要求、自然条件和施工条件综合考虑确定。

（3）修船和造船水工建筑物：有船台滑道型和船坞型两种。待修船舶通过船台滑道被拉拽到船台上，修好船体水下部分以后，沿相反方向下水，在修船码头进行船体水上部分的修理和安装或更换船机设备。新建船舶在船台滑道上组装并油漆船体水下部分后下水，在舾装码头安装船机设备和油漆船体水上部分。船坞分为干船坞和浮船坞。

3．航道

航道是指在内河、湖泊和港湾等水域内供船舶安全航行的通道，由可通航水域、助航设施和水域条件组成。按形成原因分为天然航道和人工航道；按使用性质分为专用航道和公用航道；按管理归属分为国家航道和地方航道。

航道应该满足的基本要求是：有足够的航道深度和航道宽度；有适宜的航道转弯半径；有合理的航道许可流速；有符合规定的水上外廓。

航标是引导船舶安全行驶的标志，可分为海上航标和江河航标。

（1）海上航标。在海上的某些岛屿、沿岸及港内重要地点均设有航标，如灯塔、灯船和浮标等，如图 2.31 所示。航标在白天以形状、颜色，在夜间以灯光颜色和时间长短次数来区别各自的作用。另外还有音响和无线电助航设备，如雾钟、雾笛和电雾号等音响设备、无线电指向标、雷达导航站及其他无线电导航设备。

（2）江河航标。江河航标的主要作用是准确标出江河航道的方向、界限、水深和水中障碍物，预告洪汛，指挥狭窄和急转弯水道的水上交通，引导船舶安全航行，如图 2.32 所示。江河航标一般分为 3 等，主要有过河标、接岸标、电缆标、水深信号杆和通行信号杆等。

图 2.31　海上航标

图 2.32　江河航标

## 2.4　航空运输设施与设备

### 2.4.1　航空运输概述

1．航空运输的概念

航空运输是指利用飞机运送货物的现代化运输方式，如图 2.33 所示。航空运输主要适合运载的货物有两类：一类是价值高、运费承担能力很强的货物，如贵重设备的零部件、高档次产品等；另一类是紧急需要的物资，如救灾抢险物资等。

图 2.33 　航空运输

2．航空运输特点

（1）运输速度快，节约其他费用。在各种运输方式中运输速度最快是航空运输的最大优势，其时速为 1 000km 左右，且距离越长，所能节省的时间较多，快速的优势也较显著。因而航空运输适用于中长距离的旅客运输、邮件运输和精密、贵重货物、鲜活易腐物品的运输。由于采用航空运输方式，货物在途时间短，周转速度快，企业存货可以相应地减少，还可以节约包装、保险和利息等费用。

（2）不受地理条件的限制。飞机在空中运行，受航线条件限制的程度相对较小，可跨越地理障碍将任何两地连接起来。航空运输的这一优点使其成为执行救援、急救等紧急任务中必不可少的手段。

（3）舒适、安全、可靠。现代民航客机平稳舒适且客舱宽敞、噪音小，机内有供膳、视听等设施，旅客乘坐的舒适程度较高。随着科技进步和管理的不断改善，航空运输的安全性比以往已有很大提高。

（4）基本建设周期短，投资少。发展航空运输的设备条件是添置飞机和修建机场。这与修建铁路和公路相比，建设周期短、占地少、投资省、收效快。

（5）运输成本费用高。空运是在铁路、公路、管道和航运等方式中费用最高的，它只适合运输贵重物品，运输便宜物品就是大材小用了。

（6）运输能力小。不适宜对大件货物或大批量货物的运输，有些货物还是禁用空运的。

（7）连续性差。空运安全容易受气候影响，恶劣天气可能造成飞机停飞、延误和偏航，甚至在运输中遇到寒流侵袭就会有一定危险。

### 2.4.2　航空运输的主要设施设备

航空运输的主要设施设备包括航路、航空港、飞机和通信导航等。

1．航路

航路是根据地面导航设施建立的走廊式保护空域，是飞机航线飞行的领域。其划定是以连接各个地面导航设施的直线为中心线，在航路范围内规定上限高度、下限高度和宽度。

对在其范围内飞行的飞机，要实施空中交通管制。航路是由国家统一划定的具有一定宽度的空中通道，有较完善的通信导航设备，宽度通常为 20km。划定航路的目的是维护空中交通秩序，提高空间利用率，保证飞行安全。它分为两部分：一是航站区空域，供飞机进出机场用；二是航线空域，用于连接各航站区。

2. 航空港

航空港是运输旅客、货物的集散地，包括飞行区、客货运输服务区和机务维修区 3 个部分，如图 2.34 所示。

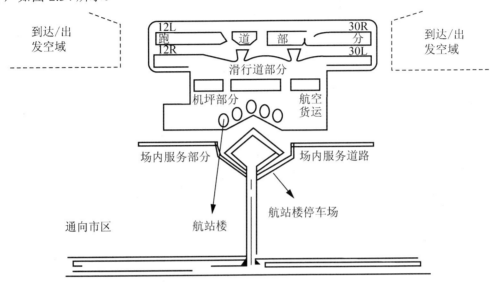

图 2.34 航空港平面示意图

(1) 飞行区：是为保证飞机安全起降的区域，内有跑道、滑行道、停机坪和无线电通信导航系统、目视助航设施及其他保障飞行安全的设施，在航空港内占地面积最大。飞行区上空划有净空区，净空区是规定的障碍物限制面以上的空域，地面物体不得超越限制面伸入。限制面根据机场起降飞机的性能确定。

(2) 客货运输服务区：是为旅客、货主提供地面服务的区域，主体是候机楼，此外还有客机坪、停车场和进出港道路系统等。货运量较大的航空港还专门设有货运站。客机坪附近配有管线加油系统。

(3) 机务维修区：是飞机维护修理和航空港正常工作所必需的各种机务设施的区域。区内建有维修厂、维修机库、维修机坪和供水、供电、供热、供冷、下水等设施，以及消防站、急救站、储油库及铁路专用线等。

此外航空港还有流动便利设备，如升降平台、客梯车、牵引车和传送带等。

3. 飞机

飞机从诞生发展到今天，研制成功的型号五花八门，总数近 1 200 种。各个时期、各种用途的飞机大小、样式和应用差别都很大。但是，各种飞机的构成还是基本一致的，主要由机身、动力装置、机翼、尾翼、起落装置、操纵系统和机载设备组成，如图 2.35 所示。

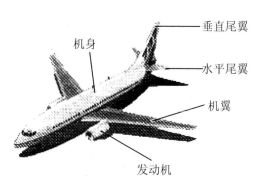

图 2.35　飞机的组成

1）机身

机身是飞机的主体，用于连接其他部件并容纳乘员、货物和设备等。虽然大多数飞机都有一个机身，但它并不是飞机必不可少的部件。早期的飞机常常用金属骨架将各部件连接在一起，现代超轻型飞机和一些滑翔机也是如此。还有一种特殊的飞翼式飞机也没有机身，整个飞机看起来就是一副大机翼，人员、货物和燃油等全部装在机翼内。

2）动力装置

动力装置是飞机起飞和飞行必需的推进系统。它往往包括动力装置本身和动力转换装置。对于螺旋桨式飞机，动力装置是活塞式或涡轮螺旋桨发动机，动力转换装置是螺旋桨。前者产生驱动力矩，后者通过旋转产生气动推力或拉力。对于喷气式飞机，动力装置是产生高温高压气体的喷气发动机，动力转换装置是喷管，高速喷射气流产生的反作用力推动飞机前进。

3）机翼

机翼是飞机产生升力的部分，也是飞机较重要的空气动力部件。表面上看起来机翼只是一块有一定面积、形状和厚度的木板或铝合金板，实际上它却是一个非常复杂的部件，设计难度很大，设计得成功与否直接决定飞机的总体性能。机翼有平直翼、后掠翼、前掠翼和变后掠翼之别，还有单翼和双翼之分，其结构、大小和安装的位置也不同。机翼上一般还装有附件，如用于操纵左右转变或滚转的副翼和用于改变升力、减速、增加升力或改变升力布局的襟翼。机翼内部还往往用来贮存燃油、放置起落架，机翼外部还可外挂副油箱及进攻型武器。

4）尾翼

尾翼是飞机保持稳定和实现操纵的部件，通常位于飞机的尾部。尾翼分水平尾翼和垂直尾翼两部分，由于它们是起稳定作用的，所以又称安定面。有的飞机尾翼呈 V 字，称 V 型尾翼，它没有水平与垂直尾翼之分，但同时具有二者的功能。有的飞机特别是三角翼飞机，只有垂直尾翼而没有水平尾翼。水平尾翼主要用于飞机的纵向稳定（俯仰稳定）。在有的飞机上，水平尾翼不是安装在飞机尾部，而是位于前部，这种尾翼称为前翼或鸭翼。

垂直尾翼安装在水平翼的中部，用于飞机的方向稳定，它的剖面形状是对称的。高速飞机为产生足够大的航向稳定性，需要大面积垂直尾翼，但考虑到强度等因素，往往采用两个同样的垂直尾翼，有的大型飞机甚至还有 3 个或 3 个以上垂直尾翼。

5）起落装置

起落装置是飞机起飞、降落和停放过程中支撑飞机的装置，一般由承力支柱、减震器、机轮和收放机构组成。陆上起降的飞机大都是机轮，分为前三点式和后三点式两种。

由于后三点式飞机着陆滑跑稳定性差，机头较高，飞行员不易观察，所以现代先进的飞机多采用前三点式。在冰雪上起降的飞机用滑橇代替机轮，在水上起降的水上飞机则用浮筒代替机轮。20世纪20年代以前，飞机的起落架都是固定的，飞行时阻力较大。现代军用飞机、大型运输机的起落架都是可以收放的，飞行过程中起落架收入机身或机翼内，可大大降低阻力。由于收放机构会增加重量和复杂性，轻小型飞机的起落架则多采用不可收放式。

6）操纵系统

操纵系统主要由驾驶杆、舵（脚蹬）、助力装置、传动装置和各舵面组成。在飞行中，飞行员操纵杆、舵，通过助力和传动装置使副翼和方向舵变化一定的角度，以改变飞行状态。飞行员向后拉杆时，升降舵向上偏转，飞机上仰；前推驾驶杆时，升降舵向下偏转，飞机向下俯冲；向左压驾驶杆时，飞机向左倾斜；向右压驾驶杆时，飞机向右倾斜。左操纵脚蹬向前、右操纵脚蹬向后时，方向舵左转，飞机向左转弯；反之，飞机向右转弯。

7）机载设备

机载设备是飞机完成特种任务或保障正常飞行的各种设备。机载设备一般包括飞行仪表、通信、导航、环境控制、生命保障和能源供给等设备，这些设备可以根据要求进行选装。飞机还装有与特定任务有关的特种机载设备，如战斗机的雷达、电子眼、导弹、火炮及火力控制系统；侦察机的各种侦察设备；旅客机的各种服务装置等。

4．通信导航

通信导航是飞机场所需的各项通信、导航设施的统称。

1）航空通信

（1）陆空通信：飞机场部门和飞机之间的无线电通信，主要方式是用无线电话，远距离则用无线电报。

（2）平面通信：飞机场和飞机场各业务部门之间的通信。早期以人工电报为主，现在则有电报、电话、电传打字、传真、图像、通信、数据传输等多种通信方式。通信线路分有线、无线、卫星通信等。

2）航空导航

航空导航分航路导航和着陆导航。

（1）航路导航。

① 中长波导航台（NDB）：是设在航路上，用以标出所指定航路的无线电近程导航设备。

② 全向信标/测距仪台（VOR/DME）：全向信标和测距仪通常合建在一起。全向信标给飞机提供方位信息；测距仪则给飞机示出飞机距测距仪台的直线距离。

③ 塔康（TACAN）和伏尔塔康（VORTAC）：塔康是战术导航设备的缩写，它将测量方位和距离合成为一套装置。塔康和全向信标合建，称伏尔塔康。其方位和距离信息，也可供民用飞机的机载全向信标接收机和测距接收设备接收。军用飞机则用塔康接收设备接收。

④ 罗兰系统（LORAN）远距导航系统。

⑤ 奥米加导航系统（OMEGA）。

罗兰系统和奥米加导航系统不是一个飞机场的导航设施，而是半个地球的甚至是全球性的导航设施。

（2）着陆导航。

① 归航台：飞机接收导航台的无线电信号，进入飞机场区，对准跑道中心线进近着陆，这样的导航台称归航台。

② 全向信标/测距仪台（VOR/DME）：除可用在航路上作为导航设备外，也可用作机场终端区导航设备。

③ 仪表着陆系统（ILS）。

④ 地面指挥引进系统：由飞机场监视雷达（ASR）和精密进近雷达（PAR）组成。没有飞机场监视雷达则不能称地面指挥引进系统，只能称精密进近雷达（也称着陆雷达）。

⑤ 微波着陆系统：由方位引导、仰角引导和拉平仰角引导等设备所组成。

## 2.5 管道运输设施与设备

### 2.5.1 管道运输概述

1. 管道运输的概念

管道运输是一种由大型钢管、泵站和加压设备等来完成运输工作的运输系统。当今世界大部分的石油、绝大部分的天然气是通过管道运输的，管道还用于运送固体物料的浆体，如煤浆和矿石的浆体。如图 2.36 所示。

管道运输是大宗流体货物运输最有效的方式，不动的管道本身就是运货的载体，油泵或压缩机将能量直接作用在流体上。按管道的铺设方式不同，可将管道分为埋地管道、架空管道和水下管道；按输送介质不同，可以分为原油管道、成品油管道、天然气管道、油气混输管道和固体物料浆体管道；按其在油气生产中的作用，油气管道又可分为矿场集输管道，原油、成品油和天然气的长距离输送干线管道，天然气或成品油的分配管道等。

图 2.36 独山子原油管道

2. 管道运输特点

（1）运量大。不同于车、船等其他运输方式，输油管道可以连续运行。一条管径为 720 毫米的管道就可以每年运送易凝高黏原油 2 000 多万吨；一条管径 1 200 毫米的原油管道年运输量可达 1 亿吨。

（2）建设投资相对较小，占地面积少，受地理条件限制少。管道建设的投资和施工周期均不到铁路的 1/2。管道埋于地下，只有泵站、首末站占用一些土地，占用土地少。管道可以从河流、湖泊、铁路和公路下部穿过，也可以翻越高山，横穿沙漠，一般不受地形与坡度的限制，可以缩短运输里程。

（3）连续性强。由于埋于地下，基本不受气候影响，可以长期稳定运行。

（4）运费低。管道输送流体能源，主要依靠每60～70千米设置的增压站提供压力能，设备运行比较简单，易于就地自动化和进行集中遥控。先进的管道增压站已能完全做到无人值守。由于节能和高度自动化，用人较少，使运输费用大大降低。

（5）环保。沿线不产生噪声，漏失污染少，有利于环境保护。

（6）灵活性较差。调节运量及改变运输方向的幅度较小。

（7）通用性差。就某一具体管道而言，只限于单项货物的运输。

（8）一旦油田产量递减或枯竭，则该段原油管道即报废，而不像其他运输工具可移往他处使用。

### 2.5.2 管道运输的主要设施设备

管道运输的主要设施设备由管道线路设施、管道站库设施和管道附属设施3部分组成。

1．管道线路设施

管道的线路设施是管道运输的主体，主要有石油管道和天然气管道。

（1）管道主体，由钢管及管阀件组焊接而成。

（2）管道防腐保护设施，包括阴极保护站、阴极保护测试桩、阳极地床和杂散电流排流站。

（3）管道水工防护构筑物、抗震设施、管堤、管桥及管道专用涵洞和隧道。

2．管道站库设施

按照管道站库位置的不同，分为首站、中间站和末站。按照所运输介质的不同，又可分为输油站和输气站。输油站包括增压站、加热站、热泵站、减压站和分输站；输气站包括压气站、调压计量站和分输站等。

3．管道附属设施

管道附属工程主要包括管道沿线修建的通信线路工程、供电线路工程和道路工程。此外，还有管理机构、维修机构及生活基地等设施。

4．管道的维护

尽管管道运输设备具有便于管理、运行安全的特点，但由于其输送管道大多深埋于地下，受到大气腐蚀、细菌腐蚀、土壤腐蚀和杂散电流腐蚀等威胁，久而久之会使管道因穿孔而引起油、气、水跑漏损失与污染，而且还可能引起火灾和爆炸。因此，应根据具体情况，采取不同的防腐措施。

1）管道防腐

（1）选用耐腐蚀材料，如聚氯乙烯管、含铅和含锌的合金钢管等。

（2）采用内外壁防腐绝缘层，将钢管与腐蚀介质隔离。

（3）埋地管线的阴极保护，通常有两种办法：一种是给埋地管线施加外电流以抑制其原来存在的腐蚀电流；另一种办法是在待保护的金属管线上连接一种电位更负的金属材料，形成一个新的腐蚀电池，通过牺牲这一金属材料来保护管线。

（4）杂散电流腐蚀的保护，是根据管道杂散电流强度的大小，采取相应的保护措施，如采用直排流保护，即利用导线连接管线与电气铁路的回归线，将杂散电流送回。

（5）在输送或储存介质中加入缓蚀剂抑制内壁腐蚀。

（6）根据不同情况，对上述几种方法进行组合使用，达到综合防腐的效果，如常采用防腐绝缘层加阴极保护。

2）管道清洗

管道运输是原油、天然气最主要的运输方式。但因油、气中含有各种盐类、杂质、硫化物和细菌等，管道长期运行会形成污垢、腐蚀等影响生产的状况。因此，需对管道进行清洗、修复，输油（气）管道清洗技术也随之产生。按其清洗目的可分为投产前的清管、运行中的除垢和改输前的清洗。

目前，对于管道清洗技术主要分为三大类：物理清洗法、化学清洗法、物理和化学结合清洗法。

（1）物理清洗法，包括高压水射流清洗、机械法清洗、PIG 清洗、喷砂清洗、电子跟踪式清洗和爆炸法清洗等方法。

（2）化学清洗法，多用于一般金属管道、不锈钢管道和管道脱脂。化学法清洗管道是向管道内投入含有化学试剂的清洗液，与污垢进行化学反应，然后用水或蒸汽吹洗干净。

为了防止在化学清洗过程中损坏金属管道的基底材料，可在清洗液里加入缓蚀剂；为提高管道清洗后的防锈能力，可加入钝化剂或磷化剂使管道内壁金属表层生成致密晶体，提高防腐性能。

（3）物理和化学结合清洗法。物理清洗和化学清洗这两类方法，对工业管道及相关设备的清洗效果各有千秋，然而单独采用哪一种方法都不具备把两种方法结合起来使用时所具有的优势。从技术上说应取长补短、相辅相成；从经济上说，也应合理选用、兼收并蓄。

## 本章小结

运输是物流系统的核心功能，包括铁路运输、公路运输、航空运输、水路运输以及管道运输 5 种形式。不同的运输形式适合在不同的运输条件下使用，应该在分析运输要求的基础上，结合各种运输形式的特点进行运输作业形式的选择。

## 课后习题

一、填空题

1. 汽车的基本结构由（　　）、（　　）、（　　）和（　　）四大部分组成。
2. 从原动力来看机车分为（　　）、（　　）及（　　）机车。
3. 飞机主要由（　　）、（　　）、（　　）、（　　）、（　　）等部件组成。

## 二、选择题

1. 铁路信号设备包括（　　）。
   A. 铁路信号　　　B. 连锁设备　　　C. 闭塞设备　　　D. 防爬设备
2. 水路运输的基本设施设备包括（　　）。
   A. 船舶　　　　　B. 港口　　　　　C. 航道　　　　　D. 服务机构
3. 航空运输的设施装备主要包括（　　）。
   A. 航路　　　　　B. 港口　　　　　C. 飞机　　　　　D. 服务机构

## 三、简答题

1. 铁路交通运输设施包括哪些？
2. 简述公路运输的主要特点。
3. 水路交通运输设施包括哪些？
4. 港口的主要作用是什么？分为哪些类型？
5. 航空运输适合在什么条件下采用？

## 四、案例分析题

### 铁路车辆的发展

解放前，中国铁路的客货车辆均自国外进口，类型复杂、设备简陋、载重力小，因而有"万国车辆博览会"之称。中华人民共和国成立后开始自行设计和制造车辆，现已有35家机车车辆工厂，其中23家有制造及修理客、货车辆的能力。车辆制造能力已达年造客车近3 000辆、货车3.8万辆，我国成为世界上一个车辆制造大国，不但可以自给自足，同时还有一定数量的出口。

中国铁路货车的制造同样得到了很大发展。20世纪50年代设计制造的多为木质的、铆接结构、吨位为30t和50t的通用货车。20世纪60年代开始设计制造了吨位为60t的敞车和50t的罐车、多种漏斗车及长大货物车，且大都采用全钢焊接结构。20世纪70年代，为用于装运进口大型设备而设计制造了吨位为350 t的大型长大货物车。20世纪80年代为满足重载运输的需要，设计制造了单元车组，走行部实现了流动轴承化，大量采用了耐大气腐蚀的低合金钢，货车制造水平得到了较大提高。进入20世纪90年代以后，根据市场的需求，生产规模趋于稳定，但产品品种大大增加。

(1) 各种专用货车相继研制成功，如装运集装箱和小汽车的专用平车。

(2) 装运重型超限货物的凹底平车、长大平车、钳夹车的品种和数量增加较多。

(3) 为适量重载运输，研制了吨位为70 t的新型货车。

(4) 出口货车的品种和数量有了较快的增长。

早期铁路车辆都是二轴的，不采用转向架形式，而是将两根轴固定在车底架上，因此，车辆的固定轴距较大，不易通过曲线，且设备简陋，减震条件较差，已被淘汰。目前，采用最多的是四轴转向架式车辆，它具有较好的走行质量和曲线通过性能。现代客车为了提高舒适性与安全性，广泛采用了全金属整体承载结构的车体，用高强度、耐腐蚀的低合金钢薄板和其他类型材料制成。车内设备完善，带有空气自动调节装置或机械强迫通风装置。

在铁路发展进程中，从技术、经济两方面综合考虑，铁路车辆的发展趋势为：客车高速化，货物重载化。

高速客车在设计制造中需要解决以下技术问题。

（1）研制在高速运行条件下动力性能良好的转向架。

（2）优良的制动系统。

（3）车体结构轻量化，并具有良好的空气动力性能。

（4）控制噪声、提高气密性、强化防火措施和空气调节设施等。

大宗货物运输的发展，要求货车的载重力不断增大。车辆载重力的增加有3个途径。

（1）研究先进的车辆及其部件的结构形式，应用高强度耐腐蚀钢和铝合金，在保证车辆具有足够强度和刚度的前提下，减轻车辆自重。

（2）增加车辆轴数，研制多轴车。

（3）提高轴重，这要求线路结构与轴重提高相协调。

列车重量的不断提高，除要求车辆具有足够的强度外，还要研制低动力作用转向架、径向转向架等。

（资料来源：http://www.chnrailway.com/news/20070418/0418322254.html.有改动.）

问题：（1）总结说明铁路机械的主要性能参数。

（2）说明我国铁路车辆的主要发展方向。

技能训练

【实训项目】不同货物运输方式的选择实验

【实训目的】

（1）掌握不同种类运输的特点。

（2）熟悉运输方式选择的基本方法。

【实训内容】

（1）分析煤炭和海鲜这两种货物运输的特点。

（2）从不同角度对比不同运输方法的优劣，并确定合理方案。

【实验步骤】

（1）分析煤炭运输的特点。

（2）对比分析山西煤炭向北京和广州运输的特点，并制定应采用的合理方案。

（3）分析海鲜运输的特点。

（4）对比分析广州的海鲜向贵阳和北京运输的特点，并制定应采用的合理方案。

# 第 3 章

## 装卸搬运设备

ZHUANGXIE BANYUN SHEBEI

【知识目标】

(1) 掌握装卸搬运设备的基本特点和主要作业形式。
(2) 掌握起重机械的基本特点和适用范围。
(3) 熟悉大宗散货运输的装卸方法。
(4) 掌握连续传输设备的基本特点、性能参数和选用原则。

【能力目标】

(1) 能够根据装卸作业的特点选择合理的装卸设备。
(2) 结合综合连续传输设备以及作业需求制定合理的搬运作业流程。

### 【导入案例】

#### 工业车辆在军事物流中的应用

所谓工业车辆（Industrial Vehicle），主要是指在企业（包括港口、车站、机场、货场、厂车间、仓库、流通中心和配送中心等）内部进行搬运和牵引的设备，一般包括叉车和牵引车。叉车是对成件托盘货物进行装卸、堆垛和短距离运输作业的各种轮式搬运车辆，有"万能装卸搬运机械"的美称。国际标准化组织ISO/TC110将叉车称为工业车辆，它属于物料搬运机械，是机械化装卸、堆垛和短距离运输的高效设备。

所谓军事物流（Military Logistics），是现代物流的一个分支。它是军事物资经由采集、运输、包装、加工、仓储和供应等环节，最终抵达军事目的地而被消耗的全过程。

世界各军事大国竞相开发适用在军事领域的不同种类和用途的工业车辆。工业车辆在军事物流中主要出现在武器装备、弹药、医疗设备和军队生活用品等领域。工业车辆因为性能的差异适用于不同的兵种，大致有如下的区分。

（1）在陆军弹药装卸库，一般适用伸缩臂叉装车和防爆叉车，以及其他普通内燃叉车和仓储叉车。

（2）在山地野战物资搬运上，一般适用具有越野功能的内燃叉车。

（3）在军用舰艇（或者航空母舰）上搬运，一般采用万向行走叉车。有时还更多地采用特制的手动搬运车来搬运炮弹以及导弹。

（4）在军港，一般采用重型平衡重叉车以及集装箱正面吊等，有时还使用专门搬运微型冲锋舟的船用叉车。

（5）在沼泽等恶劣地面进行军用物资搬运，则采用履带式叉车。

（6）在军用机场以及发射基地，则根据不同的需要，采用具有不同功能的各类工业车辆（包括牵引车）。

（7）在进行远距离行军时，为配合军用汽车的搬运需要，一般采用随车携带的军用车载式叉车。在一些军事产品的生产工厂，也采用无人搬运车（AGV）。

目前，美国易腾迈公司与Cisco公司、RedPrairie公司及世界最大的叉车设备制造商Cascade公司共同开发的一款具备RFD和实时定位功能的未来叉车系统，在工业车辆上移植RFID技术，是全球工业车辆的一项革命性事件。

（资料来源：http://www.clpp.org.cn/clpp/newss/content/201010/201020682.html.有改动.）

思考分析：

为什么说叉车有"万能装卸搬运机械"的美称？

## 3.1 装卸搬运设备概述

### 3.1.1 装卸搬运

物品装卸搬运活动渗透到物流各环节、各领域，是联系物流活动各子系统的功能，是物流顺利进行的关键。装卸搬运活动伴随物流的始终，成为提高物流效率、降低物流成本、改善物流条件、保证物流质量最重要的物流环节之一。

1．装卸搬运的概念

在同一地域范围内（如车站范围、工厂范围、仓库内部等）改变"物"的存放、支承状态的活动称为装卸，改变"物"的空间位置的活动称为搬运，两者全称装卸搬运。在实际操作中，装卸与搬运是密不可分的，两者是一起发生的。因此，在物流中并不过分强调两者的差别而是作为一种活动来对待。

搬运的"运"与运输的"运"区别之处在于，搬运是在同一地域的小范围内发生的，而运输则是在较大范围内发生的，两者是量变到质变的关系，中间并无一个绝对的界限。

2．装卸搬运的特点

（1）装卸搬运是附属性、伴生性的活动。装卸搬运是物流每一项活动开始及结束时必然发生的活动，因此装卸搬运有时常被人忽视，有时被看做其他操作不可缺少的组成部分。例如，一般而言的"汽车运输"，就实际包含了相随的装卸搬运，仓库中泛指的保管活动也含有装卸搬运活动。

（2）装卸搬运是支持、保障性活动。装卸搬运的附属性不能理解成被动的，实际上，装卸搬运对其他物流活动有一定决定性。装卸搬运会影响其他物流活动的质量和速度，例如，装车不当，会引起运输过程中的损失；卸放不当，会引起货物转换成下一步运动的困难。许多物流活动在有效的装卸搬运支持下，才能实现高水平运行。

（3）装卸搬运是衔接性的活动。任何其他物流活动互相过渡时，都是以装卸搬运来衔接，因而，装卸搬运往往成为整个物流活动的"瓶颈"，是物流各功能之间能否形成有机联系和紧密衔接的关键，而这又是一个系统的关键。建立一个有效的物流系统，关键看这一衔接是否有效。比较先进的系统物流方式——联合运输方式就是着力解决这种衔接的。

3．装卸搬运的分类

1）按装卸搬运施行的物流设施、设备对象分类

依此可分为仓库装卸、铁路装卸、港口装卸、汽车装卸和飞机装卸等。

（1）仓库装卸配合出库、入库和维护保养等活动进行，并且以堆垛、上架和取货等操作为主。

（2）铁路装卸是对火车车皮的装进及卸出，特点是一次作业就实现一车皮的装进或卸出，很少有像仓库装卸时出现的整装零卸或零装整卸的情况。

（3）港口装卸包括码头前沿的装船，也包括后方的支持性装卸搬运，有的港口装卸还采用小船在码头与大船之间"过驳"的办法，因而其装卸的流程较为复杂，往往经过几次的装卸及搬运作业才能最后实现船与陆地之间货物过渡的目的。

（4）汽车装卸一般一次装卸批量不大，由于汽车的灵活性可以减少或根本减去搬运活动，因此可以直接、单纯利用装卸作业达到车与物流设施之间货物过渡的目的。

（5）飞机装卸由于安检流程复杂，通常要经过多次的装卸及搬运作业才能最后实现航空与陆地之间货物过渡的目的。

2）按装卸搬运的机械及机械作业方式分类

（1）"吊上吊下"方式：采用各种起重机械从货物上部起吊，依靠起吊装置的垂直移动实现装卸，并在吊车运行的范围内或回转的范围内实现搬运，或依靠搬运车辆实现小搬运。由于吊起及放下属于垂直运动，这种装卸方式属垂直装卸。

（2）"叉上叉下"方式：采用叉车从货物底部托起货物，并依靠叉车的运动进行货物位移，搬运完全靠叉车本身，货物可不经中途落地直接放置到目的地。这种方式垂直运动范围不大而主要是水平运动，属水平装卸方式。

（3）"滚上滚下"方式：主要指港口装卸的一种水平装卸方式。利用叉车或半挂车、汽车承载货物，连同车辆一起开上船，到达目的地后再从船上开下。

利用叉车的"滚上滚下"方式，在船上卸货后，叉车必须离船，利用半挂车、平车或汽

车时，则拖车将半挂车、平车拖拉至船上后，拖车驶下船而载货车辆连同货物一起运到目的地，再原车开下或拖车上船拖拉半挂车、平车开下。"滚上滚下"方式需要有专门的船舶，对码头也有不同要求，这种专门的船舶称"滚装船"。

（4）"移上移下"方式：在两车之间（如火车及汽车）进行靠接，然后利用各种方式，不使货物垂直运动，而靠水平移动从一个车辆上推移到另一车辆上。

"移上移下"方式需要使两种车辆水平靠接，因此，对站台或车辆货台需进行改变，并配合移动工具实现这种装卸。

（5）散装散卸方式：对散装物进行装卸。一般从装点直到卸点，中间不再落地，这是集装卸与搬运于一体的装卸方式。

3）按装卸搬运的作业特点分类

（1）连续装卸：主要是同种大批量散装或小件杂货通过连续输送机械，连续不断地进行作业，中间无停顿，货间无间隔。在装卸量较大、装卸对象固定和货物对象较易形成大包装的情况下适合采取这一方式。

（2）间歇装卸：有较强的机动性，装卸地点可在较大范围内变动，主要适用于货流不固定的各种货物，尤其适于包装货物、大件货物，散粒货物也可采取此种方式。

4. 装卸搬运的作用

装卸搬运活动在整个物流过程中占有很重要的位置。一方面，物流过程各环节之间以及同一环节不同活动之间，都是以装卸作业有机结合起来的，从而使物品在各环节、各种活动中处于连续运动；另一方面，各种不同的运输方式之所以能联合运输，也是由于装卸搬运的衔接作用。装卸搬运是物流活动得以进行的必要条件，在全部物流活动中占有重要地位，发挥重要作用。

（1）装卸搬运直接影响物流质量。因为装卸搬运使货物产生垂直和水平方向上的位移，货物在移动过程中受到各种外力作用，如振动、撞击和挤压等，容易使货物包装和货物本身受损，如损坏、变形、破碎、散失和流溢等，装卸搬运损失在物流费用中占有一定的比重。

（2）装卸搬运直接影响物流效率。物流效率主要表现为运输效率和仓储效率。在货物运输过程中，完成一次运输循环所需的时间，在发运地的装车时间和在目的地的卸车时间占有不小的比重，特别是在短途运输中，装卸车时间所占比重更大，有时甚至超过运输工具运行时间，所以缩短装卸搬运时间，对加速车船和货物周转具有重要意义。在仓储活动中，装卸搬运效率对货物的收发速度和货物周转速度产生直接影响。

（3）装卸搬运直接影响物流安全。由于物流活动是物的实体的流动，在物流活动中确保劳动者、劳动手段和劳动对象的安全非常重要。装卸搬运特别是装卸作业，货物要发生垂直位移，不安全因素比较多。实践表明，物流活动中发生的各种货物破失事故、设备损坏事故和人身伤亡事故等，相当一部分是在装卸过程中发生的。特别是一些危险品，在装卸过程中如违反操作规程进行野蛮装卸，很容易造成燃烧、爆炸等重大事故。

（4）装卸搬运直接影响物流成本。装卸搬运是劳动力借助于劳动手段作用于劳动对象的生产活动。为了进行此项活动，必须配备足够的装卸搬运人员和装卸搬运设备。由于装卸搬运作业量较大，它往往是货物运量和库存量的若干倍，所以所需装卸搬运人员和设备数量也比较大，即要有较多的活动和物化劳动的投入，这些劳动消耗要记入物流成本，如能减少用于装卸搬运的劳动消耗，就可以降低物流成本。

5．装卸搬运合理化

装卸搬运作业应采取一些合理化的措施。

1）防止和消除无效作业

所谓无效作业，是指在装卸作业活动中超出必要的装卸、搬运量的作业。显然，防止和消除无效作业对装卸作业的经济效益有重要作用。为了有效地防止和消除无效作业，可从以下几个方面入手。

（1）尽量减少装卸次数。要使装卸次数降低到最小，要避免没有物流效果的装卸作业。

（2）提高被装卸物料的纯度。物料的纯度指物料中含有水分、杂质与物料本身使用无关的物质的多少。物料的纯度越高，则装卸作业的有效程度越高；反之，则无效作业就会增多。

（3）包装要适宜。包装是物流中不可缺少的辅助作业手段。包装的轻型化、简单化和实用化会不同程度地减少作用于包装上的无效劳动。

（4）缩短搬运作业的距离。物料在装卸搬运当中，要实现水平和垂直两个方向的位移，选择最短的路线完成这一活动，就可避免超越这一最短路线以上的无效劳动。

2）提高装卸搬运的灵活性

所谓装卸搬运的灵活性，是指在装卸作业中的物料进行装卸作业的难易程度。所以，在堆放货物时，事先要考虑到物料装卸作业的方便性。

3）实现装卸作业的省力化

装卸搬运使物料发生垂直和水平位移，必须通过做功才能实现，要尽力实现装卸作业的省力化。

（1）在装卸作业中应尽可能地消除重力的不利影响。在有条件的情况下利用重力进行装卸，可减轻劳动强度和能量的消耗。将设有动力的小型运输带（板）斜放在货车、卡车或站台上进行装卸，使物料在倾斜的输送带（板）上移动，这种装卸就是靠重力的水平分力完成的。在搬运作业中，不用手搬，而是把物资放在一台车上，由器具承担物体的重量，人们只要克服滚动阻力，使物料水平移动，无疑是十分省力的。

（2）利用重力式移动货架也是一种利用重力进行省力化的装卸方式。重力式货架的每层格均有一定的倾斜度，利用货箱或托盘可使物料沿着倾斜的货架层板自己滑到输送机械上。为了使物料滑动的阻力尽量小，通常货架表面均处理得十分光滑，或者在货架层上装有滚轮，也可在承重物资的货箱或托盘下装上滚轮，这样将滑动摩擦变为滚动摩擦，物料移动时所受到的阻力会更小。

4）合理组织设备，提高作业的机械化水平

物资装卸搬运设备运用组织是以完成装卸任务为目的，并以提高装卸设备的生产率、装卸质量和降低装卸搬运作业成本为中心的技术组织活动。它包括下列内容。

（1）确定装卸任务量。根据物流计划、经济合同、装卸作业不均衡程度、装卸次数和装卸车时限等，确定作业现场年度、季度、月、旬、日平均装卸任务量。装卸任务量有事先确定的因素，也有临时变动的可能。因此，要合理地运用装卸设备，就必须把计划任务量与实际装卸作业量两者之间的差距缩小到最低水平。同时，装卸作业组织工作还要把装卸作业的物资对象的品种、数量、规格、质量指标以及搬运距离尽可能地做出详细的规划。

（2）根据装卸任务和装卸设备的生产率，确定装卸搬运设备需要的台数和技术特征。

（3）根据装卸任务、装卸设备生产率和需用台数，编制装卸作业进度计划。它通常包括装卸搬运设备的作业时间表、作业顺序和负荷情况等详细内容。

（4）下达装卸搬运进度计划，安排劳动力和作业班次。

（5）统计和分析装卸作业成果，评价装卸搬运作业的经济效益。

随着生产力的发展，装卸搬运的机械化程度将不断提高。此外，装卸搬运机械化能把工人从繁重的体力劳动中解放出来，尤其对于危险品的装卸作业，机械化能保证人和货物的安全，这也是装卸搬运机械化程度不断提高的动力。

### 3.1.2 装卸搬运设备概念及作用

1. 装卸搬运设备概念

装卸搬运设备是指用来搬移、升降、装卸和短距离输送物料或货物的机械。它是物流机械设备中重要的机械设备。它不仅用于完成船舶与车辆货物的装卸，而且可以完成库场货物的堆码、拆垛、运输以及舱内、车内、库内货物的起重输送和搬运。

装卸搬运设备是实现装卸搬运作业机械化的基础。在装卸搬运作业中，要不断反复进行装、搬、卸操作，这些都靠装卸搬运设备有效地衔接，可见，合理配置和应用装卸搬运设备，安全、迅速、优质地完成货物装卸、搬运和码垛等作业任务，是实现装卸搬运机械化、提高物流现代化的一项重要内容。

2. 装卸搬运设备的作用

装卸搬运设备是装卸搬运作业的重要技术设备。大力推广和应用装卸搬运设备，不断更新装卸搬运设备和实现现代化管理，对于加快现代化物流发展、促进国民经济发展有着十分重要的作用。

（1）提高装卸效率，节约劳动力，减轻装卸工人的劳动强度，改善劳动条件。

（2）缩短作业时间，加速车辆周转，加快货物的送达和发出。

（3）提高装卸质量，保证货物的完整和运输安全。特别是长大笨重货物的装卸，依靠人力，一方面难以完成，另一方面保证不了装卸质量，容易发生货物损坏或偏载，危及行车安全。采用机械作业，则可避免这种情况发生。

（4）降低装卸搬运作业成本。装卸搬运设备的应用，势必会提高装卸搬运作业效率，而效率提高使每吨货物摊到的作业费用相应减少，从而使作业成本降低。

（5）充分利用货位，加速货位周转，减少货物堆码的场地面积。采用机械作业，堆码高度大，装卸搬运速度快，可以及时腾空货位。因此，可以减少场地面积。

### 3.1.3 装卸搬运设备分类及管理

1. 装卸搬运设备的分类

装卸搬运设备所装卸搬运的货物来源广，种类繁多，外形和特点各不相同，如箱装货物、袋装货物、桶装货物、散货、易燃易爆及剧毒品等。为了适应各类货物的装卸搬运和满足装卸搬运过程中各个不同环节的不同要求，各种装卸搬运设备应运而生。目前，装卸搬运设备的机型和种类已达数千种，而且各国仍在不断研制新机种、新机型。

装卸搬运设备种类很多，分类方法也很多，为了运用和管理方便，常按以下方法进行分类。

1) 按主要用途或结构特征进行分类

依此可分为起重机械、连续运输机械、装卸搬运车辆和专用装卸搬运机械。其中,专用装卸搬运机械是指带专用取物装置的装卸搬运机械,如托盘专用装卸搬运机械、集装箱专用装卸搬运机械、船舶专用装卸搬运机械和分拣专用机械等。

2) 按作业性质进行分类

依此可分为装卸机械、搬运机械及装卸搬运机械3类。有些装卸搬运机械功能比较单一,只满足装卸或搬运一个功能,这种单一作业功能的机械结构简单,专业化作业能力较强,因而作业效率高,作业成本低,但使用上受局限。由于其功能单一,作业前后需要繁琐的衔接,会降低整个系统的效率。单一装卸功能的机械有手动葫芦、固定式起重机等。单一搬运功能机械主要有各种搬运车、带式输送机等。装卸、搬运两种功能兼有的机械可将两种作业操作合二为一,因而有较好的效果。这种机械有叉车、跨运车、车站用的龙门起重机和气力装卸输送机械等。

3) 按装卸搬运货物的种类进行分类

(1) 长大笨重货物的装卸搬运机械。长大笨重货物通常指大型机电设备、各种钢材、大型钢梁、原木和混凝土构件等,具有长、大、重、结构和形状复杂的特点。这类货物的装卸搬运作业通常采用轨行式起重机和自行式起重机两种。轨行式起重机有龙门式起重机、桥式起重机和轨道起重机;自行式起重机有汽车起重机、轮胎起重机和履带起重机等。在长大笨重货物运量较大并且货流稳定的货场、仓库,一般配备轨行式起重机;在运量不大或作业地点经常变化时,一般配备自行式起重机。

(2) 散装货物的装卸搬运机械。散装货物通常是指成堆搬运不计件的货物,如煤、焦炭、沙子、白灰和矿石等。散装货物一般采用抓斗起重机、装卸机、链斗装车机和输送机等进行机械装车;机械卸车主要用链斗式卸车机、螺旋式卸车机和抓斗起重机等。散装货物搬运主要用输送机。

(3) 成件包装货物的装卸搬运机械。成件包装货物一般是指怕湿、怕晒和需要在仓库内存放并且多用棚车装运的货物,如日用百货、五金器材等。这种货物包装方式很多,主要有箱装、筐装、桶装、袋装和捆装等。该类货物一般采用叉车并配以托盘进行装卸搬运作业,还可以使用牵引车和挂车、带式输送机等解决成件包装货物的搬运问题。

(4) 集装箱货物装卸搬运机械。1吨集装箱一般选用1吨内燃叉车或电瓶叉车作业。5吨及其以上集装箱采用龙门起重机或旋转起重机进行装卸作业,还可采用叉车、集装箱跨运车、集装箱牵引车和集装箱搬运车等。

2. 装卸搬运设备的管理

随着物流现代化的不断发展,装卸搬运机械将会得到更为广泛的应用。从装卸搬运机械发展趋势来看,发展多类型和专用的装卸搬运机械来适应货物的装卸搬运作业要求是今后装卸搬运机械的发展方向。为了科学地使用好、管理好装卸搬运机械,实现装卸搬运机械作业,可采取如下措施。

(1) 全面规划,合理布局,按需配置装卸搬运机械设备。

(2) 建立一套行之有效的装卸搬运机械运用、维修和管理制度,并通过采用新技术、新材料和新设备,逐步实现装卸搬运机械的系列化、标准化和通用化。

(3) 建立装卸搬运技术系统,增大装卸搬运机械作业范围,提高机械化作业比重。

(4) 做好各种装卸搬运机械的配套工作,实现一机多能。

## 3.2 起重设备

### 3.2.1 起重设备的概念及分类

1. 起重设备的概念

起重设备是用来从事起重和搬运、做循环间歇运动的机械,用来垂直升降货物或者兼作货物的水平移动以满足货物的装运、转载等作业要求。它对减轻劳动强度,降低运输成本,提高工作效率,加快车、船周转,实现装卸搬运机械化起着十分重要的作用,在交通运输行业得到广泛应用。

2. 起重设备的分类

起重设备有很多的种类,按照不同的标准,可对起重设备进行不同的分类。

1) 按起重设备的综合特征分类

依此可分为轻小型起重机械、桥式起重机、臂架类起重机、堆垛类起重机和升降机 5 类。

(1) 轻小型起重机械包括千斤顶(图 3.1)、手动葫芦(图 3.2)和电动葫芦(图 3.3)。

图 3.1 千斤顶

图 3.2 手动葫芦

图 3.3 电动葫芦

(2) 桥式起重机包括悬挂梁式起重机(图 3.4)、通用桥式起重机(图 3.5)、龙门起重机(又分为图 3.6 中的轨道龙门起重机和图 3.7 中的轮胎龙门起重机)、装卸桥(又分为图 3.8 中的抓斗装卸桥,图 3.9 中的集装箱装卸桥,图 3.10 中的多用途装卸桥和图 3.11 中的缆索起重机)。

(3) 臂架类起重机包括桅杆起重机(图 3.12)、甲板起重机(图 3.13)、固定旋转臂式起重机(图 3.14)、流动起重机(又包括汽车起重机、轮胎起重机、履带起重机)、门座起重机(又包括港口门座起重机、水工门座起重机、船台起重机、安装门座起重机、多用途门座起重机)和浮式起重机 6 种。

图 3.4 悬挂梁式起重机

图 3.5 通用桥式起重机

图 3.6 轨道龙门起重机

图 3.7 轮胎龙门起重机

图 3.8 抓斗装卸桥

图 3.9 集装箱装卸桥

图 3.10 多用途装卸桥

图 3.11 缆索起重机

图 3.12 桅杆起重机

图 3.13 甲板起重机

图 3.14 固定旋转臂式起重机

（4）堆垛类起重机包括桥式堆垛机（图 3.15）、巷道式堆垛机（图 3.16）、堆垛叉车（图 3.17）及装卸堆垛机器人（图 3.18）等。

（5）升降机包括剪叉式升降机（图 3.19）、套缸式升降机（图 3.20）、铝合金（立柱）式升降机（图 3.21）、曲臂式升降机（折臂式的更新换代，图 3.22）和链条式升降机（电梯、货梯，图 3.23）。

图 3.15 桥式堆垛机

图 3.16 巷道式堆垛机

图 3.17 堆垛叉车

图 3.18　装卸堆垛机器人　　　图 3.19　剪叉式升降机　　　图 3.20　套缸式升降机

图 3.21　立柱式升降机　　　图 3.22　曲臂式升降机　　　图 3.23　链条式升降机

2）按起重机的主体设备分类

（1）按起重机取物装置分类：分为吊钩起重机（图 3.24）、抓斗起重机（图 3.25）、电磁起重机（图 3.26）、吊钩抓斗起重机（图 3.27）、吊钩电磁起重机（图 3.28）、抓斗电磁起重机（图 3.29）、吊钩抓斗电磁起重机（图 3.30）、集装箱起重机（图 3.31）和集装箱吊钩起重机。

图 3.24　吊钩起重机　　　　　　图 3.25　抓斗起重机

图 3.26　电磁起重机　　　　　　图 3.27　吊钩抓斗起重机

图 3.28 吊钩电磁起重机

图 3.29 抓斗电磁起重机

图 3.30 吊钩抓斗电磁起重机

图 3.31 集装箱起重机

(2) 按起重机用途分类:分为通用吊钩起重机、堆垛起重机、装卸起重机、专用起重机(又分为抓斗装卸桥、集装箱装卸桥和集装箱龙门起重机)、多用途起重机和其他用途起重机。

(3) 按起重机使用场合分类:分为港口起重机、船上起重机、货场起重机、仓库起重机、随车起重机、车间起重机、建筑起重机和其他场合起重机。

(4) 按起重机运行方式分类:分为固定式起重机(又分为桅杆起重机、缆索起重机、固定门座式起重机、固定塔式起重机和液压顶升装置)、拖运式起重机(又分为拖运塔式起重机和拖运桅杆起重机)、运行式起重机(分为流动式起重机和轨道式起重机,前者包括汽车起重机、轮胎起重机和履带起重机,后者包括桥式起重机、龙门起重机、装卸桥、塔式起重机、门座起重机和铁路起重机)。

(5) 按起重机特殊条件分类:分为防腐起重机(图 3.32)、防爆起重机(图 3.33)、绝缘起重机(图 3.34)和慢速起重机(图 3.35)4 类。

图 3.32 防腐起重机

图 3.33 防爆起重机

图 3.34 绝缘起重机

(6) 按起重机起升机构分类:分为起重小车式起重机(图 3.36)和牵引式起重机(图 3.37)2 类。

 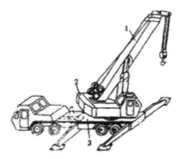 

图 3.35　慢速起重机　　　　图 3.36　起重小车式起重机　　　　图 3.37　牵引式起重机

### 3.2.2　起重设备的组成

**1. 起重设备的基本结构**

起重设备主要由驱动装置、工作机构和金属结构 3 大部分组成。

1）驱动装置

起重设备驱动装置是用来驱动各工作机构动作的动力设备。它是起重设备的重要组成部分，在很大程度上决定着起重设备的工作性能和构造特征。

2）工作机构

起重设备工作机构是实现升降及运移货物的机构，它有起升、运行、变幅和回转 4 大机构。起升机构是用来升降货物的机构，是起重设备最基本的机构；运行机构是用来实现起重设备或起重小车沿固定轨道或路面行走的机构；变幅机构是依靠臂架或小车运行的方式使吊具移动而改变幅度的机构；回转机构是使起重设备回转部分在水平面内绕回转中心转动的机构。任何一种起重设备，无论其形式如何，其机构部分都是由作为基本机构的起升机构与其他 3 个机构的不同组合，如桥式起重机具有起升和运行机构（大车、小车运行机构）；轮胎起重机和门座起重机具有起升、运行、变幅和回转 4 大机构。

3）金属结构

金属结构是起重设备的基本骨架。它主要用来布置和安装起重设备的驱动装置和机构部分，承受各种载荷并将载荷传递给起重机构的支承基础。起重设备的主要金属结构有臂架、门架、桥架和人字架等。

起重设备除了以上 3 大部分以外，为了使其工作安全可靠，需要装设一些安全保护装置。例如，为了防止起重设备吊重过载而损坏，需装有起重限制器或重力矩限制器；为了防止起重设备行至终点或两台设备相碰发生事故，需要装设行程限位器、缓冲器；为了防止露天工作的起重设备被风吹动滑行，需装设防风抗滑装置等。

**2. 起重设备的技术性能参数**

起重设备的技术性能参数是表征起重设备主要性能特征的技术经济指标，是起重设备正确选用的技术依据。

1）起重量（$G$）

起重量是指被起升重物的质量，单位为 kg 或 t，可分为额定起重量、最大起重量、总起重量和有效起重量等。

（1）额定起重量（$G_n$）：为起重机能吊起的物料连同可分吊具或属具（如抓斗、电磁吸盘、平衡梁等）质量的总和。

（2）最大起重量（$G_{max}$）：是指起重机正常工作条件下，允许吊起的最大额定起重量。对于幅度可变的起重机，是指最小幅度时，起重机安全工作条件下允许提升的最大额定起重量，也称名义额定起重量。

（3）总起重量（$G_t$）：为起重机能吊起的物料连同可分吊具和长期固定在起重机上的吊具和属具（包括吊钩、滑轮组、起重钢丝绳以及在起重小车以下的其他起吊物）的质量总和。

（4）有效起重量（$G_p$）：为起重机能吊起的物料的净质量。

该参数需要说明如下。

（1）起重机标牌标定的起重量，通常都是指起重机的额定起重量，它有规定的系列标准，并标注在起重机结构的明显位置上。

（2）对于臂架类型起重机来说，其额定起重量是随幅度而变化的，其起重物性能指标是用力矩来表现的。标牌上标定的值是最大起重量。

（3）带可分吊具（如抓斗、电磁吸盘、平衡梁等）的起重机，其吊具和物料质量的总和是额定起重量，允许起升物料的质量是有效起重量。

2）起升高度（$H$）

起升高度一般是指起重机工作场地面或起重机运行轨道顶面到取物装置上极限位置（采用吊钩时取吊钩钩口中心计算，采用抓斗或其他吊具时取其最低点计算）之间的垂直距离。对于要求取物装置深入到地面或轨道顶面以下工作的起重机，其起升总高度应为取物装置上极限和下极限位置之间的垂直距离，即地面或轨顶以上的起升高度和地面或轨顶以下的下降深度之和。起升高度的单位为 m。

3）起重机的幅度和跨度（$L$）

幅度是指臂架类起重机旋转中心线到取物装置中心线之间的水平距离；跨度是指桥式类起重机大车运行轨道中心线之间的水平距离。幅度和跨度的单位都为 m。

幅度可以是固定不变的，也可以是变化的，因而，有相应的最大幅度 $R_{max}$ 和最小幅度 $R_{min}$ 及有效幅度 $R_{min} \sim R_{max}$ 之称。

起重机的幅度或跨度已制定了标准（国标、行业标准或企业厂标）。选型中，幅度主要根据起重机的工作范围确定，跨度多由工作需要或场地确定。如桥式起重机的跨度由车间吊车梁轨距确定；门座起重机的最大幅度要考虑到码头、船台、船坞岸边轨道布置尺寸、船舶尺寸、外档过驳以及是否跨船作业确定，最小幅度则受到结构设计、安全条件等限制。

4）起重力矩（$M$）

起重机的工作幅度与相应的该幅度下的起重量的乘积称为起重力矩，$M=G \times R$，单位为 t·m。起重力矩综合考虑了起重量与工作幅度两个参数，它能够比较全面和确切地表征起重机的起重能力。特别是塔式起重机的起重能力，通常用起重力矩表示。对于塔式起重机，国内是以基本臂架最大工作幅度与相应的起重量的乘积为起重力矩的标定值。

5）起重机的工作速度（$V$）

起重机的工作速度主要是指起升速度、变幅速度、旋转速度和运行速度4种。

起升速度是指取物装置或物品的上升（或下降）速度，有快速、慢速和微速之分，单位为 m/min 或 m/s。

变幅速度是指取物装置或物品从最大幅度到最小幅度沿水平方向移动的平均速度，单位为 m/min 或 m/s。

旋转速度是指起重机上部旋转部分相对于下部固定部分每分钟的转数，单位为 r/rain。

运行速度是指起重机或起重小车的行走速度，单位为 m/min 或 m/s；对于流动式起重机，行驶速度单位采用 kg/h；浮式起重机的行驶速度单位采用 kg/h 或 kg/min。

工作速度一般要根据工作需要和起重机的构造形式确定，全面考虑下列因素。

（1）起重机的工作性质和使用场合。对生产率要求较高的、经常性工作的起重机的工作机构的速度，应选择高速；非工作性机构和调整性工作机构的速度，应选择低速；对一般用途的起重机的机构的工作速度，应选择中速；对散粒物料装卸用的起重机的工作机构的速度，应选择高速；安装与造船用的起重机，应选择低速，有的机构采用微速；装卸、安装和转运的起重机一般采用多种速度或者能调速；起重机满载时，采用低速，空载采用高速。

（2）起重机起重能力。对于中小起重量的起重机，一般要求采用高速，以提高生产率；对于大起重量的起重机，主要解决大重件的吊装问题，工作不频繁时，工作速度不是主要问题，这种起重机一般选择较低工作速度，以降低驱动功率，减小动载荷，提高工作平稳性与安全性。

（3）起重机工作行程。工作行程小的起重机，工作速度应选择低速，而工作行程大的起重机，工作速度应选择高速，其原则是在正常工作时机构能达到稳定运动。对于用于高层建筑的塔式起重机等机型，还设置空钩下降速度，即利用重力下降方式提高下降速度。

（4）各机构工作速度协调性。起重机主要工作机构（如起升机构）的工作速度，往往是由电气或机械方法进行调速而适应生产工艺过程的需要的，因此，工作速度和工作循环时间应与工艺过程要求相协调。对于一台起重机的各个工作机构，由于运动特点和工作性质的不同，可以选择不同的速度。因此，要求起重机各个机构的工作速度的选择，应保证整机工作循环中的平稳安全和机构在联合操纵时的协调性。

6）生产率（$A$）

起重机的生产率是指起重机械在规定的工作条件下连续作业时，单位时间内装卸货物的质量。它是表明起重机装卸搬运能力的综合性指标，与起重机的起重量、机构工作速度、工作行程、货物的种类、工作条件、生产组织以及操作熟练程度等因素有关。生产率的单位为 t/h 或箱/时。

理论上生产率可用下式计算：

$$A = n \cdot Q_平$$

其中，$n$ 为每小时循环次数；$Q_平$ 为每次吊运货物的平均重量，当采用抓斗或容器作业时，$Q_平 = v \cdot r \phi$，其中 $v$ 为抓斗或容器的有效容积（$m^3$），$r$ 为散粒物料的容重（$t/m^3$），$\phi$ 为充填系数。

7）轨距（$L$）和基距（$B$）

轨距一般是指臂架类有轨运行式起重机运行轨道中心线之间的水平距离或桥架类起重机、起重小车运行轨道中心线之间的水平距离，单位为 m。轨距主要根据起重机使用现场的具体条件、起重小车上机构布置的具体需要以及起重机整体稳定性要求等确定。

基距一般是指起重机或起重小车运行轨道一侧两支承点中心线之间的距离，单位为 m。当起重机或起重小车运行轨道一侧只装有两只车轮时，基距就是车轮的轮距；当起重机或起重小车一侧装有均衡梁装置时，基距就是下横梁与最大均衡梁连接铰轴之间的距离。基距主要根据机构布置和起重机的整体稳定性要求确定。

8）轮压（$P$）

轮压一般是指起重机或起重小车的一只车轮对运行轨道（或地面）的压力，单位为 N 或者 kN。轮压分为两种，即起重机轮压和起重小车轮压。起重机在工作状态下，满载启动或者制动、起重臂或起重小车处于最不利的工作位置、露天工作的起重机承受最大风压时所具有的轮压，称为起重机工作状态的最大轮压；与此同时，相对应存在着起重机工作状态的最小轮压。轮压是起重机的一个重要参数，它影响着起重机或起重小车运行机构的设计、桥架门架的结构设计以及起重机轨道基础的建筑费用投资。对于在原有轨道基础上添设起重机的设计，其最大轮压值必须控制在原有轨道基础承载能力所允许的范围内。

9）工作级别

起重机械的工作级别是反映起重机械工作繁忙程度和载荷轻重程度的参数，是考虑起重量和时间的利用程度以及工作循环次数的起重机械特性。为了使起重机械具有先进的技术经济指标，保证其安全可靠，经久耐用，在设计和选用起重机械时必须考虑工作级别。

起重机械的工作级别包括起重机工作级别、金属结构的工作级别和机构的工作级别 3 部分。

（1）起重机工作级别：是指起重机整机的工作级别，按起重机的利用等级（U0～U9）和载荷状况（Q1～Q4），可分为 A1～A8，共 8 个级别。见表 3-1 和表 3-2。

表 3-1　起重机的利用等级

| 利用等级 | 总的工作循环次数 | 附　注 |
|---|---|---|
| U0 | $1.6 \times 10^4$ | 不经常使用 |
| U1 | $3.2 \times 10^4$ | |
| U2 | $6.3 \times 10^4$ | |
| U3 | $1.25 \times 10^5$ | |
| U4 | $2.5 \times 10^5$ | 经常轻闲地使用 |
| U5 | $5 \times 10^5$ | 经常中等使用 |
| U6 | $1 \times 10^6$ | 不经常繁忙地使用 |
| U7 | $2 \times 10^6$ | 繁忙地使用 |
| U8 | $4 \times 10^6$ | |
| U9 | $>4 \times 10^6$ | |

表 3-2　起重机工作级别

| 载荷状态 | 名义载荷谱系数 | 利用等级 | | | | | | | | | |
|---|---|---|---|---|---|---|---|---|---|---|---|
| | | U0 | U1 | U2 | U3 | U4 | U5 | U6 | U7 | U8 | U9 |
| 轻级（Q1） | 0.125 | | | A1 | A2 | A3 | A4 | A5 | A6 | A7 | A8 |
| 中级（Q2） | 0.25 | | A1 | A2 | A3 | A4 | A5 | A6 | A7 | A8 | |
| 重级（Q3） | 0.5 | A1 | A2 | A3 | A4 | A5 | A6 | A7 | A8 | | |
| 特重级（Q4） | 1.0 | A2 | A3 | A4 | A5 | A6 | A7 | A8 | | | |

（2）金属结构工作级别：根据结构的应力循环等级和应力状态分为 8 级（A1～A8）。

（3）机构工作级别：它反映机构工作繁忙程度和承受载荷的轻重程度，按机构的利用等级（T0～T9）和载荷状态（L1～L4）来划分，可分为 M1～M8，共 8 个级别。

### 3.2.3 起重设备的常见类型

1. 桥式起重机

桥式起重机是横架于车间、仓库及露天堆场的上方，用来吊运各种货物的机械设备，通常称为"桥吊"、"天车"或"行车"。它放置在固定的两排钢筋混凝土栈桥上，可沿栈桥上的轨道作纵向运移，起重小车可在桥架上的小车轨道上作横向移动。这样，吊钩、抓斗就可以在一个长方体（起升高度×跨度×走行线长度）的空间内任意位置上作升降、搬运物件的运动。桥式起重机是拥有量最大和使用范围最广泛的一种轨道运行式起重机，其数量约占各种起重机总数量的 60%～80%，额定起重量从几吨到几百吨。它一般用吊钩、抓斗或电磁盘来装卸货物，最基本的类型是通用吊钩桥式起重机，其他类型的桥式起重机基本上是在通用吊钩桥式起重机的基础上派生出来的，如图 3.38 所示。

2. 龙门起重机

龙门起重机又称龙门吊或门式起重机，由支承在两条刚性或一刚一柔支腿上的主梁构成的门形框架得名，其外形结构如图 3.39 所示。

图 3.38 桥式起重机

图 3.39 龙门起重机

它的起重小车在主梁的轨道上行走，而整机则沿着地面轨道行走，为了增加作业面积，主梁两端可以具有外伸悬臂。悬臂长度是龙门起重机的支腿中心线至悬臂部分最外端的距离，当起重小车运行至悬臂最外端时，吊钩中心至支腿中心线之间的距离称有效悬臂长度。有效悬臂长度小于悬臂长度，这是因为：第一，起重小车不可能运行到悬臂最外端，要留有一定的安全距离；第二，起重小车自身有一定长度，一般卷筒安置在小车的中部，卷筒中心线到小车外侧也有一定距离。龙门起重机的横向（沿主梁方向）作业范围是由跨度决定的。

龙门起重机具有场地利用率高、作业范围大、适应面广和通过性强等特点，在库场、车站、港口和码头等场所，担负着生产、装卸和安装等作业过程中的货物装卸搬运任务，是企业生产经营活动中实现机械化和自动化的重要生产工具。龙门起重机运用十分普遍，其使用数量仅次于桥式起重机。

3. 装卸桥

装卸桥是龙门起重机的另一种形式，通常把跨度大于 35m、起重量不大于 40t 的龙门起重机称为装卸桥，如图 3.40 所示。装卸桥取物装置以双绳抓斗或其他专用吊具为主，主要用于大型散堆货场装卸和搬运散货。通常以生产率来衡量和选择装卸桥。其起升和小车运行是工作性机构，速度较高；大车运行机构是非工作性机构，速度相对较低。

装卸桥与龙门起重机的不同点是它的跨度大，用抓斗作取物装置，工作速度快，效率高，一般生产率达 500~1 000t/h。由于跨度大，其支腿有一个是铰接的。

装卸桥的结构方式有桁架式、箱型两种。采用桁架结构可减少整机自身质量，而采用箱型结构便于制造。

抓斗装卸桥是目前国内外广泛使用的一种大型散货装卸机械，矿石、煤炭和散粮等货物大多都由抓斗装卸桥装卸。

4. 门座起重机

门座起重机又称门机，是有轨运行的臂架型移动式起重机（图 3.41）。在现代的港口、车站库场装卸设备中，门座起重机占据着重要的地位，其主要原因是它具有较好的工作性能和独特的优越结构。门座起重机的额定起重能力范围很宽，额定起重范围一般在 5~100t，造船用门座起重机的起重量范围则更大，现已达到 150~250t。门座起重机的工作机械具有较高的运动速度，起升速度可达 70m/min，变幅速度可达 55m/rain。使用效率高，每昼夜可工作 22 小时，台时效率也很高，一般能达 100t/h 以上。同时，它的结构是立体的，不用多占码头、货场的面积，具有高大的门架和较长距离的伸臂，因而具有较大的起升高度和工作幅度，能满足港口码头船舶和车辆的机械化装卸、转载以及充分使用场地的要求。此外，它还具有高速灵活、安全可靠的装卸能力，对提高装卸生产率、减轻劳动强度都具有重大的意义。但门座起重机也有它的缺点，如造价高、需用钢材多、需要较大电力供给、一般轮压较大、需要坚固的地基、附属设备也较多等。

图 3.40　装卸桥

图 3.41　门座起重机

## 3.3　叉车

### 3.3.1　叉车的概念、特点及分类

1. 叉车的概念

叉式装卸车简称叉车，又名铲车，是指用货叉或其他工作装置自行装卸货物的起升车辆，属于物料搬运机械。

叉车起源于20世纪初,在"二战"之后开始被广泛使用。现在,叉车已经逐渐向系列化、专业化方向发展。日本、美国的产量最高,欧洲其次。

叉车在装卸搬运机械中应用最为广泛,一般应用于车站、港口、机场、工厂、仓库等场所,是机械化装卸、堆垛和短距离运输的高效设备。叉车不仅可以将货物进行垂直堆码,而且可以将货物进行水平运输。

叉车的主要技术参数是额定载重量和最大起升高度。叉车不但工效高,而且换装方便,近年来发展较快,已广泛采用的可换装的工作装置有30多种。例如,换装侧夹装置可搬运油桶、捆包;换装串杆装置可搬运钢卷、水泥管;换装起重臂、吊钩可吊装各种重物;换装铲斗可装卸搬运散料等。叉车机动灵活,适应性好,作业效率高,应用叉车可实现装卸搬运作业的机械化,减少货物破损,提高仓库容积的利用率和作业安全程度,故被广泛采用。

2. 叉车的特点

在物流装卸搬运作业过程中,叉车和其他起重运输机械一样,能够减轻装卸搬运工人的劳动强度,提高装卸搬运效率,缩短船舶与车辆在港停留时间,降低成本。不仅如此,叉车还具有以下特点。

(1)机械化程度高。叉车是装卸搬运一体化的设备,取物方便,有效提高效率,减少工人的体力劳动。

(2)通用性好。在物流的各个领域叉车都有所应用,比如港口码头、火车站、汽车站场都要使用叉车进行装卸搬运作业,与此同时,辅以托盘一起使用,还能大大提高作业效率,节约劳动力。

(3)机动灵活性好。叉车的外形体积小、重量轻,能够非常灵活地穿梭于作业区域内,而且很多情况下无法使用其他起重运输机械时,叉车仍可以任意调度。

(4)能够提高仓库容积的利用率。叉车的堆码高度可以达到3~5m。

(5)有利于开展托盘成组运输和集装箱运输。

3. 叉车的分类

叉车按其动力装置不同,可以分为电瓶叉车和内燃叉车;按其结构和用途不同,可以分为平衡重式、插腿式、前移式、侧面式、跨车以及其他特种叉车等。

1)平衡重式叉车

平衡重式叉车(图3.42)用内燃机或电池作为动力,是叉车中应用最广泛的形式,大约占叉车总数的4/5。其特点是车体本身较重、依靠自身重量与货叉上的货物量相平衡,防止叉车装货后向前倾翻。为了保持叉车的纵向稳定性,在车体尾部配有平衡重。这种叉车操作简单、机动性好、效率高。

2)插腿式叉车

插腿式叉车(图3.43)的特点是叉车前方带有小轮子的支腿能与货叉一起伸入货板叉货,然后由货叉提升货物。由于货物中心位于前后车轮所包围的底面积之内,叉车的稳定性好。插腿式叉车一般采用蓄电池作能源,起重量在2t以下。

3)前移式叉车

前移式叉车(图3.44)的货叉可沿叉车纵向前后移动。取货、卸货时,货叉伸出,叉货后带货移动时,货叉退回到接近车体的位置,因此叉车行驶时的稳定性好。

前移式叉车一般以蓄电池作动力，起重量在 3t 以下。前移式叉车的车身小，重量轻，转弯半径小，机动性好，不需要专门在货堆之间留出空处，前轮可以做得很大。由于其运行速度很慢，因此主要用于室内和狭窄通道内的装卸搬运作业。

图 3.42　平衡重式叉车　　　　图 3.43　插腿式叉车　　　　图 3.44　前移式叉车

4）侧面式叉车

侧面式叉车（图 3.45）的门架和货叉分布在车体的侧面，侧面还有一个货物台。当货叉取货物时，货叉沿门架上升到大于货物台的高度后，门架沿导轨缩回，降下货叉，货物便放在叉车的货物台上。侧面式叉车主要用于搬运长大件货物且多以柴油机驱动，最大起重量为 40t。

5）跨车

跨车即跨运车（图 3.46），是由门形车架和带抱叉的提升架组成的搬运机械。一般以内燃机驱动，起重量为 10~50t。在作业时，门形车架跨在货物上由抱叉托起货物，进行搬运和码垛。在港口，跨车可用来搬运和堆码钢材、木材和集装箱等。

由于跨车起重量大，运行速度较快，装卸快，甚至可以做到不停车装载，但跨车本身重量集中在上部，重心高，空车行走时稳定性较差，要求有良好的地面条件。

6）堆高车

目前，堆高车（图 3.47）设备的发展非常迅速，除了最常见的手动堆高车外，还有半自动堆高车、全自动堆高车和前移式堆高车。手动堆高车是利用人力推拉运行的简易式叉车，这种装卸搬运设备主要用于工厂车间和仓库内部，装卸效率要求不高，但是需要堆垛的场合。

图 3.45　侧面式叉车　　　　图 3.46　跨车　　　　图 3.47　堆高车

除了上述介绍的几种叉车外，还有低位拣选叉车、高位拣选叉车、固定平台搬运车、集装箱叉车等。

### 3.3.2 叉车的组成

1. 叉车的基本结构

虽然不同的叉车在结构上有一定的差异,但其基本结构一般都是由动力装置、起重工作装置、叉车底盘(包括传动系统、转向系统、制动系统、行驶系统)和电气设备组成。

1)动力装置

动力装置的作用是为叉车的各工作机构提供动力源,保证叉车工作装置装卸货物和叉车正常运行所需要的动力。目前市场上常见叉车动力装置的基本形式有内燃机式和电动式。

2)起重工作装置

起重工作装置是完成起升、降落、门架倾斜等功能的工作装置,主要由工作装置和液压控制系统组成。

(1)工作装置:叉车的工作装置用于完成货物的叉取、卸放、升降、堆码等作业,由门架(包括外门架和内门架)、叉架、货叉、链条和导向滑轮等组成。

(2)液压控制系统:液压控制系统的作用是控制叉车工作装置,实现货物的起升、降落和门架倾斜。

液压传动系统主要由油泵、工作油缸、油箱、油管、滤清器以及各种阀门等组成。油泵是将动力装置的机械能转换成液压能的部件;油缸是将液压能转换成机械能的部件;各种阀门,如安全阀、分配阀、节流阀是控制液体的压力、流量和流动方向的液压元件;油箱、油管和滤清器是储存、输送和滤清液压油的部件。通过这些机构实现液压油路不同的工作循环,从而满足叉车各项功能的要求。

3)叉车底盘

叉车底盘是决定叉车各种性能的主要组成部分,主要由传动系统、转向系统、制动系统、行驶系统组成。

(1)传动系统的作用是将动力装置发出的动力高效、经济和可靠地传给驱动车轮。为了能适应叉车行驶的要求,传动系统必须具有改变速度、改变扭矩和改变行驶方向等功能。

(2)转向系统的作用是控制叉车运行方向。叉车多在仓库、货场等场地狭窄、货物堆放多的地方进行作业。叉车在行驶中,需要频繁地进行左、右转向,要求转向系统动作灵活,操作省力。叉车的转向系统有机械、液压助力式和全液压式 3 种基本结构类型。转向方式的选择取决于转向桥负荷的大小,而转向桥负荷与叉车的起重量和自重有关,一般起重量在 1t 以下的都采用构造简单的机械式转向,起重量大于 2t 的叉车,为操纵轻便,多数采用液压助力转向或全液压转向。

① 机械式转向系统一般由转向器和转向传动机构组成。转向器的作用是增大方向盘传递到转向臂的力,并改变力的传递方向。转向传动机构的作用是把转向器所传出的力传递给转向车轮,使其偏转而实现叉车的转向。

② 液压助力式转向系统与机械式转向机构的主要区别是增加了一个液压转向助力器,因而,司机只需很小的力就可进行操纵,实现转向。

③ 全液压式转向系统与机械式、液压助力转向系统的不同之处在于从转向器开始到转向梯形机构之间完全用液压元件代替了机械连接,因而,操纵轻便,安装容易,重量轻,体积小,便于总体布局。

（3）制动系统的作用是使叉车能够迅速地减速或停车，并使叉车能够稳定地停放在适当的地方。叉车的制动系统一般包括两套独立的制动装置，即行车制动装置和驻车制动装置。

行车制动装置保证叉车在行驶过程中适当减速或停车，它的每个车轮都装有车轮制动器，其操纵装置可分为机械式、液压式和气压式。驻车制动装置保证叉车原地停驻，并有助于在坡道上起步。驻车制动系统还可在紧急制动时与行车制动系统同时使用，或当行车制动系统失灵时紧急使用。

（4）行驶系统的作用是将叉车各部分组装成一体，承受并传递作用在叉车车轮和路面间的力和力矩，缓和路面对叉车的冲击和震动。叉车的行驶系统通常由车桥、车架、车轮和悬架等部分组成。

4）电气设备

电气设备包括发电设备和用电设备，主要有发电机、启动机、蓄电池、灯光、音响、仪表等。

2．叉车的技术性能参数

叉车的技术参数是反映叉车技术性能的基本参数，是选择叉车的主要依据。叉车的主要技术参数如下。

1）载荷中心距

载荷中心距是指叉车设计规定的标准载荷中心到货叉垂直段前臂的距离。

2）额定起重量

额定起重量是指货物的重心处于载荷中心距以内时，允许叉车举起的最大重量。如果货物的重心超出了载荷中心距，为了保证叉车的稳定性，叉车的最大起重量需要减小。货物重心超出载荷中心距越远，最大起重量越小。额定起重量还与货物的起升高度有关，货物起升越高，额定起重量就越小。

3）最大起升高度

最大起升高度是指在额定起重量、门架垂直和货物起升到最高位置时，货叉水平段的上表面距地面的垂直距离。

4）最大起升速度

最大起升速度是指额定起重量、门架垂直时，货物起升的最大速度。

5）门架倾角

门架倾角是指叉车在平坦、坚实的路面上，门架相对垂直位置向前或向后的最大倾角。门架前倾的目的是便于货叉取货，门架后倾的目的是防止叉车载货行驶时货物从货叉上滑落。一般叉车门架的前倾角和后倾角分别为 6°和 12°。

6）满载最高行驶速度

满载最高行驶速度是指叉车在平直、干硬的路面上满载行驶时所能达到的最高车速。由于叉车工作环境的限制，没有必要具备太高的行驶速度。一般情况下，内燃叉车的最高运行车速是 20～27km/h，库内作业的最高运行车速是 14～18km/h。

7）满载最大爬坡度

满载最大爬坡度是指叉车在良好的干硬路面上，能够爬上的最大坡度。由于叉车一般在比较平坦的场地上作业，所以对最大爬坡度的要求不高。一般情况下，内燃叉车的最大爬坡度为 20%～30%。

8）叉车的制动性能

叉车的制动性能反映叉车的工作安全性。我国的内燃平衡重式叉车标准对于制动性能做了如下规定。

如果采用脚制动，叉车车速为 20km/h、空载运行时，紧急制动的制动距离不大于 6m；叉车在车速为 10km/h、满载运行时，紧急制动的制动距离不大于 3m。

如果采用手制动，空载行驶时能在 20%的下坡上停住；满载行驶时能在 15%的上坡上停住。

9）最小转弯半径

最小转弯半径是指叉车在空载低速行驶、打满方向盘（即转向轮处于最大偏转角）时，瞬时转向中心距叉车纵向中心线的距离。

10）直角通道最小宽度

直角通道最小宽度是指可供叉车往返行驶的、成直角相交的通道的最小理论宽度。直角通道最小宽度越小，叉车的机动性越好，库场的利用率就越高。

11）堆垛通道最小宽度

堆垛通道最小宽度是指叉车在正常作业时，通道的最小理论宽度。叉车的正常作业是指叉车在通道内直线运行，并且要做 90°转向进行取货。

12）回转通道最小宽度

回转通道最小宽度是指可供叉车调头行驶的直线通道的最小理论宽度。

13）叉车的最大高度和宽度

叉车的最大高度和宽度这一参数决定了叉车能否进入仓库、集装箱、船和车厢内部进行作业。

14）最小离地间隙

最小离地间隙是指在叉车轮压正常时，叉车最低点距地面的距离。离地间隙越大，则通过性能越好，但离地间隙太大会影响叉车的稳定性。

### 3.3.3 叉车的使用性能

1. 叉车的装卸性

装卸性是指叉车的起重能力和装卸快慢的性能。装卸性能的好坏对叉车的生产率有着直接的影响。一般来说，叉车的起重量大、载荷中心距大、工作速度高，则装卸性能就好。

2. 叉车的牵引性

它是表示叉车行驶和加速快慢、牵引力和爬坡能力大小等方面的性能。一般来说，叉车起步快、加速能力强、爬坡能力大、牵引力大，则牵引性好。

3. 叉车的稳定性

它是指在作业过程中抵抗倾翻的能力，是保证叉车工作安全的重要指标。叉车的稳定性分为纵向稳定性和横向稳定性。平衡重式叉车由于货物重力及惯性力的作用有可能向前纵向倾翻；转弯时的离心力可能使叉车横向倾翻。而对于已制成的叉车来说，叉车的稳定性主要取决于使用状况，因此，为保证叉车的安全作业，必须遵守叉车的操作规程，科学地进行作业，保证叉车具有良好的稳定性。

#### 4．叉车的制动性能

它表示叉车在行驶中根据要求降低车速及停车的性能。制动性能关系着叉车的工作安全性，通常以在一定行驶速度下的制动距离大小来衡量。制动距离小，则制动性能好。

#### 5．叉车的机动性

它表示叉车机动灵活的性能。叉车的最小转弯半径小、直角交叉通道宽度小、直角堆垛通道宽度小，则叉车的机动性好。

#### 6．叉车的通过性

通过性是指叉车克服道路障碍而通过各种不良路面的能力。叉车的外形尺寸小、轮压小、离地间隙大、驱动轮牵引力大，则叉车的通过性好。

#### 7．叉车的经济性

叉车的经济性是指叉车的全寿命周期费用最小，包括叉车的购置费用和营运费用，在选择叉车时，应充分考虑其性价比。

##  3.4 连续输送设备

### 3.4.1 连续输送设备的概念、特点及分类

#### 1．连续输送设备的概念

连续输送设备也称连续输送机械，是以连续的方式沿着一定的线路从装货点到卸货点均匀输送货物和成件包装货物的机械。

由于连续输送机械可在一个区间内连续搬运大量货物，搬运成本非常低廉，搬运时间比较准确，货流稳定，因此被广泛用于现代物流系统中。输送机械是生产加工过程中机械化、连续化和自动化的流水作业运输线的不可缺少的组成部分，是自动化仓库、配送中心和大型货场的生命线。

#### 2．连续输送设备特点

1) 优点

（1）可以沿一定的线路不停地输送货物，其工作构件的装载和卸载都是在运动过程中进行的，无须停车，即起制动少；被输送的散货以连续形式分布于承载构件上，输送的成件货物也同样按一定的次序以连续的方式移动。

（2）可采用较高的运动速度，且速度稳定，具有较高的生产率。

（3）在同样生产率下，自重轻，外形尺寸小，成本低，驱动功率小。

（4）传动机械的零部件负荷较低而冲击小。

（5）结构紧凑，制造和维修容易。

（6）输送货物线路固定，动作单一，便于实现自动控制。

（7）工作过程中负载均匀，所消耗的功率几乎不变。

2）缺点

只能按照一定的路线输送，每种机型只能用于一定类型的货物，一般不适于运输重量很大的单件物品，通用性差；大多数连续输送机械不能自行取货，因而需要采用一定的供料设备。

3．连续输送设备的分类

1）按安装方式不同分类

依此分为固定式输送机械和移动式输送机械两大类。

（1）固定式输送机械（图3.48）。固定式输送机械是指整个设备固定安装在一个地方，不能再移动。它主要用于固定输送场合，如专用码头、仓库中货物移动、工厂生产工序之间的输送，原料的接收和成品的发放等。它具有输送量大、单位电耗低和效率高等特点。

（2）移动式输送机械（图3.49）。移动式输送机械是指整个设备安装在车轮上，可以移动。它具有机动性强、利用率高和能及时布置输送作业达到装卸要求的特点，这类机械输送量不太高，输送距离不长，适用于中小型仓库中。

图3.48　固定式输送机

图3.49　移动式输送设备

2）按输送机械结构特点分类

依此分为有挠性牵引构件的输送机械和无挠性牵引构件的输送机械。

（1）有挠性牵引构件的输送机械（图3.50）。具有挠性构件的输送机械的工作特点是物料或货物在牵引构件的作用下，利用牵引构件的连续运动使货物向一定方向输送。牵引构件是往复循环的一个封闭系统，通常是一部分输送货物，另一部分牵引构件返回，常见的有带式输送机、链式输送机、斗式提升机和悬挂输送机等。

（2）无挠性牵引构件的输送机械（图3.51）。无挠性构件的输送机械的工作特点是利用工作构件的旋转运动或振动，使货物向一定方向运送，它的输送构件不具有往复循环形式。常见的有气力输送机、螺旋输送机和振动输送机等。

图3.50　有挠性牵引构件的输送机械

图3.51　无挠性牵引构件的输送机械

3）按输送货物的种类分类

依此分为输送件货输送机（图 3.52）和输送散货输送机（图 3.53）。

4）按输送货物力的形式分类

依此分为机械式（图 3.54）、惯性式（图 3.55）、气力式（图 3.56）和液力式（图 3.57）等几大类。

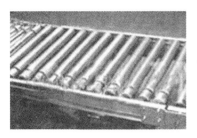
图 3.52　输送件货输送机

图 3.53　输送散货输送机

图 3.54　机械式输送机

图 3.55　惯性式输送机

图 3.56　气力式输送机

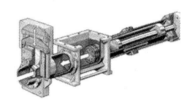
3.57　液力式输送机

## 3.4.2　连续输送设备的主要性能指标

连续输送设备的主要性能指标是表征连续输送机械工作性能的主要参数，是选用和管理连续输送机械的重要依据。

1. 生产率

生产率是指输送机在单位时间内输送货物的质量，用 $Q$ 表示，单位为吨/小时（t/h）。它是反映输送机械工作性能的主要指标，它的大小取决于输送机械承载构件上每米长度所载物料的质量和工作速度。所有的输送机械生产率均可用下式计算：

$$Q = 3.6 \times q \cdot v$$

其中，$q$ 表示单位长度承载构件上货物或物料的质量（kg/m）；$v$ 表示输送速度（m/s）。

尖峰生产率是指连续输送机械在考虑到物料性能、最大充填系数、最有利的输送布局、最有利的工艺路线及在特定条件下短时间内所能达到的最大生产率。

2. 输送速度

输送速度是指被运货物或物料沿输送方向的运行速度。其中，带速是指输送带或牵引带在被输送货物前进方向的运行速度；链速是指牵引链在被输送货物前进方向的运行速度；主轴转速是指传动滚筒转轴或传动链轮轴的转速。

3. 充填系数

充填系数是表征输送机承载件被物料或货物填满程度的系数。

4. 输送长度

输送长度是指输送机械装载点与卸载点之间的展开距离。

5. 提升高度

提升高度是指货物或物料在垂直方向上的输送距离。

此外，还有安全系数、制动时间、启动时间、电动机功率、轴功率和单位长度牵引构件的质量传入点张力、最大动张力、最大静张力、预张力和拉紧行程等技术性能参数。

### 3.4.3 连续输送设备的常见类型

1. 带式输送机

1）带式输送机概述

带式输送机是以封闭无端的输送带作为牵引构件和承载构件的连续输送货物的机械。输送带的种类很多，有橡胶带、帆布带、塑料带和钢芯带 4 大类，其中以橡胶输送带应用最广。采用橡胶带的输送机一般称为胶带输送机。

根据工作需要，带式输送机可做成工作位置不变的固定式输送机或可以运行的移动式输送机，也可做成输送方向能改变的可逆式输送机，还可做成机架伸缩以改变距离的可伸缩带式输送机。

带式输送机主要用于水平方向或坡度不大的倾斜方向连续输送散粒货物，也可用于输送重量较轻的大宗成件货物。

2）带式输送机的特点

输送距离大；输送能力大，生产率高；结构简单，基建投资少，营运费用低；输送线路可以呈水平、倾斜布置或在水平方向、垂直方向弯曲布置，因而受地形条件限制较小；工作平稳可靠；操作简单，安全可靠，易实现自动控制。正是由于其优越的特点，使其应用场所遍及仓库、港口、车站、工厂、煤矿、矿山和建筑工地。但带式输送机不能自动取货，当货流变化时，需要重新布置输送线路，输送角度不大。

3）带式输送机的一般结构及工作过程

带式输送机由金属结构机架，装在头部的驱动滚筒和装在尾部的张紧滚筒，绕过头、尾滚筒和沿输送机全长上安置的上支承托辊、下支承托辊的无端的输送带，以及包括电动机、减速器等在内的驱动装置、装载装置、卸载装置和清扫装置等组成。它的一般结构如图 3.58 所示。

工作时无端输送带绕过驱动滚筒和张紧滚筒，利用输送带与驱动滚筒之间的摩擦力来驱使输送带运动，物料通过装载装置送到输送带上，随着输送带的运动一起被输送到卸载地点，通过卸载装置或端部滚筒，从输送带上卸出。如果要使货物在中间的任何位置卸出，则要另装卸载小车来完成。输送带经清扫装置和下支承托辊返回到进料处。

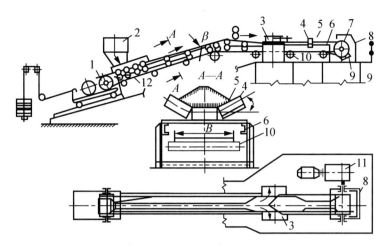

图 3.58 带式输送机的一般结构

1—张紧滚筒　2—装载装置　3—犁形卸载挡板　4—槽形托带　5—输送带　6—机架
7—驱动滚筒　8—卸载罩壳　9—清扫装置　10—平托盘　11—减速箱　12—空段清扫器

4）带式输送机的运用

带式输送机的输送长度受输送带本身强度和运动稳定性限制。输送距离越大，驱动力越大，输送带所承受的张力也越大，带的强度要求就越高。当输送距离长时，若安装精度不够，则输送带运行时很容易跑偏成蛇形，使带的使用寿命降低。所以采用普通胶带输送机时，单机长度一般不超过 40m，采用高强度的夹钢丝绳芯胶带输送机和钢丝绳牵引的胶带输送机，单机长度已高达 10km。

带式输送机布置形式有水平式、倾斜式、带凸弧曲线式、带凹弧曲线式和带凸凹曲线弧式 5 种基本形式。在具体使用时，应根据输送工艺的需要进行选择。

带式输送机工作时，首先要检查胶带松紧程度，并进行空载启动以降低启动阻力。其次，所有托辊都应回转，如托辊不转，造成胶带运动阻力增大，功率消耗增大，同时，还将造成胶带和托辊严重磨损。因此，应经常检查托辊回转情况，及时消除发现的故障。再次，带式输送机的进料必须保持均匀；带式输送机必须在停止进料且机上物料卸完后才能停机。如中途突然停机，在事故排除后，应卸下带上的物料，再启动；多台带式输送机联合工作，开机从卸料端那台输送机开始启动，停机时先停止进料，从进料端那台输送机关机，开始停止输送机工作，然后逐一向前停机。如中间某台机器发生故障，则应先停止进料、停止进料端的输送机，进行维修，否则就会造成物料的堵塞。最后，带式输送机不使用时，应盖上油布，防止日晒、夜露和雨淋致使输送机腐蚀和生锈。若较长时间不使用，调松胶带，入库保存。

5）带式输送机的类型

（1）气垫带式输送机：气垫带式输送机用托槽与输送带之间的一定厚度的空气层作为滑动摩擦的"润滑剂"，使运动阻力减小。

（2）磁垫带式输送机：利用磁铁的磁极同性相斥、异性相吸的原理，将胶带磁化成磁弹性体，则此磁性胶带与磁性支承之间产生斥力，使胶带悬浮。磁垫带式输送机的优点在于它在整条带上能产生稳定的悬浮力，工作阻力小且无噪声，设备运动部件少，安装维修简单。

（3）封闭型带式输送机：在托辊带式输送机的基础上加以改进，输送带改成圆管状（或三角形、扁圆形等）断面的封闭型带，托辊采用多边形托辊组环绕在封闭带的周围。其最大的优点是可以密闭输送料,在输送途中物料不飞扬、洒落,减少污染。

2. 刮板式输送机

1)刮板式输送机的结构组成与工作原理

刮板式输送机的结构组成与工作原理如图 3.59 所示。在牵引构件(链条)上固定着刮板,并一起沿着机座槽运动。牵引链条环绕着头部驱动链轮和尾部张紧链轮,并由驱动链轮来驱动,由张紧链轮进行张紧。被输送的物料可以在输送机长度上的任意一点装入敞开槽内并由刮板推动前移。输送机的卸载同样可以在槽底任意一点所打开的洞孔来进行,这些洞孔是用闸门关闭的。刮板输送机分为上下工作分支,上工作分支供料比较方便,可在任何位置将物料供入敞开的导槽内,具有下工作分支的输送机在卸料方面较为方便,因为物料可以直接通过槽底的洞孔卸出。

2)刮板式输送机的特点与适用范围

刮板输送机的主要优点是:结构简单,当两个分支同时成为工作分支时,可以同时向两个方向输送物料,可同时方便地沿输送机长度上的任意位置进行装载和卸载;可以用来输送各种粉末状、小颗粒和块状的流动性较好的散粒物料。它的缺点是:物料在输送过程中会被捻碎或者挤压碎,所以,不能用来输送脆性物料。

由于物料与料槽及刮板与料槽的摩擦(尤其是输送摩擦性大的物料时),会使料槽和刮板的磨损加速,同时也增大了功率的消耗。因此,刮板输送机的长度一般不超过 50~60m,而生产率不超过 150~200t/h。只有在采煤工业中,当生产率在 100~150t/h 的情况下,其输送机的长度可达到 100m。

3. 埋刮板输送机

1)埋刮板输送机的结构组成与工作原理

埋刮板输送机如图 3.60 所示,是由刮板输送机发展而来的,但其工作原理与刮板输送机不同,在其机槽中,物料不是一堆一堆地被各个刮板刮运向前输送的,而是以充满机槽整个断面或大部分断面的连续物料流形式进行输送。

图 3.59 刮板式输送机

图 3.60 埋刮板式输送机

由于刮板链条埋在被输送的物料之中,与物料一起向前移动,故称为埋刮板输送机。刮板链条既是牵引构件,又是带动物料运动的输送元件,因此,它是埋刮板输送机的核心部件。

埋刮板输送机除了可以进行水平、倾斜输送和垂直提升之外,还能在封闭的水平或垂直平面内的复杂路径上进行循环输送。

埋刮板输送机的工作原理是利用散粒物料具有内摩擦力以及在封闭壳体内对竖直壁产生侧压力的特性,来实现物料的连续输送。在水平输送时,由于刮板链条在槽底运动,刮板之间物料被拖动向前成为牵引层。当牵引层物料对其上的物料层的内摩擦力大于物料与机槽两侧壁间的外摩擦力时，上层物料就随着刮板链条向前运动。

在垂直输送时，机槽内的物料不仅受到刮板向上的推力和下部不断供入的物料对上部物料的支撑作用，同时，物料的侧压力会引起运动物料对周围物料产生向上的内摩擦力。

当以上的作用能够克服物料与槽壁间外摩擦力及物料自身的重力作用时，物料就形成连续整体的物料流随刮板链条向上输送。

2）埋刮板输送机的适用范围

埋刮板式输送机既适用于水平或小倾角方向输送物料，也可以垂直方向输送。水平输送距离最大为 80~120m，垂直提升高度为 20~30m，通常用在生产率不高的短距离输送。

所运送的物料以粉状、粒状或小块状物料为佳，物料的湿度以用手捏团后仍能松散为度；不宜输送磨损性强、块度大、黏性大和腐蚀性大的物料，以避免对设备造成损伤。

埋刮板式输送机结构简单可靠，体积小，维修方便，进料卸料简单。埋刮板输送机分为普通型和特殊型。普通型埋刮板输送机用于输送物料特性一般的散粒物料，而特殊型埋刮板输送机用于输送有某种特殊性能的物料。

4．螺旋输送机

1）螺旋输送机的应用场合和特点

螺旋输送机（图 3.61）是利用带有螺旋叶片的螺旋轴的旋转，使物料产生沿螺旋面的相对运动，物料受到料槽或输送管臂的摩擦力作用不与螺旋一起旋转，从而将物料轴向推进，实现物料输送的机械。

图 3.61 螺旋式输送机

螺旋输送机分慢速（转速不超过 200r/min）和快速（转速超过 200r/min）两种；按结构形式又分为固定式和移动式两种。固定式输送机一般属慢速输送机，它可以进行输送距离不太长的水平输送或低倾角的输送，通常用于车间内，稳步作短距离的水平输送；移动式输送机一般属快速输送机，它可完成高倾角和垂直输送，通常用于物料出仓、装卸和灌包等作业。

螺旋输送机的输送量一般为 20~40m³/h，最大可达 100m³/h，广泛用于各行业中，主要用于输送各种粉状、粒状和小块状物料，所输送的散粒物料有谷物、豆类和面粉等粮食产品，水泥、黏土和沙子等建筑材料，盐类、碱类和化肥等化学品，以及煤、焦炭和矿石等大宗散货。螺旋输送机不宜输送易变质、黏性大、块度大及易结块的物料。除了输送散粒物料外，亦可利用螺旋输送机运送各种成件物品。螺旋输送机在输送物料的同时，可完成混合、搅拌和冷却等作业。

螺旋输送机具有以下特点：结构比较简单，成本较低；工作可靠，维护管理方便；尺寸紧凑，占地面积小；能实现密封输送，有利于输送易飞扬、炽热及气味强烈的物料；装载卸载方便；单位能耗较大；物料在输送中容易磨损及研碎，螺旋叶片和料槽的磨损也较为严重。

2）螺旋输送机的组成

螺旋输送机是由固定的料槽与在其中旋转的具有螺旋叶片和轴组成的旋转体所构成。轴由两端轴承和中间的悬挂轴承所支承，螺旋体通过传动轴由电动机驱动。物料由进料口进入机槽以滑动方式作轴向运动，直至卸料口卸出。如图3.62所示。

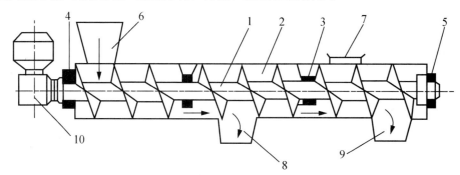

图3.62 螺旋输送机

1—轴 2—料槽 3—中间轴承 4—首端轴承 5—末端轴承 6—装载漏斗
7—中间装载口 8—中间卸载口 9—末端卸载口 10—驱动装置

在水平螺旋输送机中，料槽的摩擦力是由物料自重力引起的；而在垂直螺旋输送中，输送管壁的摩擦力主要是由物料旋转离心力所引起的。

5. 气力输送机

1）气力输送机的应用场合和特点

气力输送机（图3.63）是采用风机使管道内形成气流来输送散粒物料的机械。它的输送原理是将物料加到具有一定速度的空气气流中，构成悬浮的混合物，通过管道输送到目的地，然后将物料从气流中分离出来卸出。

气力输送机主要用于输送粉状、粒状及块度不大于20~30mm的小块物料，有时也可输送成件物品。对于不同物料，应选择不同的风速，既要保证物料在管道内成悬浮状态，不堵塞管道，又要尽可能多地输送物料，做到既经济又合理。

图3.63 气力式输送机

气力输送机的优点是：可以改善劳动条件，提高生产效率，有利于实现自动化；可以减少货损，保证货物质量；结构简单，没有牵引构件；生产率较高，不受管路周围条件和气候影响；输送管道能灵活布置，适应各种装卸工艺；有利于实现散装运输，节省包装费用，降低成本。

气力输送机的缺点是：动力消耗较大，噪音大；被输送物料有一定的限制，不宜输送潮湿的、黏性的和易碎的物料；在输送磨损性大的物料时，管道等部件容易磨损。当前输送机的生产率可达 4 000t/h，输送距离达 2 000m，输送高度可达 100m。

2）气力输送机的种类

气力输送机主要由送风装置（抽气机、鼓风机或气压机）、输送管道及管件、供料器、除尘器等组成。物料和空气的混合物能在管路中运动而被输送的必要条件是，在管路两端形成一定的压力差。按压力差的不同，气力输送机可分为吸送式、压送式和混合式 3 种。

（1）吸送式气力输送机：它可以装多根吸料管同时从多处吸取物料，但输送距离不能过长。由于真空的吸力作用，供料装置简单方便，吸料点不会有粉尘飞扬，对环境污染小，但对管路系统密封性要求较高。此外，为了保证风机可靠工作和减少零件的磨损，进入风机的空气必须除尘。

（2）压送式气力输送机：它可实现长距离的输送，生产效率较高，并可由一个供应点向几个卸料点输送，风机的工作条件较好。但要把物料送入高于外界大气压的管道中，供料器比较复杂。

（3）混合式气力输送机：它综合了吸送式和压送式气力输送机的优点，吸取物料方便且能较长距离输送；它可以由几个地点吸取物料，同时向几个不同的目的地输送，但结构比较复杂。

## 3.5 自动导引搬运车

### 3.5.1 自动导引搬运车的概念与使用特点

1. 自动导引搬运车的概念

自动导引搬运车（Automated Guided Vehicle，AGV）又称无人搬运车，如图 3.64 所示。我国国家标准《物流术语》中，对 AGV 的定义为：装有自动导引装置、安全保护装置以及各种物料移载功能的搬运设备。

图 3.64　自动导引搬运车

AGV 是一种以电力为动力，装有非接触导向装置的无人驾驶自动化车辆。它的主要功能表现为能在计算机监控下，按路径规划和作业要求，使小车较为精确地行走并停靠到指定地点，完成一系列作业功能。

2. 自动导引搬运车的使用特点

（1）运行路线设定灵活。AGV 的运行路线可以由地面管理站来设定，也可以由车上的输入键盘等设定，既可以沿某一环路运行，也可以在两个或多个站点之间往复行驶。由于运行路线是可以设定的，所以在输送不同产品的情况下无须改变输送设备或厂房设备。

（2）具有检知和避开障碍物的技能。AGV 车体装有红外或超声探测装置，遇障碍或两车接近时自动报警并停车。

（3）智能化与自动化。AGV 具有自动探索最近的路径等功能，而且 AGV 一般配备有装卸机构，可以与其他物流设备自动接口，实现货物和物料装卸与搬运全过程自动化。

（4）可沿多条路径进行。运行不局限于一个或几个回路，而是整个系统内的各条线路。它具有前进、后退、侧行和斜行等功能，同时还可以以车体平面内的一点为轴线旋转。

（5）与计算机控制的全自动化生产装配系统有机相连。地面站由于采用了计算机管理，所以可以很方便地提供与自动存取、数控设备和自动装配等系统的接口。

（6）环境保护。AGV 依靠自带的蓄电池提供动力，运行过程中无噪声、无污染，可以应用在许多工作环境要求清洁的场所。

### 3.5.2　自动导引搬运车的分类和结构

1. 自动导引搬运车的分类

1）按照导引方式不同分类

按照导引方式不同，AGV 可以分为电磁感应导引（图 3.65）、激光导引（图 3.66）、惯性导航导引、光带感应导引、磁力感应导引、直接坐标导引技术、图像识别导引技术、GPS 导航技术和超声波导引搬运车等。

2）按照移载方式不同分类

按照移载方式不同，AGV 可分为侧叉式移载、叉车式移载、推挽式移载、辊道输送机式移载、链式输送机移载、升降台移载和机械手移载等。

图 3.65　电磁感应导引搬运车

图 3.66　激光导引搬运车

2. 自动导引搬运车的结构

自动导引搬运车的结构组成如图 3.67 所示。

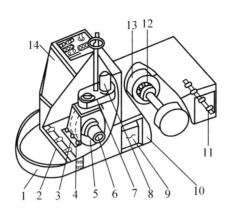

图 3.67 自动导引搬运车的结构

1—安全挡圈 2、11—认址线圈 3—失灵控制线圈 4—导向探测器 5—转向轮 6—驱动电机
7—转向机构 8—导向伺服电机 9—蓄电池 10—车架 12—制动器 13—驱动车轮 14—车上控制器

（1）车体：车体即自动导引搬运车的基本骨架，要求有足够的强度和刚度，以满足车体运行和加速的需要。车架一般由金属件焊接而成，用于安装移载装置、液压装置、电控系统、按键和显示屏。板下空间安装驱动装置、转向装置和蓄电池，以降低车体的重心，使运行更加平稳。

（2）车轮：根据 AGV 结构的不同，车轮包括卧式结构的驱动轮和立式结构的驱动轮。驱动机构一般由驱动轮、从动轮、转向机构、减速器、制动器、电机和速度控制器组成。车轮形式有 3 轮、4 轮、6 轮及多轮等。

（3）蓄电池和充电系统：AGV 采用直流工业蓄电池作为动力。蓄电池充电可以采用自动充电和交换电池式充电两种形式。自动充电是指在 AGV 的各个停泊站无时间限制地随时充电；交换电池式充电是指当蓄电池的电荷降到指定范围后，要求 AGV 退出服务，进入指定的充电区进行充电。

（4）移载装置：移载装置是与所搬运货物接触的装置，根据所搬运货物及特性的不同所采用的移载装置也不同。

（5）安全装置：安全装置的作用是为 AGV 运行或故障急停时提供一定的安全保证，主要包括缓冲器、接近检测装置和紧急停车按钮等。

（6）信息传输及处理装置：其功能是对 AGV 进行监控，监控 AGV 所处的地面状态，包括手动控制、安全装置启动、蓄电池状态、转向和驱动电机的控制情况；将车上控制器的监控信息与地面控制器所发出的信息进行传递，以达到控制 AGV 运行的目的。

（7）车载控制系统：AGV 在结构上类似于有人驾驶，不过它的行驶只是在车载微计算机的控制下完成的，对目的地和道路的选择是通过编程或上位机控来实现的。因此，车载控制系统是 AGV 的核心控制部分，一般由处理器、操作面板等构成。处理器可采用 PLC，便于 AGV 的功能扩展。操作面板的功能主要是在 AGV 调试时输入指令并显示有关信息。车载控制系统把车的各个部分有机地联系在一起，它不仅控制整个车的运行，还通过通信系统接收地面管理站传来的各种指令，不断地把车的所处位置、运行状况等信息返回给地面站。同时，它还负责车的自身故障诊断。

### 3.5.3 自动导引搬运车的运行调度

AGV 地面控制系统，即 AGV 上位控制系统，是 AGV 系统的核心。其主要功能是对 AGV

系统中的多台 AGV 进行任务管理、车辆管理、交通管理及通信管理等。

1. 任务管理

任务管理类似计算机操作系统的进程管理，它提供对 AGV 地面控制程序的解释执行环境；提供根据任务优先级和启动时间的调度运行；提供对任务的各种操作如启动、停止、取消和优先级控制等。

2. 车辆管理

车辆管理是 AGV 管理的核心模块，它根据物料搬运任务的请求，分配调度 AGV 执行任务，根据设定的优化控制原则，计算 AGV 的最优行走路径，并控制指挥 AGV 的行走过程，判定 AGV 的状态，及时下达装卸货和充电命令。

3. 交通管理

交通管理是根据 AGV 的物理尺寸大小、运行状态和路径状况，提供 AGV 自动互相避让的措施，同时避免车辆互相等待的死锁方法和出现死锁的解除方法。AGV 的交通管理主要有行走段分配和死锁报告功能。

4. 通信管理

通信管理提供 AGV 地面控制系统与 AGV 单机、地面监控系统、地面 IO 设备、车辆仿真系统及上位计算机的通信功能。与 AGV 间通信使用无线电通信方式，需要建立一个无线网络，AGV 只与地面系统进行双向通信，AGV 间不进行通信，地面控制系统采用轮询式和多台 AGV 通信。与地面监控系统、车辆仿真系统和上位计算机的通信使用 TCP/IP 通信。

5. 自动导引搬运车的主要技术参数

自动导引搬运车的技术参数是反映其技术性能的基本参数，是选择自动导引搬运车的主要依据。自动导引搬运车的主要技术参数如下。

（1）额定载重量：是指自动导引搬运车所能承载的最大重量（kg），反映了 AGV 的有效承载能力与牵引能力，可以按照额定载重量将 AGV 分为重型、中型、轻型和微型。

（2）装载对象尺寸：指搬运对象的最大几何尺寸。

（3）自重：指自动导引搬运车与电池加起来的总重量。

（4）车体尺寸：即车体的外形尺寸，这一尺寸应该与所承载货物的尺寸和作业场地相适应。

（5）停位精度：指自动导引搬运车作业结束时所处的位置与程序设定的位置之间所差的距离，目前一般都可以达到±5mm。

（6）最小转弯半径：指自动导引搬运车在空载低速行驶、偏转程度最大时，瞬时转向中心距自动导引搬运车纵向中心线的距离。

（7）运行速度：指自动导引搬运车在额定载重量下行驶的最大速度，也包括 AGV 前进、反向、转弯和接近等时的速度。

（8）电池电压：有两种规格，分别为 24V 和 48V。

（9）蓄电池容量：可以用在正常工作状态下小车连续工作的时间来表示。

（10）工作周期：指自动导引搬运车完成一次工作循环所需的时间。

（11）运载类别：指自动导引搬运车可以操作的运载对象类型，包括托盘、周转箱等多种类型。

（12）行走精度：指相对导向线路的左右偏差、转弯时或分线时的左右偏差等。AGV 的行走精度一般为±10mm。

## 本章小结

装卸搬运设备是实现较小范围货物转移的硬件设施基础,功能多样,包括起重机械、传输机械等。装卸起重机械是一种间歇式、可循环运动的物流机械,以实现货物垂直升降为主,搬运功能为辅。大宗散装货物的装卸可以采用专用设备,如装车机、翻车机等,可以极大地提高作业效率。连续传输设备包括带式输送机、链式输送机等多种类型,可以根据流体要素的特性等进行选型。

## 课后习题

### 一、填空题

1. 起重机械主要由(　　　)、(　　　)、(　　　)三大部分组成。
2. 输送机械按安装方式不同分为(　　　)和(　　　)两大类。
3. 斗式提升机由(　　　)、(　　　)、(　　　)、(　　　)、(　　　)、驱动装置等组成。

### 二、选择题

1. 按照性能和功用,叉车可分为很多种,其中应用最为广泛的是(　　　)。
   A. 平衡重式叉车　　　　　　B. 插腿式叉车
   C. 前移式叉车　　　　　　　D. 高位拣选式叉车
2. 装卸作业不必先转弯再作业,适合于窄通道作业,且有利于条形长尺寸物品的装卸的搬运叉车是(　　　)。
   A. 平衡重式叉车　　　　　　B. 前移式叉车
   C. 侧面式叉车　　　　　　　D. 插腿式叉车

### 三、简答题

1. 什么是装卸搬运设备?
2. 简述不同种类装卸搬运设备的特点。
3. 连续输送设备的特点是什么?
4. 叉车的主要用途是什么?
5. 自动导引搬运车的结构组成有哪些?

### 四、案例分析题

#### 中国叉车市场特点及趋势分析

叉车是港口、码头、车站、仓库和企业的最基本装卸搬运设备,因其有很强的通用性、机动性,有装卸、搬运双重功能,以及和各种叉车附件配合可变成专用性很强的搬运作业工具,因而市场发展潜力巨大。

从产业周期的角度分析:在全球范围内,叉车产品和叉车产业都处于成熟期。从国内情况看,叉车产品和叉车产业处于发展期,产品技术仍需要继续完善,产品使用范围和使用量尚未得到足够拓展,市场经济环境下的产业自然调整仍处于初级阶段,用户使用意识和企业研发意识、能力相对落后。与日本、欧美等国家和地区市场相比,目前中国是世界上唯一对叉车需求量保持持续旺盛增长的地区。

叉车产业的成长主要受到以下几个因素的影响:①国家经济发展水平;②工业化程度;③国家经济增长的动力源分布;④社会的叉车使用意识。其中③有必要进一步解释:比如 20 世纪 90 年代初,国家经济增长几乎完全取决于基建投资,因此其他工程机械产品都在短期内得到了飞速发展,唯独叉车起色不大。原因是,虽然当时的繁荣对叉车行业发展起到了一定的推动作用,但是经济领域的发展很不均衡,而叉车的应用领域非常广泛。因此局部的繁荣对叉车产业发展促进不大。同样,在国家进行经济宏观调控时,对叉车行业影响也不大。2005 年全国各地的叉车销售仍在不断增长,相对其他行业而言,叉车产业的发展要稳定很多。

目前,中国叉车行业竞争激烈,行业的集中度进一步提高,叉车的价格又分为三档。第一档是国际知名企业的叉车,因技术领先,质量可靠,同样吨位的叉车是国产叉车价格的 1.5~4 倍;第二档是国内引进技术的叉车品牌,同样吨位的产品价格高于国产叉车 20%左右;第三档就是量大面广的国产叉车。

叉车市场发展趋势可以和物流的发展联系在一起。物流配送现代化是企业未来发展的方向,它们对叉车的需求量较大,随着国内从政府到企业对物流的重视以及物流业的逐步升温,对叉车市场需求量有较大刺激作用。尤其是企业对物流作业效率越来越重视以及中国物流搬运集装运输的迅速发展,必将进一步刺激叉车市场需求逐年增加,中档叉车市场竞争将更加激烈,销售量将猛增,国内企业仍然是中档叉车的主导力量,国内高端叉车市场仍由少数外资企业主导,电瓶叉车市场需求将迅速增长,这主要得益于各个生产厂家技术的不断进步。未来,叉车产品的外形会有很大的改变,造型更加美观,规模生产、零部件专业化生产和装配流水线作业将显现出一定的优势,在新材料、新工艺方面会有新的革命,并部分取代传统工艺。

科技含量高的叉车是今后发展的趋势,高安全性、高可靠性和使用性能好的高水平产品,装备先进电子技术的机电一体化的大型叉车,向专业化、标准化、系列化方向发展的变型产品等,将有更好的市场前景。

(资料来源:http://www.cnshelf.cn/Info_View_405.html.有改动.)

问题:(1)总结我国的叉车发展趋势以及对物流作业的影响。
(2)通过对叉车发展趋势的分析,总结叉车在选用过程中应考虑的主要因素。

## 技能训练

【实训项目】叉车实验
【实训目的】
(1)掌握叉车的基本性能。
(2)掌握叉车型仓库的设计方法。
【实训内容】
(1)通过观察叉车的实际操作,掌握叉车性能的评价方法。
(2)根据叉车的性能进行叉车型立体仓库巷道宽度等技术参数的选择,并绘制平面图。
【实验步骤】
(1)在静止状态下测量叉车的几何尺寸,在运行状态下测量叉车的转弯半径、运行速度、起升速度、起升高度等运行参数,并建立叉车的使用性能表。
(2)利用两排货架搭建起巷道,让叉车完成两侧货架上的取货作业,总结叉车操作时需要的最小巷道宽度;结合高层货架实际测量叉车所能达到最大高度,说明采用托盘对仓库的要求,包括货架自身的几何尺寸、托盘的尺寸以及需要提升的作业高度。

# 第 4 章

## 集装单元化设备

JIZHUANG DANYUANHUA SHEBEI

【知识目标】

(1) 理解集装单元化的基本概念和主要作业形式。
(2) 掌握托盘的基本特点和使用方法。
(3) 熟悉集装箱的基本特征、分类标准以及相应的作业设备。
(4) 掌握集装箱装卸设备的基本特点、性能参数和选用原则。

【能力目标】

(1) 能够根据物流作业的实际特点选择合理的集装单元器具。
(2) 能够根据实际作业需求制定集装单元作业流程。
(3) 能够根据物流中心的实际情况选取集装箱设备。

【导入案例】

### 集装箱运输

改革开放以来,伴随着我国国民经济的快速增长和外贸事业的蓬勃发展,中国集装箱物流运输业也增长迅速。自 20 世纪 80 年代以来,我国集装箱物流运输发展速度始终远超过 6%～8%的世界平均增幅。2007 年,中国港口集装箱吞吐量首次突破 1 亿 TEU 大关,中国海路、公路、铁路和内河集装箱运输近些年来都取得了长足的发展。现今中国已初步建成环渤海、长江三角洲、东南沿海、珠江三角洲和西南沿海 5 个规模化、集约化和现代化的港口群体,形成了布局合理、设施较完善和现代化程度较高的集装箱运输体系。

思考分析:

我国集装箱运输业为什么增长迅速?

## 4.1 集装单元化

### 4.1.1 集装单元化概述

1．有关概念

1）集装

集装是将许多大小不同、形状各异的单件物品,通过一定的技术措施组合成尺寸规格相同、重量相近的大型标准化的组合体,这种大型的组合状态称为集装。集装就是以最有效地实行物资搬运作为条件,把若干物品和包装货物或者零散货物恰当地组合包装,达到适合于装卸、存放、搬运及机械操作的目的。

2）集装单元化

集装单元化是指应用不同的方法和器具,把有包装或无包装的物品整齐地汇集成一个扩大了的、便于装卸搬运并在整个物流过程中保持一定形状的作业单元。

集装单元化就是以集装单元为基础组织的装卸、搬运、储存和运输等物流活动方式。集装单元化的实质就是要形成集装单元化系统,集装单元化系统是由货物单元、集装器具、装卸搬运设备和输送设备等组成的为高效、快速地进行物流作业服务的系统。

3）集装单元化技术

集装单元化技术是物流管理硬技术（设备、器具等）与软技术（为完成装卸搬运、储存、运输等作业的一系列方法、程序和制度等）的有机结合。它包括集装箱、托盘、集装袋、框架集装和无托盘集装等。

集装单元化技术是随着物流管理技术的发展而发展起来的。采用集装单元化技术后,使物流费用大幅度降低,同时,使传统的包装方法和装卸搬运工具发生了根本变革。集装箱本身就成为包装物质运输工具,改变了过去那种对包装、装卸、储存和运输等各管一段的做法。它是综合规划和改善物流机能的有效技术。

2. 集装化的特点

集装化是物流技术进步和结构创新的一项重大举措,在物流过程中具有突出的优点与作用。

(1)通过标准化、通用化、配套化和系统化以实现物流功能作业的机械化和自动化。

(2)物品移动简单,减少重复搬运次数,缩短作业时间并提高效率,装卸机械的机动性增高。

(3)改善劳动条件,降低劳动强度,提高劳动生产率和物流载体利用率。

(4)便于物流各功能环节的有效衔接,方便地进行物品的数量检验,清点交接简便,减少差错。

(5)货物包装简单,节省包装费用,降低物流作业成本。

(6)能充分而灵活地运用空间,提高设施面积利用率或容积利用率。

(7)能有效地保护物品,防止物品的破损、污损和丢失。

当然,集装单元化也存在一些缺点,主要表现在两个方面:一是集装化系统管理较为复杂,管理费用较高;二是由于集装器具本身占有一定的体积和重量,导致运载工具的有效载荷减少。

## 4.1.2 集装单元化设备的类型

1. 集装箱

集装箱(container)(图 4.1)是目前集装单元化发展的最高阶段,集装箱运输在物流系统中占有重要地位,集装箱联运是国际物流运输的主要方式之一。经济全球化的趋势决定了集装箱运输已经涉及企业的核心利益,乃至国家的经济命脉,开展集装箱运输有着深远的战略意义。

2. 托盘

托盘(pallet)(图 4.2)是用于集装、堆放、搬运和运输中放置单元负荷物品的水平平台装置。托盘运输(pallet transport)是将货物以一定数量组合码放在托盘上,连盘带货一起装入运输工具运送物品的运输方式。托盘作为一种机械化和单元化储运工具,从 19 世纪下半叶在欧美地区推行开始,距今已有百余年的历史。托盘的出现也促进了集装箱和其他集装方式的形成和发展。现在,托盘和集装箱一样成为一种重要的集装方式。

图 4.1 集装箱

图 4.2 托盘

3. 捆扎型集装单元

这是指用绳索、钢丝或打包带等把小件货物扎成一捆或一叠，形成了简单集装单元，如成捆的型钢、木材，成扎的铝锭等。捆扎型集装单元化方式在冶金、木材加工等行业应用广泛。

4. 其他集装容器

其他集装单元容器（图 4.3）包括集装袋、集装网和罐式集装箱等，主要适合散装货物、石油、天然气等物料的运输。其中集装袋（flexible freight bags）又称柔性集装单元器具，配以起重机或叉车就可以实现集装单元化运输。它适用于装运大宗的散装粉粒状物料。

图 4.3　其他集装容器

### 4.1.3　集装单元化设备的合理配置

1. 集装单元化设备配置原则

为了充分发挥集装单元化的优越性，以便降低物流费用、提高社会的经济效益，在配置集装单元化设备时必须遵循下列几个基本原则。

（1）通用化：集装化要与物流全过程的设备与工艺相适应，不同形式的集装化方法之间、同一种集装化方法的不同规格的集装设备之间相协调，以便在物流全过程中畅通无阻。因此，通用化的原则应贯彻在物流的全过程，集装单元设备要流通到物流的各个部门，它必须适用于各个环节的工艺和设备，才能在各个环节之间通用。

（2）标准化：标准化是指从集装化术语的使用，集装工具的尺寸、规格、强度、外形和重量，集装工具材质、性能、实验方法，装卸搬运加固规则一直到编号、标志、操作规范和管理办法等都必须标准化，以便进行国内、国际流通和交换。标准化是实现集装设备通用化所必需的。标准化是通用化的前提，也是集装单元化的关键。

（3）系统化：集装单元化技术的内容甚广，不单纯指集装工具，而是包括集装工具在内的成套物流设施、设备、工艺和管理的总和，是一个联系生产与生产、生产与消费的动态系统。因此，集装单元化技术中的每一个问题都必须置于物流系统中来考虑，否则就难以付诸实现或难以获得成效。

（4）综合效益最大化：推广应用集装单元化技术，将给物流系统带来巨大的综合效益。需要注意的是，在实施的过程中必须注意尽可能实现集装器具的循环使用，组织集装箱和托盘等集装器具的回流与回收，这样才能充分发挥集装单元化的最大优势。

2. 集装单元化设备选择

货物大小、形状和特性等不同，其要求的集装单元化设备也不尽相同。正确选择集装箱单元化设备要依据以下内容。

（1）货物特性。货物特性决定了运输要求，如危险品、易碎品、鲜活易腐品等货物特点不一样，对集装箱箱型、托盘类型等集装化设备的选择也就不同。

（2）货物种类与品名。为了保证运输货物安全无损，仅仅了解货物一般特性是不够的，例如对危险货物来说，不能只知道它是危险货物就满足了，要进一步了解它是属于哪一类危险货物，是易爆炸品、易燃品还是腐蚀性货物，还要具体了解它的货名；此外，还要知道它有无包装，是什么包装货物、是清洁的还是脏的，有没有气味。

（3）货物包装尺寸。由于我国货物运输包装目前尚无通用的标准尺寸系列，包装规格繁多，要选择相应的集装化设备型号，必须了解货物包装尺寸，以便选择合适的配置方法，充分利用集装化设备容积。

（4）货物重量。任何集装化设备可装货物的重量都不得超过集装化设备的载重量，有时货物重量虽小于载重量，但由于该货是集中负荷而可能造成集装化设备底部强度不足，这时就必须采取措施，利用货垫使集中负荷分散。

（5）货物与集装设备之间的配套。作为集装单元设备，其类型与尺寸等必须相配套。从标准化组织的角度来看，与运输和货物成组化有关的技术委员会有3个，分别是ISO TC—51托盘技术委员会、ISO TC—104集装箱技术委员会和ISO TC—122包装技术委员会。这3个委员会所从事的工作目标之间存在着密切的内在联系。包装技术委员会解决商品外包装尺寸的标准化问题。商业包装除了对商品本身起到保护功能外，还具有对商品进行标志、追踪、促销等功能。而运输包装的尺寸则必须与托盘或集装箱尺寸相配套。理想的尺寸状态是，集装箱尺寸是托盘或商品运输包装尺寸的整倍数系列关系。为使商品外包装、托盘、集装箱3类标准相互协调，在3个技术委员会中的任何一个委员会举行会议时，另两个委员会成员都以观察员的身份出席，以便相互之间能充分了解彼此的动态和立场。

3. 集装单元化设备数量的确定

集装化设备选择后，还应计算集装化设备的数量，对于重货，即货物单位体积重量大于集装化设备有效容积的单位容重，则用货物重量除以集装化设备的额定载重量，即得需要的集装化设备的数量。对于货物单位体积重量等于集装化设备的有效容积的单位容重，则无论按重量计算或按体积计算都可以求得集装化设备的需要数量。对于不能判定是重货还是轻货的货物，可先按容积计算，求出每个集装化设备可能装运的货物件数，再用货物件数乘以每件货物重量，并与集装化设备的最大容重比较。如果货物重量小于集装化设备的最大载重量，那么就按货物总体积除以集装化设备容积计算所需集装化设备数；反之，则按货物总重量除以每个集装化设备的最大载重量，计算所需集装化设备个数。对于拼装货物，应当轻、重货物搭配。为使配装效果较好，配装货物的品种宜少，以一种重货与另一种轻货配装最为有利。拼装货物应是发至同一到达站的货物。同时，必须使所装货物的加权平均单位体积重量等于或接近于集装化设备的单位容重，从而使集装化设备的容积装满，标记载重量也得以充分利用。

## 4.2 集装箱

### 4.2.1 集装箱的定义和优缺点

1. 集装箱的定义

集装箱是指具有一定强度、刚度和规格，专供周转使用的大型装货容器。使用集装箱转运货物，可直接在发货人的仓库装货，运到收货人的仓库卸货，中途更换车、船时，无须将货物从箱内取出换装。按国际标准化组织（International Organization for Standardization，ISO）第104技术委员会的规定，集装箱应具备下列条件。

（1）能长期地反复使用，具有足够的强度。

（2）途中转运不用移动箱内货物，就可以直接换装。

（3）可以进行快速装卸，并可从一种运输工具直接方便地换装到另一种运输工具上。

（4）便于货物的装满和卸空。

（5）具有 $1m^3$ 或以上的容积。

满足上述5个条件的大型装货容器才能称为集装箱。

集装箱既是一种包装方式，也是一种运输器具。在运输有包装的箱、坛、罐、袋等有一定强度和一定形态的货物时，是一种刚性或半刚性容器；在运输粉状或颗粒状的无包装散货时，是一种柔性容器。通常所说的集装箱一般是指具有一定容积，适合于在不同运输方式中转运，具有一定强度、刚度，能反复使用的金属箱。

2. 集装箱的优缺点

1）集装箱的优点

（1）具有较大的强度，保护货物能力强，货物在箱内不易损坏。

（2）集装箱本身就具备储存能力和条件，可以省却配置仓库或库房，直接放置在露天场地；且集装箱可以重叠堆垛，能大幅提高场地的利用率。

（3）在集装器具中，集装箱集装数量较大，最高可达30t左右。

（4）集装箱的标准化有利于实现物流的通用化、系统化和配套化，提高物流作业效率。

2）集装箱的缺点

（1）集装箱的自重大，会增加劳动力和货物的运费。

（2）集装箱本身造价高，需要大量投资，会产生资金困难，提高了物流成本。

（3）集装箱租赁返还时，必须是空箱，造成浪费，从而影响了经济效益。

（4）集装箱装卸、搬运需配套专门设备，如起吊机械等，对于容易损坏箱体的商品如化肥、油脂和炭黑等一般不能使用集装箱装运。

### 4.2.2 集装箱的结构

集装箱的结构根据不同的箱体分类各有差异，一般构造如图4.4所示。其典型结构是梁板结构，梁起支撑作用。

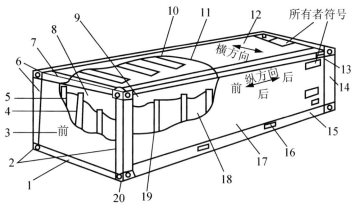

(a)集装箱构造俯视图

1—下横梁 2—角柱 3—端壁 4—端柱 5—端壁柱 6—端框架 7—上横梁 8—端壁内衬板
9—侧壁内衬板 10—顶梁 11—顶板 12—箱顶 13—上桁材 14—角柱 15—下桁材 16—叉槽
17—侧壁 18—侧壁板 19—侧壁柱 20—角配件

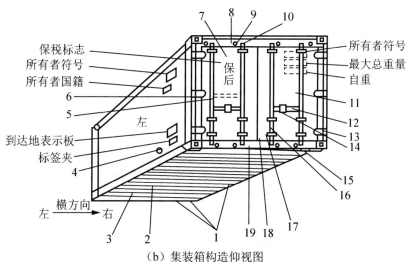

(b)集装箱构造仰视图

1—箱底结构 2—底横梁 3—箱底 4—门钩扣槽 5—箱门横构件 6—侧框架 7—门板 8—门楣
9—门锁凸轮 10—凸轮托座 11—端门 12—门铰链 13—门锁把手 14—把手锁 15—门槛
16—门锁杆 17—门锁杆托架 18—门钩 19—门底缘材

图 4.4 集装箱构造简图

### 4.2.3 集装箱的分类

1. 按用途分类

（1）通用干货集装箱（dry cargo container）：这种集装箱也称为杂货集装箱，用来运输无需控制温度的件杂货，如图 4.5 所示。这种集装箱通常为封闭式，在一端或侧面设有箱门。这种集装箱通常用来装运文化用品、化工用品、电子机械、工艺品、医药、日用品、纺织品及仪器零件等。这是平时最常用的集装箱。不受温度变化影响的各类固体散货、颗粒或粉末状的货物都可以由这种集装箱装运。

（2）保温集装箱（keep constant temperature container）：它们是为了运输需要冷藏或保温的货物，所有箱壁都采用导热率低的材料隔热而制成的集装箱，如图 4.6 所示，可分为以下几种。

图4.5 干货集装箱

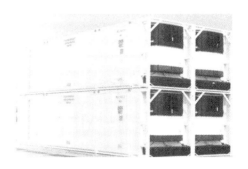
图4.6 保温集装箱

① 冷藏集装箱（reefer container）：它是以运输冷冻食品为主，能保持规定温度的一种保温集装箱。它是专为运输如鱼、肉、新鲜水果、蔬菜等食品而特别设计的。目前国际上采用的冷藏集装箱基本上分两种：一种是集装箱内带有冷冻机的叫机械式冷藏集装箱；另一种箱内没有冷冻机而只有隔热结构，即在集装箱端壁上设有进气孔和出气孔，箱子装在运载工具中，由运载工具（如船舶）的冷冻装置供应冷气，叫做离合式冷藏集装箱（又称外置式或夹箍式冷藏集装箱）。

② 隔热集装箱（insulated container）：它是为载运水果、蔬菜等货物，防止温度上升过大，以保持货物鲜度而具有充分隔热结构的集装箱，通常用干冰作制冷剂，保温时间为72小时左右。

③ 通风集装箱（ventilated container）：它是专为装运水果、蔬菜等货物而使用的集装箱，在端壁和侧壁上设有通风孔，如将通风口关闭，同样可以作为杂货集装箱使用。

（3）罐式集装箱（tank container）：它是专门用于装运酒类、油类（如动植物油）、液体食品以及化学品等液体货物的集装箱，如图4.7所示。它还可以装运其他液体的危险货物。这类集装箱有单罐和多罐数种，罐体四角由支柱、撑杆构成整体框架。

图4.7 罐式集装箱

（4）散货集装箱（bulk container）：它是一种密闭式集装箱（图4.8），有玻璃钢制和钢制的两种。前者由于侧壁强度较大，故一般装载麦芽和化学品等相对密度较大的散货；后者则用于装载相对密度较小的谷物。散货集装箱顶部的装货口应设水密性良好的盖，以防雨水侵入箱内。

（5）台架式集装箱（platform based container）：它是没有箱顶和侧壁，甚至连端壁也去掉而只有底板和四个角柱的集装箱，如图4.9所示。这种集装箱可以从前后、左右及上方进行装卸作业，适合装载长大件和重货件，如重型机械、钢材、钢管、木材、钢锭等。台架式集装箱没有水密性，怕水湿的货物不能装运。

（6）平台集装箱（platform container）：这种集装箱是在台架式集装箱上再简化而只保留底板的一种特殊结构集装箱，如图 4.10 所示。平台的长度与宽度与国际标准集装箱的箱底尺寸相同，可使用与其他集装箱相同的紧固件和起吊装置。这一集装箱的采用打破了过去一直认为集装箱必须具有一定容积的概念。

图 4.8　散货集装箱　　　　图 4.9　台架式集装箱　　　　图 4.10　平台集装箱

（7）敞顶集装箱（open top container）：这是一种没有刚性箱顶的集装箱，但有由可折叠式或可折式顶梁支撑的帆布、塑料布或涂塑布制成的顶篷，其他构件与通用集装箱类似，如图 4.11 所示。这种集装箱适于装载大型货物和重货，如钢铁、木材，特别是像玻璃板等易碎的重货，利用吊车从顶部吊入箱内不易损坏，而且也便于在箱内固定。

（8）汽车集装箱（car container）：它是一种运输小型汽车用的专用集装箱，其特点是在简易箱底上装一个钢制框架，通常没有箱壁（包括端壁和侧壁），如图 4.12 所示。这种集装箱分为单层和双层两种结构类型。因为一辆汽车的高度一般为 1.35～1.45m，如装在 8 英尺（2.44m）的标准箱内，其容积要浪费 2/5 以上，因而出现了双层集装箱。这种集装箱的高度有两种：一种为 10.5 英尺（3.2m），一种为 8.5 英尺（2.59m）。因此，汽车集装箱一般都不是国际标准集装箱。

（9）动物集装箱（pen container or animal container）：这是一种装运鸡、鸭、鹅等活家禽和牛、马、羊、猪等活家畜用的集装箱，如图 4.13 所示。侧面和端面都有用铝丝网制成的窗，以求有良好的通风效果。侧壁下方设有清扫口和排水口，并配有上下移动的拉门，可方便地清扫垃圾。另外，还必须装有喂食口。动物集装箱在船上一般应装在甲板上，因为甲板上空气流通，便于清扫和照顾。

（10）服装集装箱（garment container）：这种集装箱的特点是在箱内上侧梁上装有许多根横杆，每根横杆上装有很多用于吊挂成衣的吊钩，成品服装直接吊挂在集装箱内，省去了包装箱，不仅节约了包装材料和包装费用，而且提高了服装的运输质量，如图 4.14 所示。

图 4.11　敞顶集装箱　　　　　　　　　　图 4.12　汽车集装箱

图 4.13 动物集装箱

图 4.14 服装集装箱

2. 按箱体材料分类

（1）钢集装箱：钢集装箱的外板和结构部件均采用钢板，这种集装箱的最大优点是强度大，结构牢固，水密性好，而且价格低廉。但其重量大，容易被腐蚀生锈，由于自重大，降低了装货量，而且每年一般需要进行两次除锈涂漆，使用期限较短，一般为 11~12 年。

（2）铝集装箱：通常说的铝集装箱，并不是纯铝制成的，而是各主要部件使用各种轻铝合金，故又称铝合金集装箱，一般都采用铝镁合金。这种铝合金集装箱的最大优点是重量轻，铝合金的相对密度约为钢的 1/3，20 英尺铝集装箱的自重仅为 1 700kg，比钢集装箱轻 20%~25%，故同一尺寸的铝集装箱可以比钢集装箱多装 20%~25%的重量货物。铝合金集装箱不生锈，外表美观。铝合金在大气中自然形成氧化膜，可以防止腐蚀，但遇海水时则易受腐蚀。而采用纯铝集装箱，就能对海水起很好的防蚀作用，最适合于海上运输。另外，铝合金集装箱的弹性好，加外力后容易变形，外力除去后一般就能复原，因此最适合于在有箱格结构的全集装箱船上使用。此外，铝集装箱加工方便，加工费低，一般外表需要涂其他涂料，维修费用低，使用年限长，一般为 15~16 年。

（3）玻璃钢集装箱：它是用玻璃纤维和合成树脂混合在一起制成薄薄的加强塑料，用黏合剂贴在胶合板的表面上形成玻璃钢板而制成的集装箱。玻璃钢集装箱的特点是强度大、刚性好。玻璃钢的隔热性、防腐性、耐化学性都比较好，能防止箱内产生结露现象，有利于保护箱内货物不遭受湿损。玻璃钢板可以整块制造，防水性好，还容易清洗。此外，这种集装箱还有不生锈、容易着色的优点，故外表美观。由于维修简单，维修费用也低。玻璃钢集装箱的主要缺点是：重量较大，与一般钢集装箱相差无几，价格也较高。

（4）不锈钢集装箱：不锈钢是一种新的集装箱材料。不锈钢集装箱的优点是强度大，不生锈，外表美观；在整个使用期内无需进行维修保养，故使用率高，耐蚀性能好。其缺点是价格高，初始投资大；材料少，大量制造有困难，目前一般都用作罐式集装箱。

3. 按结构分类

（1）内柱式和外柱式集装箱：这里的"柱"指的是集装箱的端柱和侧柱。内柱式集装箱即侧柱和端柱位于侧壁和端壁之内；反之则是外柱式集装箱。一般玻璃钢集装箱和钢集装箱均没有侧柱和端柱，故内柱式和外柱式集装箱均指铝集装箱。内柱式集装箱的优点是外表平滑、美观，受斜向外力不易损坏，印刷标记时比较方便。外板和内衬板之间隔有一定空隙，防热效果较好，能减少货物的湿损。外柱式集装箱的优点是受外力作用时，外力由侧柱或端柱承受，起到了保护外板的作用，使外板不易损坏。由于集装箱内壁面平整，有时也不需要有内衬板。

（2）折叠式和固定式集装箱：折叠式集装箱是侧壁、端壁和箱门等主要部件能很方便地折叠起来，反复使用时可再次撑开的一种集装箱。反之，各部件永久固定地组合在一起的称固定式集装箱。折叠式集装箱主要用在货源不平衡的航线上，为了减少回空时的舱容损失而设计的。目前，使用最多的还是固定式集装箱。

（3）预制骨架式集装箱和薄壳式集装箱：集装箱的骨架是由许多预制件组合起来的，并由它承受主要载荷，外板和骨架用铆接或焊接的方式连为一体，称为预制骨架式集装箱。通常铝质和钢质的预制骨架式集装箱，外板采用铆接或焊接的方式与骨架连接在一起，而玻璃钢的预制骨架式集装箱，其外板用螺栓与骨架连接。薄壳式集装箱是把所有构件结合成一个刚体，形成一个整体结构。其优点是重量轻，受扭力作用时不会引起永久变形。集装箱的结构一般或多或少都采用薄壳理论进行设计。

4. 按外部尺寸分类

目前常用的国际标准集装箱尺寸见表4-1。世界各国均颁布了各自的集装箱国家标准，有些行业还制定了行业内部的集装箱标准，另外，一些大型集装箱公司也颁布了企业内部集装箱标准，如美国的海陆公司和麦逊公司。

表4-1 国际集装箱标准规格

| 型号 | 外部尺寸/mm | | | 总重量/kg | 最小内部尺寸/mm | | | 最小内部容积/$m^3$ |
|---|---|---|---|---|---|---|---|---|
| | 高 | 宽 | 长 | | 高 | 宽 | 长 | |
| 1A | 2 438 | 2 438 | 12 192 | 30 480 | 2 195 | 2 300 | 11 997 | 60.5 |
| 1AA | 2 591 | 2 438 | 12 192 | 30 480 | 2 350 | 2 300 | 11 998 | 65.7 |
| 1B | 2 438 | 2 438 | 9 125 | 25 400 | 2 195 | 2 300 | 8 930 | 45.0 |
| 1BB | 2 591 | 2 438 | 9 125 | 25 400 | 2 350 | 2 300 | 8 930 | 48.3 |
| 1C | 2 438 | 2 438 | 6 058 | 20 320 | 2 195 | 2 300 | 5 867 | 29.6 |
| 1CC | 2 591 | 2 438 | 6 058 | 20 320 | 2 350 | 2 300 | 5 867 | 31.7 |
| 1D | 2 438 | 2 438 | 2 991 | 10 160 | 2 195 | 2 300 | 2 802 | 14.1 |

## 4.2.4 集装箱的标准化

集装箱标准化工作经历了一个发展过程，集装箱标准化对集装箱的发展有非常重要的作用。

集装箱的标准不仅与集装箱本身有关，也与各运输设备、装卸机具，甚至与车站、码头、仓库等设施都有关。为了有效地开展国际集装箱多式联运，集装箱的国际标准化是十分必要的。集装箱的标准按使用范围分为国际标准、国家标准、地区标准和企业标准4种。

1. 国际集装箱标准

国际标准化组织 ISO/TC 104 技术委员会自 1961 年成立以来，对集装箱国际标准做过多次补充、增减和修改，现行的国际标准为第 1 系列，共 13 种，其宽度为 2 438mm，长度有 12 192mm、9 125mm、6 058mm 和 2 991mm 4 种，高度共有 2 896mm、2 591mm、2 438mm 和小于 2 438mm 4 种。

2. 国家集装箱标准

国家集装箱标准是指各国政府依照国际标准并考虑本国具体情况制定的本国集装箱标准。我国现行的国家标准《系列 1 集装箱分类、尺寸和额定质量》（GB/T 1413—2008）中，5t、10t 集装箱主要用于国内运输，20t、30t 主要用于国际运输。我国用于铁路、公路和水路运输集装箱的型号和主要技术参数见表 4-2。

表 4-2 中国集装箱标准规格

| 型号 | 外部尺寸/mm | | | 总重量/kg | 最小内部尺寸/mm | | | 最小内部容积/m³ |
|---|---|---|---|---|---|---|---|---|
| | 高 | 宽 | 长 | | 高 | 宽 | 长 | |
| 1AA | 2 591 | 2 438 | 12 192 | 30 480 | 2 350 | 2 330 | 11 998 | 65.7 |
| 1CC | 2 591 | 2 438 | 6 058 | 20 320 | 2 350 | 2 330 | 5 867 | 32.1 |
| 10D | 2 438 | 2 438 | 4 012 | 10 000 | 2 197 | 2 330 | 3 823 | 19.6 |
| 5D | 2 438 | 2 438 | 1 968 | 2 197 | 2 197 | 2 330 | 1 780 | 9.1 |

3. 地区集装箱标准

地区集装箱标准是由各地区标准化组织根据该地区的特殊情况制定的。根据此类标准建造的集装箱仅适用于本地区。

4. 企业集装箱标准

有些大型集装箱船公司根据本公司的具体情况和条件而制定了集装箱标准，这类集装箱主要在该公司运输范围内使用，如美国海陆公司的 35 英尺集装箱。此外，目前世界上还有不少非标准集装箱。例如，非标准长度集装箱有总统轮船公司的 45 英尺及 48 英尺集装箱，非标准高度集装箱主要有 9 英尺和 9.5 英尺两种高度的集装箱，非标准宽度集装箱有 8.2 英尺宽度集装箱等。

### 4.2.5 集装箱的使用管理

1. 集装箱的标记

为了便于对集装箱进行识别、监督和管理，国际标准化组织规定的集装箱标记有必备标记、自选标记和通行标记 3 类，其中必备标记和自选标记中又分为识别标记和作业标记，每类标记都必须按规定标记在集装箱的相应位置上，如图 4.15 所示。

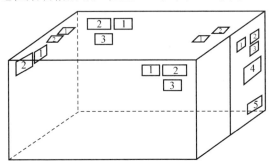

图 4.15 集装箱标记代号的位置

1—箱主代号  2—箱号或顺序号、核对数字  3—集装箱尺寸及类型代号
4—集装箱总量、自重和容积  5—集装箱制造厂名及出厂日期

1）必备标记

（1）识别标记：识别标记包括箱主代号、设备识别代号、顺序号和核对数字。

① 箱主代号表示集装箱所有人的代号，它由3位大写拉丁字母表示。为防止箱主代号出现重复，所有箱主在使用代号之前应向国际集装箱局（BIC）登记注册。我国北京设有注册机构，国际集装箱局每半年公布一次在册的箱主代号一览表。

② 设备识别代号分别为U、J和Z 3个字母。U表示集装箱，J表示集装箱所配置的挂装设备，Z表示集装箱专用车和底盘车。箱主代号和设备识别代号一般为4个字母连续排列，如ABCU表示箱主代号为ABC，设备识别代号为U。

③ 顺序号又称箱号，用6位阿拉伯数字表示。若有效数字不足6位，则在前面加0补足6位。

④ 核对数字由1位阿拉伯数字表示，位于6位箱号之后。设置核对数字的目的是为了防止箱号在记录时发生差错。

（2）作业标记：作业标记包括额定重量和自重标记、水陆空联运标记、登箱顶触电警告标记和超高标记。

集装箱的额定重量是空箱质量和箱内装载货物的最大容许重量之和，以R表示。集装箱的自重（tare weight）又称空箱重量，以T表示，它包括各种集装箱在正常工作状态下应备有的附件和各种设备，如机械式冷藏集装箱的机械制冷装置及其所需的燃油、台架式集装箱上两侧的立柱等。在箱体上还要求标出最大净载重量（net weight）。3种重量标出时，要求用千克（kg）和磅（比）两种单位同时表示。

水陆空联运集装箱指可在飞机、船舶、卡车、火车之间联运的集装箱，其容积为 $1m^3$ 以上，装有顶角件和底角件，具有与飞机机舱内栓固系统相配合的栓固装置，箱底可全部冲洗并能用滚装装卸系统进行装运。为适用于空运，这种集装箱自重较轻，结构较弱，强度仅能堆码两层，为此国际标准化组织规定了特殊的标记，其含义是：在陆地上堆码时只允许在箱上堆码2层；在海上运输时，不准在甲板上堆码，在舱内堆码时只能堆装1层。标记的最小尺寸：高127mm、长355mm，字母标记的字体高度至少为76mm。

凡装有登箱顶梯子的集装箱应设登箱顶触电警告标记。另外，凡高度超过2.6m（8.5英尺）的集装箱必须标出超高标记。

2）自选标记

自选标记中也包括识别标记和作业标记。

（1）识别标记主要由尺寸代号和类型代号组成。

① 尺寸代号用两个字符表示，第一个字符表示箱长，第二个字符表示箱宽与箱高。如第一个字符为"1"表示10英尺长的集装箱代号，"2"表示20英尺长的集装箱代号，"3"表示30英尺长的集装箱代号，"4"表示40英尺长的集装箱代号，其他字符表示的含义请参阅相关标准。第二个字符如果为"4"表示箱高为9英尺，"5"表示箱高为9英尺6英寸等。

② 类型代号反映集装箱的用途和特征。类型代号用两个字符表示，其中第一个字符为拉丁字母，表示集装箱的类型，如G（general）表示通用集装箱，V（ventilated）表示通风集装箱等；第二个字符为阿拉伯数字，表示某类型集装箱的特征，如通用集装箱一端或两端有箱门，类型代号为G0，货物的上方有透气罩，类型代号为C1，具体请参阅相关标准。

（2）作业标记主要为国际铁路联盟标记。各国的铁路都有自己的规章制度，手续极为复杂。为简化手续，制定了《国际铁路联盟条例》。该条例对集装箱技术条件做了许多规定，凡满足其中规定的集装箱可获取国际铁路联盟标记。

3）通行标记

集装箱上还必须拥有一些允许其在各国间通行的牌照，称为通行标记。集装箱的通行标记主要有安全合格牌照、集装箱批准牌照、检验合格徽等。

（1）安全合格牌照表示集装箱已按照《国际集装箱安全公约》（简称 CSC 公约）的规定，经有关部门检验合格，符合有关的安全要求，允许在运输运营中使用。安全合格牌照是一块长方形金属牌，尺寸要求不得小于"200 mm×100 mm"，牌上应标有"CSC 安全合格"字样，同时还标有其他内容的文字。安全合格牌照上的主要内容如图 4.16 所示。

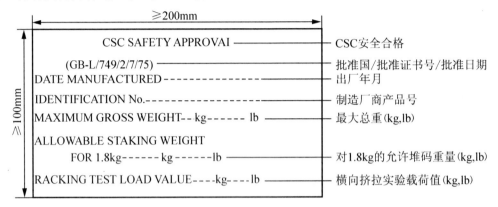

图 4.16　安全合格牌照

（2）联合国欧洲经济委员会制定了一个《集装箱海关公约》，凡符合《集装箱海关公约》规定的集装箱，可以装上集装箱批准牌照，如图 4.17 所示，具有该牌照的集装箱可在各国间加封运输。

（3）集装箱上的安全合格牌照主要是确保集装箱不对人的生命安全造成威胁。此外，还必须不对集装运输工具（如船舶、卡车、拖车等）的安全造成威胁。所以，国际标准化组织要求各检验机关必须对集装箱进行各种相应试验，并在试验合格后，在集装箱箱门上贴上代表检验机关的合格徽。如图 4.18 所示为中国船级社的检验合格徽。

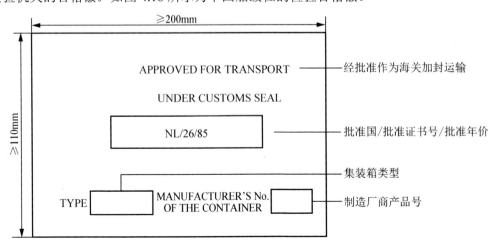

图 4.17　批准牌照（国际海关公约牌照）

图 4.18 中国船级社检验合格徽

另外,凡去澳大利亚和新西兰的集装箱,必须有"防虫处理板"通行标记,附有熏蒸设施;能在箱内使用规定的药品进行熏蒸的集装箱可在箱门上贴上"农林徽"。

上述通行标记在集装箱进行国际运输时是必须具备的。不带这些通行标记的集装箱在码头上必须经过相关检验并符合有关规定后才会放行。

2. 集装箱的箱务管理

集装箱箱务管理涉及集装箱的配置、租赁、调运、保管、交接、发放、检验、修理等多项工作。由于集装箱是一种较昂贵的设备,合理配置集装箱,做好箱务管理工作,对于提高集装箱的利用效率、降低有关费用具有十分重要的意义。

集装箱运输通常为班轮运输。班轮公司考虑自身的投资能力、管理能力和经济效益,对所需集装箱的数量通常采用如下 3 种策略进行配置:一是全部由班轮公司自备;二是部分集装箱数量由班轮公司自备,部分箱量向租箱公司租入;三是需配置的箱量全部向租箱公司租入。

集装箱租赁业务发展十分迅速。集装箱租赁的方式大致可分为期租、程租和灵活租赁 3 种。①期租是指定期租赁的方式,按租期的长短可分为长期租赁和短期租赁两类。长期租赁一般指租期 3~10 年的租赁,短期租赁指租期在 3 年以下的租赁。②程租是指根据一定的班轮航次进行租箱的租赁方式。程租又可分为单程租赁和来回程租赁两种。单程租赁的特点是从发货地租箱,而从目的地还箱,一般适用于往返货源不平衡的航线;来回程租赁则是指提、还箱在同一个地区的租赁方式,原则上在租箱点还箱,一般适合于往返货源较平衡的航线,租期可以是一个往返航次,也可以是连续几个往返航次,由于不存在空箱回运的问题,因而租金通常低于单程租赁。③灵活租赁是一种在租箱合同有效期内,承租人可在租箱公司指定地点灵活地进行提、还箱的租赁方式。它兼有"期租"和"程租"的特点。一般租期为 1 年。

为了随时能够掌握和控制集装箱在周转使用过程中的各种状态,必须采用先进的管理信息系统,对集装箱实行动态跟踪管理。计算机跟踪管理的方式是目前集装箱班轮公司和租箱公司普遍采用的高效管理方式。这种方式的基本做法是:先将集装箱必要的特征信息,如箱号、箱型、尺寸、购(租)箱地点、日期等预先存储在计算机内,再将集装箱的日常动态信息通过适当的形式及时采集到计算机系统中,从而实现对集装箱的可视化管理。

## 4.3 托盘

### 4.3.1 托盘的概念、特点及分类

1. 托盘的概念

根据国家物流术语标准，托盘是指用于集装、堆放、搬运和运输、放置单元负荷物品的水平平台装置。托盘是在物流系统中为适应装卸机械化、自动化而发展起来的一种集装器具。

托盘的发展可以说是随着叉车的发展而发展的，叉车与托盘的配套使用，使装卸机械化水平大幅度提高，使长期以来在运输过程中的装卸瓶颈得以解决或改善。所以，托盘与装卸搬运机械的有机结合有效地促进了物流效率的显著提高。

托盘最初是在装卸领域出现并发展的，在应用过程中又进一步拓展到储存、运输环节，成为储存和运输单元化的重要器具。托盘的出现也促进了集装箱和其他集装方式的形成和发展，现在托盘以其简单、方便的特点在集装领域中备受青睐。托盘已成为和集装箱一样重要的集装器具，托盘和集装箱共同形成了集装系统的两大支柱。

2. 托盘的特点

托盘与集装箱都有其各自的特点。与集装箱相比，托盘的优点如下。

（1）自重量小，因而用于装卸、运输的托盘本身所消耗的劳动较少，无效运输及装卸比集装箱运输要少得多。

（2）返空容易，返空时占用运力很少。由于托盘造价不高，又很容易互相代用，所以无需像集装箱那样有固定归属者，也无需像集装箱那样返空。即使返运，也比集装箱容易。

（3）装盘容易，装卸货物不需像集装箱那样深入到箱体内部，装盘后可采用捆扎、紧包等技术处理，使用更简便。

（4）装载量虽较集装箱小，但也能集中一定的数量，比一般包装的组合量大得多。

托盘的主要缺点是：保护性比集装箱差，露天存放困难，需要有仓库等配套设施。

3. 托盘的分类

托盘作为物流作业中的一种工具，不但要为不同种类的货物提供存储的平台，还要和叉车等装卸搬运工具配合使用，因此，按照不同的分类标准可以将托盘分为以下几种形式。

（1）按照托盘的基本结构，可以将托盘分为平托盘、滑板托盘、带有上部结构的托盘等种类。

（2）按照托盘的使用情况，可以将托盘分为一次性使用托盘、反复使用托盘、管内托盘、可交换托盘以及共用托盘等种类。

（3）按照托盘的构成材料，可以将托盘分为木托盘、塑料托盘、金属托盘、锯木托盘、纸托盘以及塑木托盘等，如图 4.19 所示。

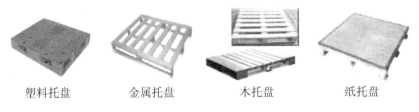

图 4.19 托盘的种类

锯木托盘　　　　　　　塑木托盘

图 4.19　托盘的种类（续）

① 塑料托盘：塑料托盘有注塑托盘和中空吹塑托盘，其中应用较广的是注塑托盘。平时所说的塑料托盘均指注塑托盘，将塑料粒子加热后在高压力下注入金属模具内成型。塑料托盘生产工序少、生产效率高、产品质量稳定，托盘的性能主要取决于塑料原料和托盘结构。

塑料托盘优点：形状稳定、质轻、平稳、美观、整体性好，使用安全，无钉无刺、无味无毒、耐用，使用寿命是木托盘的 5～7 倍；不吸水，耐酸耐碱，不腐烂、不助燃、无静电火花、耐腐蚀、易冲洗消毒；结构种类多样，应用范围广；可回收利用。

塑料托盘缺点：抗弯强度低，容易变形而难以恢复，与木托盘相比其承载能力要小很多。国产重型塑料托盘上货架时的架空承载能力不超过 800 kg。欧美和日本塑料托盘上货架时的架空承载能力最大为 1 000 kg。另外，原料成本受原油价格的影响大、成本高、价格波动大，适用于立体仓库及手动、机械叉车使用。

② 金属托盘：金属托盘包括重载钢制托盘、镀锌钢板托盘和金属箱式托盘，由钢板焊接成型。由于钢材本身刚性好，同时加工简易，可以选取不同牌号、不同厚度、不同外形尺寸的钢板，根据实际使用的要求来定制托盘。

金属托盘优点：刚性好，抗弯强度大，承载能力大；易于清洗，可修复性好，环保，回收价值高、重新利用率为 100%。

金属托盘缺点：自重大，表面摩擦力小、货物容易滑落，对地板等物流作业场所设施破坏性大，易生锈；应用范围小，制造成本高。

③ 木托盘：以原木为材料，进行干燥定型处理，减少水分，消除内应力，然后进行切割、刨光、断头、抽边、砂光等精整加工处理而形成型材板块，采用具有防脱功能的射钉（个别情况采用螺母结构）将型材板块装订成半成品托盘，最后进行精整、防滑处理和封蜡处理。

木托盘优点：抗弯强度大，刚性好，承载能力大，取材方便、易于制造、成本低，易于维修，耐低温和高温性能好，适用范围广。

木托盘缺点：抗冲击性差，在频繁的周转使用中容易损坏，使用寿命短，容易受潮，不易清洁。

④ 锯木托盘：锯木托盘是由锯木在模具中高温高压成型。

锯木托盘的优点：节省空间，成本低；自重轻，承重能力小。圆形边角和圈锥底脚适用于热缩单元包装；适用于运输用托盘，适合海外出口包装使用。

⑤ 纸托盘：以纸浆、纸板为原料加工制造的托盘。

纸托盘优点：单品价格低，不需要熏蒸检疫，自重轻，可 100%回收重做，符合环保要求。

纸托盘缺点：本身承重能力差，防潮性能差，多用于出口空运等一次性不回收的物流作业。

⑥ 塑木托盘：用一定比例的锯木和塑料进行混合，压制成型塑木板材，切割加工并用螺栓固定成托盘。

塑木托盘优点：结合了部分木托盘和塑料托盘的特点，具有良好的防潮、防腐、防酸碱的性能。它既能承受静载、动载，又能承受冲击；既没有钢制托盘自重大、成本高等缺点，同时又克服了塑料托盘易变形、易老化、高温蠕变、冷脆等缺陷。组装方式与木托盘相似，适合于非标定制托盘。

### 4.3.2 托盘的标准化

托盘虽然只是一个小小的器具，但由于具有重要的衔接功能，对其他设备具有举足轻重的连带性，在提高装卸搬运、保管、运输和包装等各个物流环节的效率时处于中心位置，所以，托盘的规格尺寸是选择包装尺寸、车厢尺寸、集装单元尺寸的关键。

为了达到国际联运的目的，托盘的尺寸规格应有国际标准。但是由于世界各国使用托盘的历史不同，各国的托盘尺寸均有所不同。根据 ISO 6780《联运通用平托盘主要尺寸及公差》的规定，现有托盘分 4 个系列。

**1. 1 200 系列**（1 200mm × 800mm 和 1 200mm × 1 000mm）

1 200mm×800mm 托盘也称欧洲托盘。这种托盘应用范围最广，欧洲各国、加拿大、墨西哥等国家采用此种标准托盘居多。1 200mm×1 000mm 托盘多用于化学工业。

**2. 1 100 系列**（1 100mm × 1 100mm）

这个尺寸系列是由发展较晚的国际集装箱最小宽度尺寸 2 330 mm 确定形成的。日本、韩国、新加坡、中国台湾等国家和地区所制定的标准托盘即为这个系列。由于 1100 系列的托盘与 ISO 国际标准集装箱相配合，普及率很高。

**3. 1 140 系列**（1 140mm × 1 140mm）

此系列是对 1100 系列的改进，目的是为了充分利用集装箱的内部空间。

**4. 1 219 系列**（1 219mm × 1 016mm）

这是美国托盘的国家标准尺寸。

1996 年我国颁布国家标准 GB/T 2934—1996《联运通用平托盘主要尺寸及公差》，将联运托盘的平面尺寸定为：800mm×1 000mm；800mm×1 200mm；1 000mm×1 200mm 这 3 种，具体尺寸、公差及叉孔高度等见表 4-3。技术内容部分采用国际标准。标准规定如下：①托盘平面尺寸为：1 200mm×1 000mm 和 1 100mm×1 100mm 两种，优先推荐 1 200mm×1 000mm；②制造时，两对角线长度之差应不超过理论对角线长度的 1%；③托盘铺板偏离预定水平面的垂直偏差不应超过 7mm。

表 4-3 联运平托盘外部尺寸系列

| 代号 | 公称尺寸 /mm×mm | 长度公差 /mm | 宽度公差 /mm | 叉孔高度尺寸 /mm | 公差/mm | 载重量/mm |
|---|---|---|---|---|---|---|
| TP1 | 800×1 000 | ±3 | ±3 | 使用托盘搬运车 100；使用叉车或其他机具 70 | ±6 | 1 000 |
| TP2 | 800×1 200 | | | | | |
| TP3 | 1 000×1 200 | | | | | |

### 4.3.3 托盘的集装方法及使用

选择合适托盘的集装方法，能明显提高物流全过程的效率。

1. 码盘尺寸的选择

货物码盘包装的长、宽、高尺寸，必须与各种车辆的内部尺寸和叉车的装卸性能相适应，既要充分利用车辆的内容积，又要便于装卸和运输。

码盘的长度和宽度，除以托盘长度和宽度作为基数外，还必须考虑码盘前后和左右的超出部分。码盘的高度既要适合车辆内部的高度和叉车的最大起升高度，又要考虑作业间隙、货物重量和产品原包装的规格。

2. 集装方式的选择

在托盘上放装同一形状的立体包装货物时，可采取各种交错咬合的办法码垛，以提高货垛的稳定性。从货物在托盘上堆码时的行列配置来看，托盘集装方式有重叠式码垛、纵横交错式码垛、正反交错式码垛和旋转交错式码垛 4 种，如图 4.20 所示。

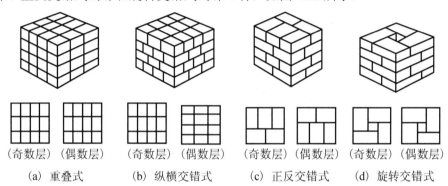

图 4.20　托盘集装方式

（1）重叠式码垛：即各层码放方式相同，上下对应。此方式的优点是操作速度快，各层重叠之后，包装物 4 个角和边重叠垂直，能承受较大的荷重。其缺点是各层间缺少咬合作用，货垛稳定性差，容易产生塌垛。一般情况下，重叠式码放需再配以各种紧固方式。

（2）纵横交错式码垛：相邻两层货物摆放旋转 90°，层间有一定咬合效果，但咬合强度不高，如果配以托盘转向器，装完一层之后，利用转向器将托盘旋转 90°，装盘操作劳动强度和重叠式相同。在正方形托盘一边长度为货物的长、宽尺寸的公倍数的情况下，可以采用这种模型。重叠式和纵横交错式都适合用自动装盘机进行装盘操作。

（3）正反交错式码垛：在同一层中，不同列的货物以 90°垂直码放，而奇数层和偶数层之间成 180°进行堆码的方式。这种方式类似于房屋砖的砌筑方式，不同层间咬合强度较高，相邻层间不重缝，货垛稳定性高，但操作较麻烦，且包装体间不是垂直相互承受载荷，下部货体易被压坏。

（4）旋转交错式码垛：一种风车型的堆码形式，在各层中改变货物的方向进行堆码，每层相邻两个货体成 90°，上下两层间的码放又相差 180°。这种码放方式的优点是层间相互咬合强度大，托盘货体稳定性高，不易塌垛。其缺点是码放难度大，中央部分的无效空间也过大，致使托盘的利用率降低，降低托盘装载能力。

3. 紧固方法的选择

托盘货体的紧固是保证货体稳定性，防止塌垛、散垛，避免货差货损的重要手段。托盘货体常用的紧固方法有捆扎紧固、黏合紧固、加框架紧固、网罩紧固、专用金属卡固定、中间夹摩擦材料紧固、收紧薄膜紧固、拉伸薄膜紧固和平托盘周边垫高紧固9种方法。

（1）捆扎紧固：用绳索、打包带等对托盘货体进行捆扎以保证货体稳定的方法，如图4.21所示，在防止箱形货物（瓦楞纸箱、木箱）散垛时用得较多。这种方式按如何扎带分为水平、垂直和对角等捆扎方式。捆扎打结的方法有结扎、黏合、热融和打卡箍等。但这种方式存在着扎带部分移动、未扎带部分容易发生货物脱出的缺点，且由于保管时多层货物的堆压以及输送中振动冲击而使带子变松，从而降低防止散垛效果。

图 4.21　捆扎紧固

（2）黏合紧固：黏合有两种方法，一是在下一层货箱上涂上胶水使上下货箱黏合；二是每层之间贴上双面胶，将两层通过胶条黏合在一起，防止物流中托盘货物从层间滑落。这种方式对水平方向滑动的抵抗能力强，但在分离托盘的货载时，从垂直方向容易不分开。这种方式的主要缺点是胶的黏度随温度发生变化，在使用时应选择适合温度条件的黏合剂（例如水剂胶在低温下使用时，胶冻结成冰，难于使用）。另外，在使用时必须根据货物的特性（重量、包装形态等）来决定用量和涂布方法。与这种方式相似的，也可在货物表面涂以耐热树脂，货物间不相互胶结而靠增加摩擦力防止散垛，如图4.22所示。

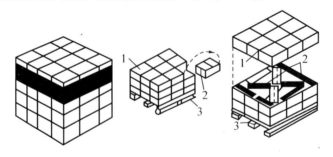

图 4.22　黏合紧固

1—货箱　2—黏合剂或双面胶　3—托盘

（3）加框架紧固：将墙板式的框架加在托盘货物相对的两面或四面以至顶部，用以增加托盘货体刚性的方法。框架的材料以木板、胶合板、瓦楞纸板和金属板等为主。加固方法有固定式和结合式两种。采用结合式需要打包带紧固，使托盘和货物结合成一体，增大货体刚性和稳定性，如图4.23所示。

（4）网罩紧固：这种方式主要用于装有同类货物托盘的紧固（图4.24），多用于航空运输，将航空专业托盘与网罩结合起来，就可达到紧固的目的。将网罩套在托盘货物上，再将网罩下端的金属配件挂在托盘周围的固定的金属卡上（或将绳网下部缚牢在托盘的边缘上），以防形状不整齐的货物发生倒塌。为了防水，可在网罩之下用防水层加以覆盖，网罩一般采用棉绳、布绳和其他纤维等材料制成。

（5）专用金属卡固定：对某些托盘货物，最上部如能伸入金属夹卡，则可用专用金属卡将相邻的包装物卡住，以使每层货物通过金属卡具有一个整体，防止个别分离滑落，如图4.25所示。

图4.23　加框架紧固

图4.24　网罩紧固

图4.25　专用金属卡固定

（6）中间夹摩擦材料紧固：将具有防滑性的纸板、纸片或软塑料片夹在各层货体间以增加摩擦力，防止水平移动（滑动）或冲击时托盘货物各层间的移位。防滑片除纸板外，还有软质聚氨酯泡沫塑料等片状物。另外，在包装容器表面涂布二氧化硅溶液防滑剂也有较好的防滑效果，如图4.26所示。

（7）收紧薄膜紧固（图4.27）：将热缩塑料薄膜制成一定尺寸的套子，套于托盘货垛上，然后进行热缩处理，塑料薄膜收紧后，便将托盘与货物紧箍成一体。这种紧固形式属于五面封，托盘下部与大气相通。它不但起到紧固和防止塌垛的作用，而且由于塑料薄膜的不透水作用，还可起到防雨水的作用。这有利于克服托盘货体不能露天存放、需要仓库的缺点，可大大扩展托盘的应用领域。但是，由于通气性不好，又由于在高温（1 200～1 500℃）下加热处理，所以，有的商品及容器材料不能适应而不采用这一方法。

（8）拉伸薄膜紧固（图4.28）：用拉伸薄膜将货物和托盘一起缠绕裹包形成集装件。顶部不加塑料薄膜时形成四面封，顶加塑料薄膜时形成五面封，拉伸包装不能形成六面封，不能防潮。但它不进行像热缩包装那样的热处理，对需要防止高温的货物是有效的。由于塑料薄膜的透气性较差，所以对需要透气的水果等货物也有用网络树脂薄膜代用的方法。另外，拉伸薄膜比收缩薄膜捆缚力差，只能用于轻量物品的集装。

图4.26　中间夹摩擦材料紧固

图4.27　收紧薄膜紧固

图4.28　拉伸薄膜紧固

（9）平托盘周边垫高紧固（图4.29）：将平托盘四边稍垫高，托盘上所放货物向中心靠，在物流中发生摇摆、振动时，可防止层间滑动错位，防止货垛外倾，因而能起到稳定作用。

图 4.29　平托盘周边垫高紧固

【资料】

### 新型集装箱吊具

目前世界上主要的吊具制造商推出了所谓智能吊具，即在吊具上安装专门的 PLC 装置来控制吊具运动及对整个吊具进行在线动态监控。在吊具上配置有一套伸缩自动定位系统，专门用于吊具伸缩梁的准确定位，即在吊具受到外力冲击导致伸缩梁位置偏移时，能自动地调节吊具的长度，使伸缩梁回到原来的位置，大大提高了作业效率。无缆遥控吊具省去了在集装箱机械上吊具与母机之间的动力和通信传输用的垂直电缆，这种新开发的无电缆吊具，将集装箱机械在起升和小车运动时吊具上架上的两组滑轮的旋转动能转化为液压能和电能，使吊具上形成一个蓄能式动力源。该蓄能式动力源除了能为吊具上的所有动作提供动力外，还能为遥控装置、电磁阀、信号灯等提供电源。吊具和起重机之间信号通信采用遥控来实现。

## 4.4　其他集装器具

### 4.4.1　集装袋

#### 1. 集装袋的概念

集装袋又称柔性集装袋、吨装袋和太空袋等，英文翻译有多种。FIBC 集装袋是集装单元器具的一种，配以起重机或叉车，就可以实现集装单元化运输，适用于装运大宗散状粉粒状物料。集装袋是一种柔性运输包装容器，广泛用于食品、粮谷、医药、化工和矿产品等粉状、颗粒、块状物品的运输包装，发达国家普遍使用集装袋作为运输、仓储的包装产品。

#### 2. 集装袋的特点

集装袋是采用聚烯烃树脂经拉丝织造工艺，再经涂膜后裁切成大小不等的筒状或片状基材，然后按设计要求将基材缝制成圆形或方形的袋状产品。集装袋是一种柔性运输包装容器，具有塑料的轻便、柔软、耐酸碱腐蚀及防潮、不渗漏的优异性能。在结构上具有足够的强度，并具有牢固安全，集装、集卸操作方便，适应机械化作业的特点。

集装袋主要有下列特点。

（1）容量大，装卸快，比常规纸袋包装提高工效十几倍及以上，能极大提高装卸效率。

（2）运输方便，集装袋上有专用吊环，便于起重设备吊运、装料和卸料。

（3）占用空间少。空袋可折叠，体积小，满袋容量大，比小袋包装节省空间。

（4）使用寿命长，可反复使用。集装袋是由强度很高的材料制成，经久耐用，只要不破裂，能回收再使用。

（5）能有效地保护产品。集装袋材料有防雨、不透水性能，填满后置于室外也能防潮。

（6）包装范围广。只要是粉粒状产品，集装袋几乎都能装运。

3．集装袋的结构

集装袋一般由进料口、出料口、顶缝、吊带、袋体、边缝、加强部、腰箍和底缝等组成，如图 4.30 所示。集装袋载重量一般在 1~3t，较大的载重量对集装袋的要求也就相应更高，其安全系数，即产品最大承受能力与额定设计荷载之间的比值一般要达到 5~6 倍。因为达到 5 倍以上安全系数的集装袋，四个吊环中的两个或两个吊环中的一个必然有额定荷载 2.5 倍以上的拉力性能，即使两根吊带断开，集装袋整体也不会有问题。

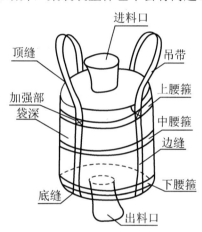

图 4.30　集装袋的结构

吊带在与袋体连接时，有顶吊、底吊和侧吊等形式，要通过缝线连接，所以缝线也相当重要。集装袋需要采用加强缝纫法，普通缝纫只对折缝两次，加强缝纫采用对折、车缝两次再加绞边，使集装袋更加牢固。如果装运粉末物品，还需要在缝合处加防漏设计。边缝的抗拉强度，必须达到基布强度的 67%以上；底缝的抗拉强度，必须达到基布强度的 42%以上；缝制要求平直，无脱针断线，无浮线、吊针，起针和落针处回针不少于 3 针，吊带长度要等量，搭缝处要均匀平直。

为加强集装袋的高强度，基布要求平直挺括，无明显瑕疵，裁剪必须无散丝。集装袋腰箍强度要达到基布强度的 2 倍以上，腰箍必须缝在吊带外部，增强吊带受力强度，有边缝的袋体必须缝制在任一吊带下增强边缝强度。

4．集装袋的分类

集装袋大致可分类如下。

（1）按袋子形状分：主要有圆筒形集装袋（图 4.31）和方形集装袋（图 4.32）。

（2）按制袋材料分：主要有涂胶布、树脂加工布、交织布和复合材料等集装袋。

（3）按卸料口分：可分有卸料口（图 4.33）和无卸料口（图 4.34）集装袋两种。

（4）按使用次数分：可分一次性使用和多次性使用集装袋两种。

（5）按装卸方式分：主要有顶部吊装、底部吊装、侧面吊装、铲车式和托盘式等。

（6）按制袋方法分：可分为用黏合剂黏合的和缝制的集装袋。

图4.31 圆筒形集装袋

图4.32 方形集装袋

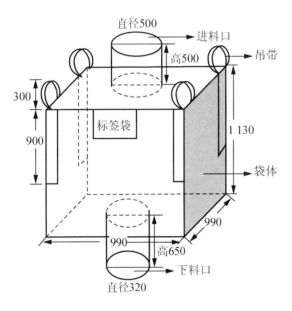

图4.33 有卸料口集装袋

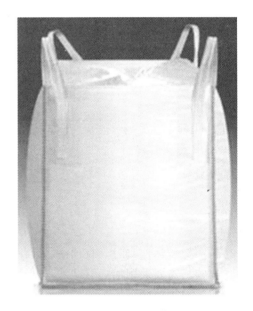

图4.34 无卸料口集装袋

5．集装袋的使用

集装袋在装卸运输作业中的注意事项。

（1）在吊装作业中不要站立在集装袋的下面。

（2）请将吊勾挂在吊带或吊绳的中央部位，不要斜吊、单面吊或斜拉吊集装袋。

（3）作业中不要与其他物品摩擦，不要勾挂或碰撞集装袋。

（4）不要将吊带向外侧反向拉扯。

（5）集装袋使用叉车作业时，请不要使叉子接触或扎到袋体，防止扎破集装袋。

（6）在车间搬运时，尽量使用托盘，避免用吊钩吊着吨袋，一面晃动一面搬运。

（7）在装货、卸货和堆放时都要保持集装袋直立。

（8）不要将集装袋在地上或混凝土上拖行。

（9）不得已在室外保管时，集装袋应放在货架上，并一定要用不透明棚布严实地盖好。

（10）使用后，用纸或不透明棚布将集装袋包好，存入通风处。

6．集装袋设计的依据和原则

集装袋设计要严格执行 GB/T 10454—2000 国家标准。集装袋作为出口包装，要保证出口货物在装卸、运输和保管过程中有效地保护装载物品，安全完好地将货物运至目的地。因此，集装袋设计必须满足四大要点，即安全性、保管性、使用性和密封性。

（1）安全性：主要指集装袋的强度。在设计时要考虑包装容积、盛载物重量和包装单位个数，还要考虑运输距离的远近和搬运次数的多少，采用何种运输工具和运输方法。在 GB/T 10454—2000 集装袋国家标准中，严格规定了集装袋基布和吊带技术指标要求，从安全角度出发，明确了集装袋结构全部为底吊结构，其安全系数必须达到 1.6。

（2）保管性：应根据用户的使用条件，合理地选用材料，合理地配比。塑料制品在阳光暴晒下的抗老化能力是目前比较关注的问题，也是集装袋在实际使用过程中经常遇到的问题。在生产过程中注意抗紫剂的使用以及材料的选择。

（3）使用性：在设计集装袋时，要充分考虑客户使用集装袋的具体方式和方法，如提吊、运输方式和装载物料性能等。另外，还要考虑是否为食品包装，要考虑对所包装食品无毒、无害。

（4）密封性：包装物料不同，密封要求不同。如粉料或有毒物品、怕受污染的物品对密封性能要求非常严格，容易受潮或霉变的物料对气密性也有特殊的要求。所以在设计集装袋时，注意考虑基布覆膜工艺和缝制工艺对密封性的影响。

### 4.4.2 仓库（储）笼

仓库（储）笼是目前国内外生产制造业、超市零售业普遍采用的一种物流容器，它被广泛用于原料、半成品及成品的暂存、运输、分类整理与存入。仓库（储）笼也是种特殊的包装形式，具有和托盘类似的作用，但其钢材料和网状、立体的结构特点决定其既可作立体的装卸、存储、运输工具，又可作物流周转箱使用，还可作售货工具；其功用已经深入到生产、流通、消费诸领域，经历了暂存、包装、装卸搬运、储存、运输等环节，贯穿于物流的全过程。

仓库（储）笼是目前国内外生产制造厂商、超市零售企业普遍采用的一种物流产品。仓库（储）笼安装、装货、取货、叠合简便灵活，易于操作，可实现仓储的立体化，适合于用叉车、吊车、行车、升降机、台车、液压托盘车装卸、搬运和堆高，省时省力。

1．仓库（储）笼的优点

（1）仓储管理合理化：规格统一、容量固定，存放一目了然，便于库存清点，并可单独分层小量卸取存料，避免翻仓的麻烦。

（2）节约空间：使用堆高机、升降机、吊机，可堆积 4 层高，产生立体化储存效果；不用时，可折叠堆积，只占原来使用空间的 20%。

（3）作业一元化：配合堆高机、吊车、台车、升降机、油压托板车或其他运输设备的使用，自原料进厂开始，无论经过几次加工，至成品完成储存于仓库，最后送至客户手中，皆可利用仓库（储）笼。不仅减少搬运中发生的损坏，而且节省大量人工成本。

（4）使用方便：本容器为折叠式特殊设计，操作简单、安全，折叠与展开轻巧，不占空间，应用范围广、使用寿命长。

（5）坚固耐用：本容器结构坚固，是使用强力钢条电焊而成，底部以 U 型槽焊接补强，配以特殊脚架，使作业更安全、迅速。

2. 仓库（储）笼的结构特点

仓库（储）笼（图 4.35）的结构特点如下。
（1）多点焊接，保证仓库（储）笼坚固耐用。
（2）折弯型金属把手，把握自然。
（3）螺旋型铰链，使仓库（储）笼在不用时可以折叠，减少占用空间。
（4）底部采用 U 型钢补强，保证仓库（储）笼的承载能力。
（5）金属辅强结构，保证仓库（储）笼在相互堆叠时的强度。
（6）特殊脚部结构，可使仓库（储）笼自身堆高稳定。

图 4.35 仓库（储）笼

在物流作业过程中使用集装器具可以极大地提高物流作业效率，但必须注意集装器具的使用必须保证有一定的辅助条件，形成一个相互配合的作业系统才能充分地发挥集装器具的作用。托盘是集装器具的典型代表，具有多种形式和较宽广的适用范围，要提高托盘的使用效率就要对托盘的性能参数进行细致的分析，并有针对性地提出适合实际物流作业需要的解决方案。集装箱是大型物流集装设备，性能优越，方便实现多式联运，是未来物流发展的主要方向。集装箱的标准化程度比较高，作业形式相对比较固定，需要大量的辅助设备来协助完成作业。

一、填空题

1. 集装单元化的基本原则是（　　　）、（　　　）、（　　　）和（　　　）。
2. 集装箱标准按使用范围分为（　　　）、（　　　）、（　　　）和（　　　）四种。
3. 托盘一般大致可以分为（　　　）、（　　　）、（　　　）、（　　　）、（　　　）五大类。

## 二、选择题

1. 集装袋设计的依据和原则是（ ）。
   A. 安全性　　　B. 保管性　　　C. 使用性　　　D. 密封性
2. 物流模数可分为（ ）。
   A. 物流基础模数　　　　　　B. 集装基础模数
   C. 物流建筑基础模数　　　　D. 运输基础模数

## 三、简答题

1. 什么是集装单元化？
2. 集装单元化的原型是什么？
3. 物流作业中使用托盘的优势包括哪些？
4. 简述托盘的主要类型。
5. 简述托盘的集装方法。

## 四、案例分析题

### 轨道式集装箱龙门起重机装卸工艺方案

采用轨道式集装箱龙门起重机作为堆场主要机械的一种工艺方案，其工艺流程包括两种类型。一种是卸船时用集装箱装卸桥将集装箱从船上卸到码头前沿的集装箱拖挂车上，然后拖到堆场，采用轨道式集装箱龙门起重机进行堆码；装船时相反，在堆场上用轨道式集装箱龙门起重机将集装箱装到集装箱拖挂车上，然后拖到码头前沿，用装卸桥把集装箱装船。另一种则是在船与堆场之间不使用水平搬运机械，而是由集装箱装卸桥与轨道式集装箱龙门起重机直接转运。轨道式集装箱龙门起重机将悬臂伸至集装箱装卸桥的内伸距的下方，接力式地将集装箱转送至堆场或进行铁路装卸。

轨道式集装箱龙门起重机装卸工艺方案的优点在于其可靠性好，机械完好率高，维修费用低，能耗省，装卸成本低，跨度大，堆层高，便于铁路装卸，场地利用率高，易实现堆场装卸作业自动化。

由于堆场集装箱的存放位置和装卸位置以及轨道式集装箱龙门起重机的操作位置较容易确定，所以，轨道式集装箱龙门起重机是容易实现自动化控制的一个机种。通过对装卸及操作位置设置坐标系统，并由计算机系统对起重机的起升以及大车和小车行走机构的驱动装置的坐标系统进行自动控制，可实现装卸作业自动化。

轨道式集装箱龙门起重机装卸工艺方案的缺点是轨道式集装箱龙门起重机只能沿轨道运行，不便在堆场之间转移，因而其机动性较轮胎式集装箱龙门起重机差，作业范围受到限制，轨道式龙门起重机之间相互无法协调作业。另外，由于堆存量大，相应的翻箱率也会增大，该方案初次投资也较高。

轨道式集装箱龙门起重机装卸工艺方案虽然初次投资高，但由于其完好率高，维修费用低，在所有方案中其堆场利用率最高，单位面积堆箱数最多，特别适用于寒冷地带内燃机启动有困难的地区。从经营管理和实现自动化方面考虑，轨道式集装箱龙门起重机装卸方案适用于在吞吐量较大（大于 $1 \times 10^5 TEU/y$），但陆域面积较小并且是两个以上集装箱连续泊位的集装箱码头采用，如香港的葵涌码头。在堆箱作业时，应该尽量注意降低翻箱率，降低装卸成本，提高效益。

问题：（1）说明轨道式集装箱龙门起重机装卸需要考虑的主要因素。
　　　（2）总结使用轨道式集装箱龙门起重机进行装卸的特点。

## 技能训练

【实训项目】托盘堆垛实验

【实训目的】
(1) 掌握托盘堆垛的基本方法。
(2) 学会托盘应用的评价方法。

【实验器材】
(1) 两种不同规格的塑料托盘各一个，两种不同种类的纸质箱子若干，两种不同种类的塑料箱子若干。
(2) 地牛一个，横木条若干，塑料薄膜一捆。
(3) 高度不同的两层货架一组，重物若干。

【实训内容】
(1) 对比不同类型的箱子在同一托盘上采用不同堆垛方法对效果的影响。
(2) 对比不同种类的托盘对同一箱子堆垛作业的影响。
(3) 对比分析不同种类的堆垛方法对托盘稳定性的影响。
(4) 分析使用不同种类的稳定措施的效果。
(5) 利用入库作业以及增加重物的方法说明托盘使用过程中的其他影响因素。

【实验步骤】
(1) 首先选择小规格的塑料托盘和一种纸质箱子，利用不同的方式进行堆垛，观察不同种类的堆垛对托盘利用率的影响，然后更换不同种类的箱子重复进行堆垛实验，分析箱子的尺寸对堆垛效果的影响。
(2) 将堆垛完成的托盘置于地牛之上，然后拉动地牛通过布有横木条的道路，看搬运的效果，然后对堆垛的方案进行调整。
(3) 通过将塑料薄膜裹包以及置于箱子接触面的方法提高堆垛的稳定性，并重新进行稳定性测试实验。
(4) 在空箱状态下尽可能地将箱子堆高，将堆垛好的托盘放置在货架一层，考虑堆垛高度和货架的高度之间的对应关系。
(5) 在堆垛过程中将箱子放置重物，再做稳定性实验，观察实验的效果，说明箱子自身质量的影响。
(6) 在保持箱体稳定的情况下，增加重物的质量，观察对下层箱子的影响，并总结对堆垛的影响。
(7) 将不同种类的箱子在一个托盘上进行放置，对应采用的拼盘策略进行分析。

# 第 5 章

## 仓储设施与设备

CANGCHU SHESHI YU SHEBEI

【知识目标】

(1) 掌握仓库的分类、功能和作用。
(2) 掌握货架的分类、功能、特点和用途。
(3) 掌握自动化立体仓库的基本构成、分类及优缺点。
(4) 了解站台设计的原则和形式。

【能力目标】

(1) 能够根据实际应用条件选择合理的仓储设备。
(2) 能够解决仓储设备在使用中出现的简单问题。

## 【导入案例】

### 香港机场货运中心

香港机场货运中心是比较现代化的综合性货运中心。如在其1号货站,货运管理部对需要入库的货物按标准打包。打好包的货物放到货架车上,通过货架车推到一列摆开的进出口,在计算机中输入指令,货架车就自动进入轨道,运送到6层楼高的除了货架车通道就是布满货架的库房,自动进入指定的仓位。需从库房提取的货物,也是通过计算机的指令,自动从进出口输送出来。巨型的货架则用高3m宽7m的升降机操运到仓库的货架。搬动货物主要用叉车、拖车,看不到人工搬运。

思考分析:
为什么说香港机场货运中心是比较现代化的综合性货运中心?

## 5.1 仓库

### 5.1.1 仓库的概念和分类

1. 仓库的概念

仓库,一般是指以库房、货场及其他设施、装置为劳动手段的,对商品、货物、物资进行收进、整理、储存、保管和分发等工作的场所。

2. 仓库的分类

仓库的种类多种多样,形态结构各异,服务范围存在较大差异。以不同的标准对仓库进行分类,研究不同种类仓库的特征,从而为不同货物、不同企业选择合适的仓库提供依据。

根据不同的分类标准,仓库有多种分类方式。

1) 按仓库用途分类

仓库按照它在商品流通过程中所起的作用可以分为以下几种。

(1) 采购供应仓库:采购供应仓库主要用于集中储存从生产部门收购的和供国际间进出口的商品,一般这一类的仓库库场设在商品生产比较集中的大中城市或商品运输枢纽的所在地。

(2) 批发仓库:批发仓库主要是用于储存从采购供应库场调进或在当地收购的商品,这一类仓库一般贴近商品销售市场,规模同采购供应仓库相比一般要小一些,它既从事批发供货,也从事拆零供货业务。

(3) 零售仓库:零售仓库主要用于为商业零售业做短期储货,一般是提供店面销售,零售仓库的规模较小,所储存物资周转较快。

(4) 储备仓库:这类仓库一般由国家设置,以保管国家应急的储备物资和战备物资。货物在这类仓库中储存时间一般比较长,并且储存的物资会定期更新,以保证物资的质量。

(5) 中转仓库:中转仓库处于货物运输系统的中间环节,用来存放那些等待转运的货物,一般货物在此仅做临时停放,这一类仓库一般设置在公路、铁路的场站和水路运输的港口码头附近,以方便货物在此等待装运。

(6) 加工仓库:后面在讲仓库的功能时会讲到仓库的加工延迟功能,一般具有产品加工能力的仓库被称为加工仓库。

（7）保税仓库：保税仓库是指为满足国际贸易的需要，设置在一国国土之上，但在海关关境以外的仓库。外国企业的货物可以免税进出这类仓库而办理海关申报手续，而且经过批准后，可以在保税仓库内对货物进行加工、存储等作业。

2）按保管货物的特性分类

（1）原材料仓库：原材料仓库是用来储存生产所用的原材料的，这类仓库一般比较大。

（2）产品仓库：产品仓库的作用是存放已经完成的产品，但这些产品还没有进入流通区域，这种仓库一般是附属于产品生产工厂的。

（3）冷藏仓库：用于存放冷藏物品，具备制冷设备，并有良好的保温隔热性能以保持所需的温度，如图5.1所示。

图 5.1　冷藏仓库

（4）恒温仓库：恒温仓库和冷藏仓库一样用来储存对于储藏温度有要求的产品。

（5）危险品仓库：用于保管危险物品，并能对危险品起一定的防护作用，如图5.2所示。

（6）气调仓库：用于存放要求控制库内氧气和二氧化碳浓度的物品，如图5.3所示。

图 5.2　危险品仓库　　　　　　　　图 5.3　气调仓库

3）按仓库的构造分类

（1）单层仓库：单层仓库是最常见的，也是使用最广泛的一种仓库建筑类型，它的主要特点如下。

① 单层仓库设计简单，所需投资较少。

② 由于仓库只有一层，因此在仓库内搬运、装卸货物比较方便。

③ 各种附属设备（例如通风设备、供水和供电等）的安装、使用和维护都比较方便。

④ 由于只有一层，仓库全部的地面承压能力都比较强。

（2）多层仓库如图 5.4 所示。多层仓库占地面积较小，它一般建在人口稠密、土地使用价格较高的地区。由于是多层结构，因此货物一般是使用垂直输送设备来搬运。总结起来，多层仓库有以下几个特点。

① 多层仓库可适用于各种不同的使用要求，例如可以将办公室和库房分处两层，在整个仓库布局方面比较灵活。

② 分层结构将库房和其他部门进行自然隔离，有利于库房的安全和防火。

③ 多层仓库作业需要的垂直运输重物技术已经日趋成熟。

④ 多层仓库一般建在靠近市区的地方，因为它的占地面积较小，建筑成本可以控制在有效范围内，所以，多层仓库一般经常用来储存城市日常用的高附加值的小型商品。使用多层仓库存在的问题在于建筑和使用中的维护费用较大，一般商品的存放成本较高。

（3）立体仓库：立体仓库又被称为高架仓库，它也是一种单层仓库，但同一般的单层仓库的不同在于它利用高层货架来储存货物，而不是简单地将货物堆积在库房地面上。在立体仓库中，由于货架一般比较高，所以货物的存取需要采用与之配套的机械化、自动化设备，一般在存取设备自动化程度较高时也将这样的仓库称为自动化立体仓库，如图 5.5 所示。

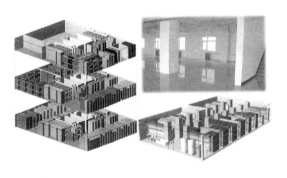

图 5.4　多层仓库　　　　　　　　　　　图 5.5　立体仓库

（4）筒仓：筒仓就是用于存放散装的小颗粒或粉末状货物的封闭式仓库，一般这种仓库被置于高架上，例如筒仓经常用来存储粮食、水泥和化肥等，如图 5.6 所示。

（5）露天堆场：露天堆场是用于在露天堆放货物的场所，一般堆放大宗原材料或者不怕受潮的货物，如图 5.7 所示。

图 5.6　筒仓　　　　　　　　　　　图 5.7　露天堆场

4）按建筑材料的不同分类

根据仓库使用的建筑材料的不同，可以将仓库分为钢筋混凝土仓库、钢质仓库和砖石仓库等。

5）按仓库所处位置分类

根据仓库所处的地理位置，可以将仓库分为码头仓库、内陆仓库等，这是根据仓库的地理位置赋予仓库的特性来进行的分类。

6）按仓库的管理体制分类

根据仓库隶属关系的不同，可以分为以下两类。

（1）自用仓库：自用仓库就是指某个企业建立的供自己使用的仓库，这种仓库一般由企业自己进行管理，如图5.8所示。

（2）公用仓库：这是一种专业从事仓储经营管理的、面向社会的、独立于其他企业的仓库，如图5.9所示。

图5.8　自用仓库

图5.9　公用仓库

一般自用仓库称为第一或第二方物流仓库，而公用仓库被称为第三方物流仓库。

### 5.1.2　仓库的功能

1. 储存和保管功能

仓库具有一定的空间，用于储存物品，并根据储存物品的特性配备相应的设备，以保持储存物品的完好性。例如，储存挥发性溶剂的仓库，必须设有通风设备，以防止空气中挥发性物质含量过高而引起爆炸；储存精密仪器的仓库，需防潮、防尘和恒温，因此，应设立空调、恒温等设备。在仓库作业时，还有一个基本要求，就是防止搬运和堆放时碰坏、压坏物品。因此要求搬运器具和操作方法的不断改进和完善，使仓库真正起到储存和保管的作用。

2. 调节供需的功能

创造物质的时间效用是物流的两大基本职能之一，物流的这一职能是由物流系统的仓库来完成的。现代化大生产的形式多种多样，从生产和消费的连续来看，每种产品都有不同的特点，有些产品的生产是均衡的，而消费是不均衡的，还有一些产品生产是不均衡的，而消费却是均衡不断地进行的。要使生产和消费协调起来，这就需要仓库来起"蓄水池"的调节作用。

3. 调节货物运输能力的功能

各种运输工具的运输能力是不一样的。船舶的运输能力很大,海运船一般是万吨级,内河船舶也有几百吨至几千吨的。火车的运输能力较小,每节车皮能装运 30~60t,一列火车的运量最多达几千吨。汽车的运输能力很小,一般每辆车装 4~10t。它们之间的运输衔接是很困难的,这种运输能力的差异也是通过仓库进行调节和衔接的。

4. 流通配送加工的功能

现代仓库的功能已处在由保管型向流通型转变的过程之中,即仓库由储存、保管货物的中心向流通、销售的中心转变。仓库不仅要有储存、保管货物的设备,而且还要增加分拣、配套、捆绑、流通加工和信息处理等设施。这样既扩大了仓库的经营范围,提高了物质的综合利用率,又方便了消费,提高了服务质量。

5. 信息传递功能

以上功能的改变,导致了仓库对信息传递的要求。在处理仓库活动有关的各项事务时,需要依靠计算机和互联网,通过电子数据交换和条形码技术来提高仓储物品信息的传输速度,及时而又准确地了解仓储信息,如仓库利用水平、进出库的频率、仓库的运输情况、顾客的需求以及仓库人员的配置等。

6. 产品生命周期的支持功能

所谓产品的生命周期,就是指从人们对产品的需求开始,到产品淘汰报废的全部生命历程。如一些过时设备已经停止生产了,但还有用户正在使用,生产厂家就必须预存一些零配件以供这些设备维护之用。可见,现代物流包括了产品从"生"到"死"的整个生产、流通和服务的过程。因此,仓储系统应对产品生命周期提供支持。

### 5.1.3 仓库的主要性能指标

通常评价仓库的主要性能指标有以下几个。

1. 库容量

库容量是指仓库内除去必要的通道和间隙后所能堆放物品的最大数量。

在规划和设计仓库时先要明确库容量。库容量可用"t"、"m"或"货物单元"表示,即以仓库使用面积($m^2$)乘以单位面积储存定额($t/m^2$)。库容量大小取决于面积大小及单位面积承载货物重量的能力以及货物的安全能力,它能反映仓库的最大能力,是流通生产力衡量的重要参数。

2. 出入库频率

出入库频率表示仓库出入库货物的频繁程度,它的大小决定了仓库内搬运设备的参数和数量,出入库频率可用"t/h"或"托盘/h"表示。理论上,入库、出库频率和数量一致时,可使库容量为最小值,频繁出入库需增加托运设备的能力,投资增加。所以应在出入库频率之间恰当选择,以寻求经济最优化方案。

库容量和出入库频率是仓库最重要的两个性能指标。

3．库容量利用系数

库容量利用系数是平均库容量与最大库容量之比。由于这是一个随机变动的量，一般取它的平均值作为考核指标。

4．库存周转次数

库存周转次数是年入（出）库总量与平均库存量之比，反映仓库动态情况，是生产型仓库和流通型仓库的重要指标。在年出入库总量一定的情况下，该系数越大，库存周转次数越多，说明资金周转越快，经济效益越高，能用较小的仓库完成较大的任务。一些经营好的仓库可以达到每年 24 次以上，即不到半个月就周转一次。但是对于储备型仓库，库存周转次数不是一个重要指标，出库速度更为重要。

评价仓库的经营效率的主要指标就是库容量利用系数和库存周转次数。

5．单位面积的库容量

单位面积的库容量是总库容量与仓库占地面积之比。在土地紧缺、征用费用高的地方，这是一个很重要的经济指标。

6．全员平均劳动生产率

全员平均劳动生产率是仓库全年出入库总量与仓库总人数之比，通常它与仓库的机械化程度相关。

7．装卸作业机械化程度

装卸作业机械化程度是指用装卸机械装卸货物的作业量与总的装卸作业量之比。

8．机械设备的利用系数

机械设备的利用系数是机械设备的全年平均小时搬运量与额定小时搬运量之比。用这个系数可以评估机械设备系统配置的合理性。

### 5.1.4 自动化立体仓库

1．自动化立体仓库概述

自动存/取系统（Automated Storage/Retrieval System，AS/RS）是指不用人工直接处理，能够自动存储和取出物料的系统。自动化仓库技术集立体仓库规划、管理、机械和电气于一体，是一门综合性的技术。

自动仓储系统是采用高层货架储存货物，用起重、装卸和运输机械设备进行货物出库和入库作业的系统，所以又称为自动化立体仓库系统或高层货架仓库。它具有空间利用率高、出入库能力强、不需人工处理、计算机控制生产和作业管理的特点。储存单元货物的货架一般为几层、十几层甚至几十层，用相应的物料搬运设备进行货物出库和入库作业，充分利用空间储存货物，所以也被形象地称为立体仓库，如图 5.10 所示。

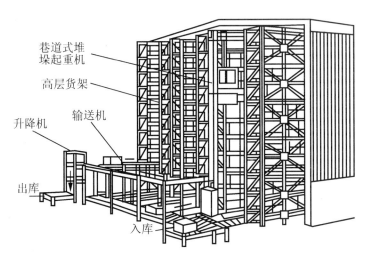

图 5.10 自动化立体仓库

2. 自动化立体仓库的优缺点

1) 自动化立体仓库的主要优点

（1）极大地增加了仓库高度，减少了占地面积，空间利用率高。目前，世界上最高的立体仓库可高达 40 多米，容量多达 30 万个货位。

（2）仓库作业全部实现机械化和自动化，一方面能大大节省人力，减少劳动力费用的支出，另一方面能大大提高作业效率。

（3）采用计算机进行仓储管理，可以方便地做到"先进先出"，并可防止货物自然老化、变质和生锈，也能避免货物的丢失。

（4）货位集中，便于控制与管理，特别是使用电子计算机，不但能够实现作业的自动控制，而且能够进行信息处理。

（5）能更好地适应黑暗、低温和有毒等特殊环境的要求。例如，胶片厂把胶片卷轴存放在自动化立体仓库里，在完全黑暗的条件下，通过计算机控制可以实现胶片卷轴的自动出入库。

（6）采用托盘或货箱存储货物，货物的破损率显著降低。

2) 自动化立体仓库的主要缺点

（1）由于自动化立体仓库的结构比较复杂，配套设备也比较多，所以需要的基建和设备的投资也比较大。

（2）货架安装精度要求高，施工比较困难，而且工期相应较长。

（3）存储弹性小，难以应付高峰的需求。

（4）对可存储的货物品种有一定限制，需要单独设立存储系统用于存放长、大、笨重的货物以及要求特殊保管条件的货物。

（5）操作、维护和保养要求高，仓库管理和技术人员需经过专门培训，系统出现故障时难以自行解决，需要供应商的技术支持，这就增强了对供应商的依赖性。

（6）对建库前的工艺设计要求高，在投产使用时要严格按照工艺作业。

3. 自动化立体仓库的构成

自动化立体仓库主要由以下设施设备组成。

1) 土建及公用工程设施

（1）库房：库存容量和货架规格是库房设计的主要依据。

（2）消防系统：对于自动化立体仓库而言，由于库房规模大，存储的货物和设备较多且密度大，而仓库的管理和操作人员较少，所以仓库内一般都采用自动消防系统。传感器时刻监测仓库内的温度、湿度与烟雾，发现危险时自动发出报警信号，自动灭火，也可人工强制灭火。

（3）照明系统：由日常照明、维修照明和应急照明3个部分组成。

（4）动力系统：主要设备有动力配电箱、动力电缆、控制电缆、稳压设备和隔离设备等。

（5）通风及采暖系统：根据储存物品的要求，仓库可采用通风和采暖设备，特别是储存有害气体的仓库要安装通风机，将有害气体排出室外。

（6）其他设施：如排水设施、避雷接地设施和环境保护设施等。

2) 机械设备

（1）货架：货架的材料一般选用钢材，钢货架的优点是构件尺寸小，制作方便，安装建设周期短，而且可以提高仓库的库容利用率。自动化立体仓库的货架一般都分隔成一个个的单元格，单元格是用于存放托盘或直接存放货物的。

（2）货箱与托盘：货箱和托盘的基本功能是装小件的货物，以便于叉车和堆垛机的叉取和存放。采用货箱和托盘存放货物可以提高货物装卸和存取的效率。

（3）堆垛机：堆垛机是自动化立体仓库中最重要的设备，它是随自动化立体仓库的出现而发展起来的专用起重机。巷道机可在高层货架间的巷道内来回运动，其升降平台可作上下运动，升降平台上的货物存取装置可将货物存入货格或从货格中取出。

（4）周边搬运设备：搬运设备一般是由电力驱动的，由自动或手动控制，把货物从一处移到另一处。这类设备包括输送机、自动导向车等，设备形式可以是单机、双轨、地面的、空中的、一维运行（即沿水平直线或垂直直线运行）、二维运行和三维运行等。其作用是配合巷道机完成货物的输送、转移和分拣等作业。在仓库内的主要搬运系统因故障停止工作时，周边设备还可以发挥其作用，使作业继续进行。

3) 电气与电子设备

（1）检测装置：检测装置用于检测各种作业设备的物理参数和相应的化学参数，通过对检测数据的判断和处理可为系统决策提供最佳依据，以保证系统安全可靠地运行。

（2）信息识别设备：在自动化立体仓库中，这种设备必不可少，它用于采集货物的品名、类别、货号、数量、等级、目的地、生产厂和货物地址等物流信息。这类设备通常采用条形码、磁条、光学字符和射频等识别技术。

（3）控制装置：自动化立体仓库内所配备的各种存取设备和输送设备必须具有控制装置，以实现自动化运转。这类控制装置包括普通开关、继电器、微处理器、单片机和可编程序控制器等。

（4）监控及调度设备：监控及调度设备主要负责协调系统中各部分的运行，它是自动化立体仓库的信息枢纽，在整个系统中举足轻重。

（5）计算机管理系统：计算机管理系统用于进行仓库的账目管理和作业管理，并可与企业的管理系统交换信息。

（6）数据通信设备：自动化立体仓库是一个构造复杂的自动化系统，它由众多的子系统组成。各系统、各设备之间需要进行大量的信息交换以完成规定的任务，因此需要大量的数据通信设备作为信息传递的媒介，这类设备包括电缆、远红外光、光纤和电磁波等。

（7）大屏幕显示器：这是为了仓库内的工作人员操作方便，便于观察设备情况而设置的。

## 5.2 货架

### 5.2.1 货架的概念、作用及分类

1. 货架的概念

货架是指用支架、隔板或托架组成的立体储存物品的设施。合理使用货架可有效改善仓储的功能，促进机械化和自动化的实现。

2. 货架的作用

（1）货架是一种立体结构，可以充分利用仓库空间，提高仓库容量利用率，扩大仓库储存能力。

（2）仓库货架上的货物一目了然，便于清点、划分和计量等管理工作，货物存取方便，可以做到先进先出和流畅的库存周转。

（3）存入货架中的货物互不挤压，物资损耗小，可完整保证物资本身的功能，减少货物在储存环节中可能的损失。

（4）承重力大，不易变形，连接可靠，拆装容易，多样化，能满足大批量货物、品种繁多的存储与集中管理需要，配合机械搬运工具，做到存储与搬运工作井然有序。

（5）为保证存储货物的质量，可以采取防潮、防尘、防盗和防破坏等措施，以提高物资存储质量。

（6）很多新型货架的结构及功能有利于实现仓库的机械化和自动化，满足现代化企业低成本、低损耗和高效率的物流供应链管理需要。

3. 货架的分类

货架的分类见表 5-1。

表 5-1 货架的分类

| 序号 | 分类标准 | 具体类型 |
| --- | --- | --- |
| 1 | 按货架的发展分类 | 传统式货架（如层架、层格式货架、抽屉式货架、橱柜式货架、U形架、栅架、悬臂架等） |
| | | 新型货架（如旋转式货架、移动式货架、装配式货架、驶入驶出式货架、调节式货架、托盘货架、高层货架、阁楼式货架、重力式货架等） |
| 2 | 按货架的适用性分类 | 通用货架和专用货架 |
| 3 | 按货架的制造材料分类 | 钢货架、木制货架、钢木合制货架等 |
| 4 | 按货架的封闭程度分类 | 敞开式货架、半封闭式货架、封闭式货架等 |
| 5 | 按结构特点分类 | 层架、层格架、橱架、抽屉架、悬臂架、三角架、栅型架等 |
| 6 | 按货架的可动性分类 | 固定式货架、移动式货架、旋转式货架、组合货架、可调式货架、流动储存货架 |

续表

| 序号 | 分类标准 | 具体类型 |
|---|---|---|
| 7 | 按货架结构分类 | 整体结构式和分体结构式 |
| 8 | 按货架的载货方式分类 | 悬臂式货架、橱柜式货架、棚板式货架 |
| 9 | 按货架的构造分类 | 组合可拆卸式货架和固定式货架 |
| 10 | 按货架高度分类 | 低层货架、中层货架和高层货架 |
| 11 | 按货架承载量分类 | 重型货架、中型货架和轻型货架 |

### 5.2.2 常用货架的特点及用途

常用的货架包括层架、重力式货架、托盘式货架、悬臂式货架、驶入式货架、移动式货架、阁楼式货架和旋转式货架。

1. 层架

层架由主柱、横梁和层板构成，架子本身分为数层，层间用于存放货物，如图 5.11 所示。层架应用广泛，种类繁多，一般可进一步划分。

1）层架的种类

（1）按层架存放货物的重量级，可将层架分为重型层架、中型层架和轻型层架 3 种。

层架的尺寸规格可在很大范围内变动。就一般而言，轻型层式货架主要是人工进行装货、取货操作，规格尺寸及承载能力都和人的搬运能力相适应，高度一般在 2.4m 以下，厚度在 0.5m 以下。中型、重型货架尺寸则要大得多，高度可达 4.5m，厚度可达 1.2m，宽度可达 3m。

（2）按照其结构特点分类，分为层格式（图 5.12）和抽屉式（图 5.13）。

图 5.11　层架　　　　　图 5.12　层格式　　　　　图 5.13　抽屉式

（3）按货架封闭程度，可将层架分为开放型、半开放型、金属网型和前挡板型等若干种。

2）层架的特点及用途

层架的尺寸规格可在很大范围内变动，具有结构简单、省料和适用性强等特点，便于货物的收发，可实现仓库的现代化管理，改善仓库的功能，增加仓储面积，保证货物不易受损。但层架存放物资数量有限，是人工作业仓库的主要储存设备。

轻型层架多用于小批量、零星收发的小件物资的储存，承载能力在 150kg 以下。中型和重型货架要配合叉车和堆高设备等工具储存大件、重型物资，以实现货物的快速存取，所以其应用领域广泛。

2. 重力式货架

1) 重力式货架的结构及种类

重力式货架又称为自重力货架或流动式货架,如图 5.14 所示。它与层架从正面看基本相似,但是,进深比一般层架要深很多,在横梁上安上滚筒式轨道,轨道呈 3°~5°倾斜。托盘货物用叉车搬运至货架进货口,货物由高的一端存入,滑至低端,从低端取出。货物滑动过程中,滑道上设置有阻尼器,控制货物滑行速度保持在安全范围内。在低端取货时,货物利用自身重力自动下滑,托盘从进货口自动滑行至另一端的取货口,直到滑道的出库端货物碰上滑道上已有的货物单元停住为止。位于滑道出库端的第一个货物单元取走后,后面的货物单元继续在重力作用下依次向出库端移动一个货位。

图 5.14 重力式货架

根据滑道的滑动原理和结构不同,重力式货架分为滚道式、气囊式和气膜式 3 种。为了防止货物在滑动的过程中与前面或端挡的货物发生冲击和碰撞,滚道式滑道是每隔一定距离会安装一个限速器,降低货物滑行速度,在出货端还装置停止器,以保证出货作业的顺利进行。而气囊式和气膜式滑道是通过脉冲式充气与放气,使货物在滑道上滑动或停止,保证货物能以平稳的速度滑到出库端。

2) 重力式货架的特点及用途

(1) 单位库房面积存储量大。重力式货架是密集型货架的一种,能够大规模密集存放货物。与移动式货架密集存放的功能相比,其规模可做得很大,从 1kg 以下的轻体小件物到集装托盘乃至小型集装箱都可以采用重力式货架。

由于密集程度很高,减少了通道数量,可有效节约仓库的面积。由普通货架改为重力货架后,仓库面积可节省近 50%。

(2) 固定了出入库位置,减少了出入库工具的运行距离。采用普通货架出入库时,搬运工具如叉车、作业车需要在通道中穿行,易出差错且工具运行线路难以规划,运行距离也长;采用重力式货架后,叉车运行距离可缩短 1/3。

(3) 由于入库作业和出库作业完全分离,两种作业可各自向专业化、高效率方向发展,而且在出入库时,工具不互相交叉,不互相干扰,事故率降低,安全性增加。

(4) 重力式货架一个流道一般只存放一种货品,适合先进先出作业,尤其适用于有一定质保期、不宜长期积压的货物,因而符合仓库管理现代化的要求。

(5) 重力式货架和一般货架比,大大缩小了作业面,有利于进行拣选活动。

(6) 缺点是重力式货架建造费用较高,施工期较长。

基于上述特点,重力式货架主要应用在需大量储存货物或有拣选作业要求的场合。

3．托盘式货架

1）托盘式货架的结构

托盘货架用于储存单元化托盘货物，配以巷道式堆垛机及叉车等其他储运机械进行作业。高层货架多采用整体式结构，一般是由型钢焊接的货架片，通过水平、垂直拉杆以及横梁等构件连接起来。其侧面间隙需要考虑在原始位置货物的停放精度、堆垛机的停位精度、堆垛机及货架的安装精度等。目前托盘式货架都采用自由组合方式，易于拆卸和移动，可按物品堆码的高度，任意调整横梁位置，又可称为可调式托盘货架，如图5.15所示。

图5.15　托盘式货架

2）托盘式货架的特点

托盘式货架结构简单，可以自行进行各种组合，有利于货物保管，减少货损，费用经济。出入库可做到先进先出，装载不同货物的时候可以立体存放，库容利用率高，有效配合叉车装卸，极大提高作业效率。一般来说，一个托盘占一个货位，存取作业的时候，较高托盘货架要使用堆垛起重机工作，较低货位可使用叉车工作，实现机械化存取作业，既提高了工作效率，也有利于实现仓库计算机管理和控制。

4．悬臂式货架

1）悬臂式货架的结构及种类

悬臂式货架又称悬臂式长形料架，由3～4个塔形悬臂和纵梁相连而成，也在立柱上装设外悬杆臂，如图5.16所示。悬臂式货架一般采用金属材料或专用型材立柱制造，设计背拉增加稳定性，配有高强度悬臂（悬臂有单面和双面两种），适合于存放钢管、型钢或板材等长形的物品。若要放置圆形物品，在臂端要安装档杆以防止货物滑落。根据承载能力，悬臂式货架可分为轻量型、中量型和重量型3种。

2）悬臂式货架的特点及用途

悬臂式货架具有结构轻巧、载重能力好和空间利用率高等特点，其空间利用率在35%～50%。因为悬臂式货架高度受限，一般在6m以下，特别适合空间小、高度低的库房。悬臂式货架管理方便，视野宽阔，能使用叉距较宽的搬运设备。悬臂式货架与普通阁楼式货架相比，利用率更高，但一般只适合人力存取操作，不适合机械化作业。常用于建材生产工厂及家具、汽车制造商的长物料、板材、环型物料和不规则的货物存储。

5. 驶入式货架

1）驶入式货架的结构

驶入式货架又称为通廊式货架或贯通式货架，是一种不以通道分隔的、连续性的整栋式货架。托盘按深度方向存放，如图5.17所示。这种货架采用钢制结构，钢柱上有向外伸出的水平突出构件，当托盘送入时，突出的构件将托盘底部的两个边托住，使托盘起到横梁的作用。托盘按深度方向存放，一个紧接着一个，货物存取从货架同一侧进出，先存后取或后存先取。叉车可方便地驶入货架中间存取货物，所以被称为驶入式货架。当货架上没有货物时，货架正面便形成了无横梁状态，形成通道，方便叉车等作业车辆出入。

图 5.16　悬臂式货架

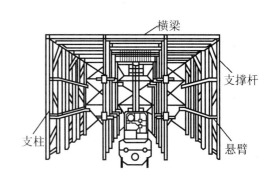

图 5.17　驶入式货架

2）驶入式货架的特点

驶入式货架的特点是叉车直接驶入货架进行作业，货架的配置方式可以是两组驶入式货架背对背安置或单一组靠着墙壁，叉车的进出使用相同的巷道。叉车与货架成垂直方向，货品入库时，要先卸载在最里面的货架托盘上，出库时按照由外向内的顺序取货，因此货物做不到先进先出。驶入式货架投资成本相对较低，存储密度大，对地面与空间利用率较高。

6. 移动式货架

1）移动式货架的结构

移动式货架是在货架底部安装滚轮，并在仓库地面上安装导轨，使之可以整体移动的货架，如图5.18所示。移动式货架仅需设一条通道，是空间利用率较高的一种货架。货架安装于底座之上，底座沿导轨运行，通过链轮传动系统使每排货架移动。

2）移动式货架的特点及用途

移动式货架平时密集排列在一起，存取货物时，通过手动或电力驱动装置，使货架沿轨道水平移动，形成作业通道，便于人工或机械存取作业。它适合少样多量的低频度保管。移动式货架可直接存取每一种货物，不受先进先出的限制。但是移动式货架机电装置较多，维护相对比较困难，而且轨道需要埋在地表，不适合后期改造仓库，建造成本较高。这种货架较适合档案馆、资料室、图书馆、药库、银行和冷库等场所。

7. 阁楼式货架

1）阁楼式货架的结构及用途

阁楼式货架是在厂房地面面积有限的情形下，利用钢梁和金属板在原有储区建造阁楼，利用货架支撑上层楼板，将原有的平房仓库设计成多楼层（通常为2~3层）的仓库（图5.19），每个楼层可放置不同种类的货架，能充分利用空间，节约库房面积。阁楼式货架可设有楼梯和货物提升电机等，用于货物的提升和输送。阁楼式货架适用于库房较高、货物轻小、人工存取和储货量大的仓库，广泛应用于汽车、电子和机械等领域。

图 5.18　移动式货架

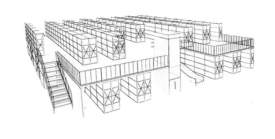
图 5.19　阁楼式货架

2）阁楼式货架的特点

阁楼式货架是在已有的仓库场地上建造阁楼，可以有效增加空间利用率。阁楼式货架主要用于存放储存期较长的中小件货物，特别适合场地有限但需要存放物品品种很多的仓库。阁楼式货架的缺点是存取作业效率低，上层不适合重型搬运设备行走。

8．旋转式货架

旋转式货架又称回转式货架，它是为适应目前生产及生活资料由少品种、大批量向多品种、小批量发展的趋势而发展起来的一类现代化保管储存货架。这种货架的出现可以解决由于货物品种的迅猛增加所带来的拣选作业工作量大、劳动强度高和系统日益复杂的问题。

按照货物的拣选方式，可以把货架归纳为以下两种：一是货物存放在固定的货架内，供操作者进行取货；二是货架可以水平、垂直和立体方向回转，货物随货架移动到操作者面前，而后被操作者选取。旋转式货架属于后一种。

旋转式货架在存取货物时可用计算机控制，也可用控制盘控制，根据下达的货格指令，该货格以最近的距离自动旋转至拣货点停止。这种货架存储密度大，货架间不设通道，与固定式货架比，可节省 30%～50% 的占地面积。

## 5.3　站台

### 5.3.1　站台概述

1．站台的概念

仓储设备需要与外界进行货物的交换，因此需要搭建起合理的货物交互接口，实现货物的快速转移。站台设备就是连接仓储空间与交通运输设备的接口设备。

站台也称为月台，是和仓库相连的线路或者进入到仓库内部的线路以及线路与仓库的连接点。它是货物进出仓库的必经之路，直接影响着仓库的正常运行。如果站台无法满足仓库进出货物量的要求，就会造成仓库的拥挤和堵塞。

2．站台的主要形式

（1）高站台：站台高度与车辆箱底高度一样，一旦车辆停靠后，车辆货台与站台处于同一水平面，有利于使用作业车辆进行水平装卸，使装卸合理化。其车厢底部与火车站台水平，叉车能较为方便地装卸货物，如图 5.20 所示。

（2）低站台：站台高度与地面高度一样，也就是指站台和仓库地面在同一水平线上。低站台有利于站台和仓库之间的货物搬运，但是站台和车辆之间的装卸作业不如高站台方便，为克服车辆和站台的间距和高度差，通常还需要使用一些升降设备，如图 5.21 所示。

图 5.20　高站台

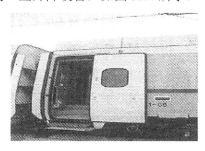

图 5.21　低站台

3．站台高度的设定

在一个库区内可考虑停靠车辆的种类，有若干不同高度的停靠位置，也可考虑车中平均高度，尽可能缩小货车车厢底板与站台的高度差，以达到提高作业效率的目的。

在仓库中，进出货车种类可能很多，因而即使考虑不同高度的站台，也很难使全部车辆与站台相接。要克服车辆与站台间的间距和高度差，一般站台为作业安全与方便起见，常设有下列 3 种设施。

1）可移动式楔块

可移动式楔块又叫竖板，当装卸货品时可放置于卡车或拖车的车轮旁固定，以避免装卸货期间车轮意外地滚动进而造成危险。

2）升降平台

最安全也最有弹性的卸货辅助器应属升降平台，而升降平台分为卡车升降平台及码头升降平台两种。当配送车到达时，就卡车升降平台而言，可提高或降低车子后轮，使得车底板高度与站台一致，从而方便装卸货；若就码头升降平台而言，则可调整码头平台高度来配合配送车车底板的高度，因而两者有异曲同工的效果。

3）车尾附升降台

它是装置于配送车尾部的特殊平台。当装卸货时，可运用此平台将货物装上卡车或卸至站台。车尾附升降台可延伸至站台，亦可倾斜放至地面，其设计有多种样式，适于无站台设施的物流中心或零售点的装卸货使用。

### 5.3.2　装卸平台

装卸平台又称站台调整板、登车桥，是目前应用最为普遍的站台装卸接泊设备。装卸平台一般安装在站台上，可以调节自身的高度，从而实现货车和站台的有效连接，装卸平台搭设在车辆与建筑物之间，以调整车辆底部与地面的高度差，如图 5.22 所示。

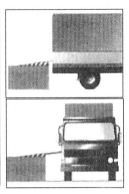

图 5.22 装卸平台

装卸平台的性能可以通过载重量和调节幅度来进行评价。载重量是指在正常工作条件下站台上的最大承载货物重量,一般是指动载荷,其中,最常见的是动载荷为 6 t 和 10 t 两种规格,它们可以基本满足叉车的装卸作业要求。不同的物流作业条件下可以通过调节站台高度来适应运输工具的要求,实现两者之间的无缝对接,最常见的装卸平台调节幅度是低于站台 300mm 到高于站台高度 300mm。

装卸平台有 3 种形式:手动机械式、电动液压式、前伸式舌片电动液压式。

1)手动机械式

手动机械式装卸平台完全不需电力,板台提升依靠人力和弹簧机构助力来实现,舌片依靠联动机构翻起。手动机械式装卸平台操作简便容易,机械式结构耐用持久,适用于使用频率较低的仓库站台,且投资较省。但与电动液压式相比,其安全性较差。

2)电动液压式

电动液压式装卸平台为一键式操作,为物流装卸作业提供了安全、耐久、高效率的保障。电动液压式操作简便、快捷;电动液压的稳定性保证了设备长久的使用寿命;维护工作也较少。电动液压式装卸平台如图 5.23 所示。

图 5.23 电动液压式装卸平台

3)前伸式舌片电动液压式

此种装卸平台与电动液压式所不同的是其舌片并非翻转式,而是液压前伸式。翻转式舌片为 400 mm,而前伸式舌片前伸幅度则达到 500 mm 或 1 000 mm,可以满足从侧边搭接货车的作业需求;这也使得对于相同的装卸平台作业长度,所需的固定部分和预留坑进深可以缩小,即站台的纵深可缩小,对于站台区域尺寸较小或节约土建很有作用。由于采用前伸式舌片，在搭接货车时可以方便地调节舌片长度到合适的位置，可以适应卡车满装等特殊状况。该类型站台设备更重要的是在低温或恒温库，装卸平台往往会被设计于工业滑升门内，操作时，较长的舌片就显得很必要、很实用。

选择装卸平台通常基于以下一些基本条件。

（1）建筑物设计、交通密度、车辆型号、基座高度以及装卸设备。工业建筑的装货场地类型各异，提供的装卸平台也有多种内设装置可供选择。

（2）常见的装卸平台是带有翻转搭接板的电控液压型，但只允许在车辆侧面装卸。伸缩式搭接板可以搭设在由车辆难以靠近装卸斜面而增大的间隙中间。此外，如果车辆或集装箱的空间全部占用，由于悬臂位置可以改变，所以采用可伸缩悬臂式平台具有一定的优势。

（3）电控液压装卸平台适用于装卸场地上的车厢高度各异的车辆以及交通相对繁忙的场所。自动装卸平台是带有两侧台面的电动液压平台。

（4）手动平台适用于装卸平台不常用或不能提供电力的场所。

### 5.3.3 站台接泊板

站台接泊板如图 5.24 所示，又称为站台平衡桥板，指用手动翻转或折叠的方式将平台与货车接泊，是一种较简单的站台装卸衔接设备。它的承重一般为 4t，适应电动托盘车加上 2 t 货物。翻转式站台接泊板的操作原理是用手动推杆配合渐进式扭力弹簧或气弹簧操作，有固定式和滑轨式两种，主要应用于工厂或其他场合，如载重较小、使用频率较低或需要移动接泊设备的场合。折叠式站台接泊板是一种轻型的站台调整设备，只需用手提起、旋转 90°放下即可，使用及安装都很方便。它主要应用于调整站台与卡车间较小的高度差，如低温库统一的厢式车队就可选用该设备。

图 5.24　站台接泊板

### 5.3.4 剪式升降平台

剪式升降平台彻底克服了高低点间的落差，提升高度可从地面直至集装箱高度，在作业过程中，作业面一直保持水平。其承重可以从 0.5t 到 15t 或更大，适合较为特殊的装卸作业。剪式升降平台可以直接装于预留坑使用平台与地面齐平或装于站台预留坑内，使之与站台齐平。剪式升降平台直接装入站台，不使用时与站台齐平，车辆能够正常通行，如图 5.25 所示。

### 5.3.5 移动式登车桥

移动式登车桥如图 5.26 所示，应用于无装卸站台或装卸位置不固定以及装卸场地狭小等场合，以方便叉车等搬运车辆直接进入货车进行装卸，可大大提高工作效率。可以采用手动液压操纵，无须其他动力，几乎不需要任何维修。在使用中可把轮胎收起离地，需移动时放下轮胎，用人力或叉车牵引即可变换场地，方便快捷。登车桥前端的两支撑脚可承重 25 t，与货台连接处有一活页搭板，搬动车辆进出更顺畅。移动式登车桥承重与装卸平台一样有 6 t 和 10 t 两种形式。

图 5.25　剪式升降平台

图 5.26　移动式登车桥

## 5.4　其他仓储设施与设备

### 5.4.1　计量设备

1. 计量设备概述

计量设备是利用机械原理或者电测原理对物品的重量、长度、数量、容积等量值进行度量的器材、仪器的总称。由于仓储作业需要在仓库中使用的计量装置很多，如入库作业需要获得货物的重量、数量等参数，因此计量设备在仓储作业中应用非常广泛。

根据计量物理量的不同，计量设备可以分为：重量计量设备，包括各种磅秤、地重衡、轨道衡、电子秤；流体容积计量设备，包括液面液位计、流量计；长度计量设备，包括检尺器、长度计量仪；个数计量设备，包括自动计数器、自动计数显示装置。

在仓库内接收、分发等作业中，最广泛使用的是重量计量设备。重量计量设备是统计货物进出量、储存量的基础，也是计算仓库损耗量、作业能力与作业效率的基础。重量计量设备按结构原理，可分为机械秤、电控机械秤以及电子秤等多种类型。

2. 主要计量设备的运用

1）地磅

地磅也被称为汽车衡，是厂矿、商家等用于大宗货物计量的主要称重设备。电子汽车衡标准配置主要由承重传力机构（秤体）、高精度称重传感器、称重显示仪表 3 大主件组成，由此即可完成汽车衡基本的称重功能，也可根据不同用户的要求，选配打印机、大屏幕显示器、计算机管理系统以满足更高层次的数据管理及传输的需要。

2）电子轨道衡

电子轨道衡如图 5.27 所示，采用桥式称重传感器作为重量转换元件，可对符合国家铁路运营要求的四轴货车进行联挂或单车动态计量。它具有计量准确、自动显示重量、自动记录称重结果的功能，可为散装物料的装车计量提供有效的自动控制与管理。

图 5.27　电子轨道衡

3）电子秤

电子秤是集现代传感器技术、电子技术和计算机技术为一体的电子称量装置，由称重传感器、A/D 转换电路、单片机电路、显示电路、键盘电路、通信接口电路、稳压电源电路等电路组成。

4）自动检重秤

自动检重秤是一种对不连续成件载荷进行自动称量的衡器。自动检重秤能够按照预先设定的区限值对被称物体的重量进行检验。当被称物体重量超过允许的上限值和下限值时，会自动检测出超差的物体，并且能够自动将其从生产流程中剔除和发出声光报警信号。为了提高效率，有些类型的自动检重秤添加了移出装置，将不符合标准的产品移出自动生产线外，进行进一步处理，如图 5.28 所示。

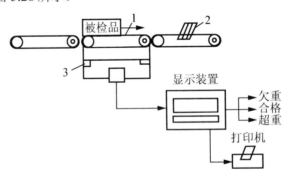

图 5.28　自动检重秤原理框图

1—输送机　2—移出装置　3—称重传感器

5）电子吊秤

电子吊秤如图 5.29 所示，是集吊装和称量为一体的计量装置，由吊挂件、高密度传感器和 A/D 转换器及显示器组成，可与各种起重设备配套使用。电子吊秤是一种悬挂式电子秤，要求使用场合必须有电葫芦，一般用于钢铁厂、卷板厂、炼钢厂、桥梁厂、重型机械厂、码头等场合。

6）皮带秤

皮带秤是一种比较传统的计量设备，由于它结构简单、对物料输送设备没有任何影响、安装比较方便、日常维护量小且不需要辅助动力，所以深受用户欢迎，并已在各行各业中得到普遍应用，是各种粉状、颗粒状和小块物料连续输送皮带机的理想计量设备。

皮带秤适应各种皮带宽度、托辊形式（平型和槽型）和皮带速度，可以在皮带动态运行条件下完成称重，因此称重效率高，如图 5.30 所示。

图 5.29　电子吊秤

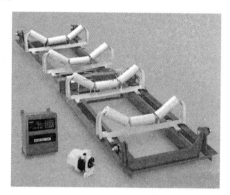

图 5.30　皮带秤

### 5.4.2　仓储保管养护设备

仓储保管养护是根据商品自身的自然属性及商品在储存期间质量变化规律对仓库内储存的商品进行保管与维护，以创造适宜的商品储存条件，维护商品在储存期的安全，保护商品的质量，降低商品的损耗。而要做好这些工作，离不开仓储保管养护设备。

仓储保管养护设备是指在仓库中完成商品保管养护作业所需要的各种机械设备。根据商品保管养护的种类和性质，仓储保管养护设备常分为温度湿度测量与控制设备，如通风机、去湿机、空气幕和冷冻机等；除锈机械等。

1. 测湿仪器

在进行商品保养时，只有通过准确的测量，求得库房内外空气湿度的具体量值，才能采取可靠的措施来控制仓库湿度，常见的测湿仪器有以下 4 种。

（1）干湿球湿度传感器。

（2）自动干湿湿度计。

（3）氯化锂电阻式测湿传感器。

（4）氯化锂露点式相对湿度计。

2. 去湿机

（1）空气去湿机：空气去湿机的工作原理是利用制冷装置，将潮湿空气冷却到露点温度以下，使水汽凝结成水滴被排出，被冷却干燥的空气再送入仓库内。这样不断循环排除大量水分后，即可使室内空气的相对湿度不断下降。

（2）氯化钙动态除湿器：氯化钙动态除湿器是在通风机的强制作用下，使含湿量大的空气通过氯化钙吸湿层，以降低空气中水分的一种装置。

（3）氯化锂转轮除湿机：氯化锂转轮除湿机是利用嵌固在石棉纸上的氯化锂晶体做吸湿剂的。

3. 通风机

通风机是将发动机的机械能转换为其他装置的动能和压力能的机械设备，是对仓库湿度进行控制的设备，如图5.31所示。

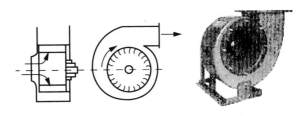

图 5.31 通风机

4. 除锈机

除锈机是指对储存的金属商品进行除锈作业的机械设备，它主要是利用机械力去冲击、摩擦和敲打金属以除去表面的锈层和污物。除锈机的种类很多，主要有板材除锈机、管材内外壁除锈机和槽钢除锈机。

5. 空气幕

空气幕是利用条缝形空气分布器，喷射出一定温度和速度的幕状气流，用于封闭建筑物大门，减少或隔绝外部气流的侵入，以维持室内或某一工作区域内一定的气象条件。空气幕常称为风幕。

### 5.4.3 仓储安全消防设备

仓库是商品的集聚地，又是仓储作业的劳动场所，具有较大的商品储存量和各种各样的仓储设备，稍有疏忽就可能发生盗窃、火灾事故，造成严重的损失。因此，按照科学的方法，加强仓储的安全消防管理，确保设备、人员和商品的安全，这对避免损失、保证商品周转和供应工作的顺利进行有着重要的意义。

安全消防设备是指用于仓库防盗防火的各种安全消防器材、工具的总称。按照其用途，安全消防设备常分为防盗报警传感器、火灾自动报警设备、灭火器、自动喷水灭火设备、消防车、消防梯、消防水泵、给、蓄、泵水设备等。

1. 防盗报警系统

防盗窃和防破坏是确保仓库安全的重要工作之一，而要做好这项工作需要用防盗报警系统。防盗报警系统主要由防盗报警传感器和防盗报警控制器构成，前者设在保护现场，用来对被监视目标进行探测；后者放在值班室，主要用来接收传感器送来的盗情信息，进行声、光报警。

2. 火灾自动报警设备

火灾自动报警设备主要由火灾探测器和火灾报警器组成。探测器装在需要监视的现场，报警器装在有人看守的值班室。两者之间用导线或无线方式进行连接。

火灾探测器是组成各种火灾报警系统的重要器件，它是利用一些敏感元件和电子线路，将火灾初期的各种物理和化学参数转换成电信号，然后送给报警器的一类特殊传感器。火灾探测器主要有以下 4 种。

1）感烟探测器

感烟探测器根据火灾时产生烟雾的特点，利用烟雾检测元件检测发出火警信号。它是世界上应用较普遍、数量较多的探测器，可以探测 70%以上的火灾，有离子感烟探测器、光电式感烟探测器和红外激光式感烟探测器。

2）感温探测器

感温探测器根据火灾时温度升高的特点，利用温度检测元件检测并发出火警信号，有定温式、差动式和定温差动式等。

3）火焰探测器

火焰探测器是一种响应火灾发出的电磁辐射的火灾探测器，对快速发生的火灾（如易燃、可燃液体火灾等）能及时响应，是对这类火灾早期通报的理想探测器，如图 5.32 所示。

4）可燃气体探测器

可燃气体探测器利用气敏半导体元件，检测空气中可燃气体的浓度并发出报警信号，如图 5.33 所示。

图 5.32　火焰探测器

图 5.33　可燃气体探测器

3. 灭火器

灭火器是扑救初起火灾的重要消防器材，它轻便、灵活、实用，是仓库消防中较理想的第一线灭火工具。

灭火器就其外形而言结构基本相似，主要由筒体和器头组成。灭火器筒体为一柱状球形头圆筒，由钢板卷筒焊接或拉伸成圆筒焊接而成；二氧化碳灭火器筒体由无缝钢管焖头制成，筒体用以盛装灭火剂。灭火器的器头是操作机构，其性能直接影响灭火器的使用效能，它由保险装置、启动装置、安全装置、压力反应装置和密封装置等组成，如图 5.34 所示。

图 5.34　灭火器

## 本章小结

本章介绍了有关仓储设施与设备方面的基本概念和知识,主要包括仓库、货架、自动化立体仓库和站台的概念。重点讲述了仓库的分类、功能和作用,仓库中常用货架的种类、特点及用途,自动化立体仓库的基本构成、分类及优缺点;介绍了站台设计的原则和形式,常见的仓储计量设备、仓储养护设备和仓储安全消防设备等。

## 课后习题

### 一、填空题

1. 自动化立体仓库按照建筑形式可分为（    ）和（    ）。
2. 站台的主要形式有（    ）和（    ）两种。
3. 层架是由（    ）、（    ）、（    ）构成。

### 二、选择题

1. 按货架的高度分类可分为低层货架、中层货架和高层货架。其中中层货架的高度为（    ）。
    A. 5m          B. 5～15m          C. 10m          D. 15m
2. 站台实际形式一般分为的两大类型是（    ）和（    ）。
    A. 锯齿型       B. 矩形            C. 直线型        D. 弧型
3. 常用的仓储计量设备有（    ）。
    A. 地重衡       B. 轨道衡          C. 电子秤        D. 自动秤

### 三、简答题

1. 仓库的作用及功能是什么?
2. 货架的作用和功能有哪些?
3. 重力式货架的特点是什么?
4. 自动化立体仓库有什么优缺点?
5. 仓储养护设备有哪些?

### 四、案例分析题

#### 蒙牛乳业自动化立体仓库

内蒙古蒙牛乳业泰安有限公司的乳制品自动化立体仓库后端与泰安公司乳制品生产线相衔接,与出库区相连接,库内主要存放成品纯鲜奶和成品瓶装酸奶。库区面积8 323m²,货架最大高度21m,托盘尺寸1 200mm×1 000mm,库内货位总数19 632个。其中,常温区货位数964个,低温区货位4 668个。入库能力150盘/小时,出库能力300盘/小时。出入库采用联机自动。

一、工艺流程及库区布置

根据用户存储温度的不同要求，该库划分为常温和低温两个区域。常温区保存鲜奶成品，低温区配置制冷设备，恒温 4℃，存储瓶装酸奶。按照生产—存储配送的工艺及奶制品的工艺要求，经模拟仿真优化，最终确定库区划分为入库区、储存区、托盘（外调）回流区、出库区、维修区和计算机管理控制室 6 个区域。

入库区由 66 台链式输送机、3 台双工位穿梭车组成，负责将生产线码垛区完成的整盘货物转入各入库口。双工位穿梭车则负责生产线端输送机输出的货物向各巷道入库口的分配、转动及空托盘回送。

储存区包括高层货架和 17 台巷道堆垛机。高层货架采用双托盘货位，完成货物的存储功能。巷道堆垛机则按照指令完成从入库输送机到目标的取货、搬运、存及从目标货位到出货输送机的取货、搬运、出货任务。

托盘（外调）回流区分别设在常温储存区和低温储存区内部，由 12 台出库口输送机、14 台入库口输送机、巷道堆垛机和货架组成，分别完成空托盘回收、存储、回送、外调货物入库、剩余产品、退库产品入库、回送等工作。

出库区设置在出库口外端，分为货物暂存区和装车区，由 34 台出库输送机、叉车和运输车辆组成。叉车司机通过电子看板、RF 终端扫描来完成装车作业，反馈发送信息。

维修区设在穿梭车轨道外一侧，在某台穿梭车更换配件或处理故障时，其他穿梭车仍旧可以正常工作。计算机控制室设在二楼，用于出入库登记、出入库高度管理和联机控制。

二、设备选型及配置

1. 有轨巷道堆垛机

（1）主要技术参数。堆垛机高度：21 000mm、19 350mm、17 700mm、16 050mm、14 400mm 和 12 750mm；堆垛机额定载重量：850/400kg；载货台宽度：1 200mm；结构形式：双立柱；运行速度：5～100m/rain；起升速度：4～40m/rain；货叉速度：3～30m/min；停准精度：超升、运行不大于±10mm，货叉≤5mm；控制方式：联机自动、单机自动、手动；通信方式：远红外通信；供电方式：安全滑触线供电；供电容量：20kW、三相四线制 380V、50Hz。

（2）设备配置。有轨巷道堆垛起重机主要由多发结构、起升机构、货叉取货机构、载货台、断绳安全保护装置、限速装置、过载与松绳保护装置以及电器控制装置等组成。

驱动装置：采用德国德马格公司产品，性能优良、体积小、噪声低、维护保养方便。变频调整：驱动单元采用变频调速，可满足堆垛机出入库平衡操作和高速运行，具有启动性能好、调速范围宽、速度变化平衡、运行稳定等优点，并有完善的过压、过流保护功能。堆垛机控制系统：先用分解式控制，控制单元采用模块式结构，当某个模块发生故障时，在几分钟内便可更换备用模块，使系统重新投入工作。安全保护装置：堆垛机超升松绳和过载、断绳安全保护装置；载货台上、下极限位装置；运行及起升强制换速形状和紧急限位器；货叉伸缩机械限位挡块；货位虚实探测、货物高度及歪斜控制；电器联锁装置；各运行端部极限设缓冲器；堆垛机设作业报警电铃和警示灯。

（3）控制方式。手动控制：堆垛机的手动控制是由操作人员通过操作板的按钮和万能转换开关直接操作机械运作，包括水平运行、载货台升降、货叉伸缩 3 种动作。单机自动控制：单机自动控制是操作人员在出入库端通过堆垛机电控柜上的操作板输入入（出）库指令，堆垛机将自动完成入（出）库作业，并返回入（出）库端待令。在线全自动控制：操作人员在计算机中心控制室通过操作终端输入入（出）库任务或入（出）库指令，计算机与堆垛机通过远红外通信连接将入（出）库指令下达到堆垛机，再由堆垛机自动完成入（出）库作业。

2. 输送机

（1）主要技术参数。额定载荷：850/400kg（含托盘）；输送货物规格：1 000mm×1 470mm（含托盘）；输送速度：12.4m/min。

（2）设备配置：整个输送系统由两套 PLC 控制系统控制，与上位监控机相连，接收监控机发出的作业命令，返回命令的执行情况和子系统的状态等。

### 3. 双工位穿梭车

系统完成小车的高度，其中一工位完成成品货物的接送功能，另一工位负责执行货物的拆卸分配。主要技术参数有以下几个：额定载荷1 300kg；接送货物规格1 200 mm×1 000mm×1 470mm（含托盘）；拆最大空托盘数8个；空托盘最大高度1 400mm；运行速度5～160m/min（变频调速）；输送速度12.4 m/min。

### 4. 计算机管理与控制系统

依据蒙牛乳业泰安立体仓库招标的具体需求，考虑企业长远目标及业务发展需求，针对立体仓库的业务实际和管理模式，为本项目定制了一套适合用户需求的仓储物流管理系统，主要包括仓储物流信息管理系统和仓储物流控制与监控系统两部分。仓储物流信息管理系统实现上层战略信息流、中层管理信息流的管理；仓储物流控制与监控系统实现下层信息流与物流作业的管理。

自动化立体仓库控制与监控系统是实现仓储作业自动化、智能化的核心系统，它负责管理高度仓储物流信息系统的作业队列，并解析自动化仓储设备的指令队列，根据设备的运行状况指挥协调设备的运行。同时，本系统以动态仿真人机交互界面监控自动化仓储设备的运行状况。系统包括作业管理、作业高度、作业跟踪、自动联机入库、设备监控、设备组态、设备管理等几个功能模块。

（资料来源：http://www.doc88.com/p-95929355862.html.有改动.）

问题：（1）分析自动化立体仓库由哪些设施和设备组成。

（2）分析自动立体化仓库主要设备的主要技术参数。

（3）分析控制软件与硬件设备之间的对应关系。

【实训项目】自动化立体仓库的出入库能力计算

【实训目的】

（1）掌握自动化立体仓库的基本组成和功能特点。

（2）能够分析自动化立体仓库的作业时间的构成，并计算其出入库能力。

【实训内容】

通过观察自动化立体仓库的运作（或者通过视频录像），掌握自动化立体仓库的出入库作业流程。

【实验器材】

自动化立体仓库设备一套，应选择出入库操作分布为两侧形式的自动化立体仓库（可以利用视频录像代替）；计时设备。

【实验步骤】

（1）测量自动化立体仓库的基本几何尺寸，主要包括高层货架的长度、宽度、高度等。

（2）观察自动化立体仓库的整个作业流程，进行及时记录，并将整个作业流程进行分解。

（3）进行历史出入库记录的统计，分析订单时序，特别是出入库操作交叉进行时对出入库作业时间的影响。

# 第 6 章

## 自动分拣设备

ZIDONG FENJIAN SHEBEI

【知识目标】
(1) 掌握自动分拣系统的基本组成。
(2) 理解分拣设备的基本功能和选型原则。
(3) 理解常用分拣设备结构类型。

【能力目标】
(1) 能够根据物流作业需要选择合适的分拣系统。
(2) 灵活运用所学知识解决实际问题。

**【导入案例】**

### 河南省首条现代化物流分拣线开建

河南省第一条现代化物流分拣线 2007 年 8 月 3 日在郑州开工建设。作为河南现代物流业发展水平的标志性产物，这条生产线的开建也标志着河南省物流业发展开始实现由传统运输业到现代物流业的重要转变。

耗资 3 000 万元建设的河南第一条现代化的物流分拣线，落户于河南长通现代物流中心。这个投资 3.5 亿元，历时两年建成的现代化物流园区，位于郑州郑东新区，占地 145 亩，是一个集现代物流配送平台、物流商务办公和餐饮消费于一体的现代化物流园区。

对于河南省第一条现代化物流分拣线的开建，中国物流采购联合会常务副会长丁俊发给予了高度评价。他说："郑州是中国铁路、公路、航空、信息兼具的重要综合性枢纽之一，具备了物流枢纽城市的一切要素。现代化物流分拣线的投建，让郑州乃至河南的物流企业迈上了一个新台阶，站在了一个新的起点。这对郑州尽早确立全国物流中心城市，使河南快速成长为中国现代物流中心，将起到重要的推动作用。"

（资料来源：http://www.xinhuanet.com/Chinanews/.）

**思考分析：**

现代化物流分拣线开建有何意义？

## 6.1 自动分拣设备概述

### 6.1.1 分拣作业

商品在从生产厂家流向顾客的过程中，总是伴随着商品数量和商品集合状态的变化。因此，有必要将集装化的货物单元解体，重新分类，形成新的供货单元。

1．分拣的定义

分拣指为进行运输、配送，把很多货物按品种、地点和单位分配到所设置的场地的作业。按照分拣手段的不同，可以将其分为人工分拣、机械分拣和自动分拣三大类。人工分拣基本上靠人力搬运，或者可以利用最简单的器具和手推车等，这种分拣方式劳动强度非常大，但是分拣的效率却非常低。机械分拣大多指利用机械（如输送机）为主要的输送工具，通过在各分拣位置配备作业人员进行分拣，这种分拣方式投资不多，也可以在一定程度上减轻劳动强度，提高分拣的效率。自动分拣则是指货物从进入分拣系统到指定的位置，所有的作业均是按照人的指令自动完成的，因此，这种分拣方式的分拣处理能力相当强，分拣的货物品种和数量也非常大。

2．分拣作业的内容

分拣作业就是根据顾客的要求，迅速、准确地将货物从其储位拣取出来，并按照一定的方式进行分类、集中，等待配装送货的作业过程。在物流配送作业的各环节中，分拣作业是非常重要的一环，它是整个配送作业系统的核心。

物流中心是一个劳动力相对密集的场所，其中 50%的人力劳动直接与拣货作业相关，30%～40%的工作时间也将消耗在拣货工作中，企业在拣货作业方面的人工支出成本占到物流配送中心总成本的 15%～20%。合理的拣货作业管理和规划模式，对于物流配送中心的生产效率的提高，是一个相当值得研究的课题。提高拣货的准确率和订单处理能力，也是物流配送中心工作的重点。

3. 分拣作业的方式

在物流配送中心，拣货的作业方式根据订单和拣取商品的对应关系、操作流程，可以分为以下两大类：摘取式拣货（DPS）、播种式拣货（DAS）。

1）摘取式

（1）概念。摘取式作业通常是由拣货人员将每一张订单中的货品逐一选出。这种拣货方式多应用于多货品配送、货品品项多但商品储位相对固定的情形，一般拣货 SKU（最小存货单位）小于货品总 SKU 的 50%。

（2）优缺点。摘取式系统的优点是：①作业方法简单；②订单处理前置时间短；③导入容易且弹性大；④作业人员责任明确，派工容易、公平；⑤拣货后不必再进行分类作业，适用于多拣货单、少品项的拣货作业处理。缺点是：①商品品项多时，拣货行走路径加长，拣取效率降低；②拣取区域大时，搬运系统设计困难；③少量多次拣取时，拣货路径重复、费时，效率降低。

摘取式拣货系统主要应用在采取订单拣货策略时的作业辅助。货架上安装的标签对应至一个储位品项，拣货人员只要根据电子标签点亮的灯号指示至指定储位，按标签面板上的数量显示，从货架上拿取相同数量的商品，并放置在该客户订单所对应的承载物（纸箱、物流箱或栈板）中，再于标签上进行确认动作，即可完成品项的拣取作业。在拣货过程中，拣货人员可完全通过电子标签的作业指示，导引其轻松、迅速地完成一张订单所有品项的拣货作业。

2）播种式

（1）概念。播种式作业指的是把多张订单根据商品品项数合并成一批之后进行拣取，再依客户订单分配。播种式系统通常在处理客户数量多、商品种类少、商品储位经常移动的情况下使用，一般拣货 SKU（最小存货单位）大于货品总 SKU 的 50%。

（2）优缺点。播种式系统的优点是：①适合订单数量庞大而商品品项少的系统；②可以缩短拣取时行走搬运的距离；③货品量越少、配送次数越多，批量拣取就越有效。缺点是：对订单的到来无法做出及时的反应，必须等订单达到一定数量时才做一次处理，因此会有停滞时间（只有根据订单到达的状况做出等候分析，决定适当的批量大小，才能将停滞时间减至最低）。

## 6.1.2 分拣输送系统

1. 分拣输送系统的定义

分拣输送系统（sorting & picking system）是将随机的、不同去向的物品，按一定要求进行分类的一种物料搬运系统。根据系统的自动化程度可分为自动化分拣输送系统和半自动化分拣输送系统两大类。目前国内外规模较大的仓库和配送中心里，几乎都配备有分拣输送系统。它能够很好地满足多品种、小批量、多批次、短周期的客户需求特性。自动化分拣输送系统能够根据计算机控制系统的分拣指令自动地完成货物的分类与拣选作业；而半自动化分拣系统是一种人机有机结合的分拣输送系统，通常称为计算机辅助拣选系统，它是利用先进的计算机管理信息系统，将需要拣选货物的品种、数量、层数等信息以一定的形式通知拣选作业人员，拣选人员则根据拣选指示信息，按照规定的程序完成拣选作业。

2．自动分拣输送系统的特点

自动分拣输送系统具有如下特点。

（1）能连续、大批量地分拣货物。由于采用现代化生产流水线自动作业方式，自动分拣不受气候、时间、人的体力的限制，可以连续运行100小时以上；同时由于自动分拣设备单位时间分拣货物件数多，因此，分拣能力是人工分拣系统无法比拟的。

（2）分拣误差率很低。分拣误差率的大小主要取决于所输入分拣信息的准确性，准确程度又取决于分拣信息的输入机制。如采用人工键盘或语音识别方式输入，则误差率在3%以上；如采用条码扫描输入，除非条码的印刷本身有差错，否则不会出错。目前，分拣设备系统主要采用条码技术来识别货物。

（3）分拣基本实现了无人化。自动分拣输送系统能最大限度地减少人员的使用，减轻员工的劳动强度。分拣作业本身并不需要使用人员，能基本实现无人化作业。

3．自动分拣机

1）概念

自动分拣机是自动分拣系统的一个主要设备。自动分拣机是按照预先设定的计算机指令对物品进行分拣，并将分拣出的物品送达指定位置的机械。自动分拣机一般由输送机械部分、电器自动控制部分和计算机信息系统联网组合而成。它可以根据用户的要求、场地情况，对条烟、整箱烟、药品、货物、物料等，按用户、地名、品名进行自动分拣、装箱、封箱的连续作业。随着激光扫描及计算机控制技术的发展，自动分拣机在物流配送中心的使用日益普遍。

2）工作原理

自动分拣机工作原理：被拣选货物经由各种方式，如人工搬运、机械搬运和自动化搬运等送入分拣系统，经合流后汇集到一条输送机上。物品接受激光扫描器对其条码的扫描，或通过其他自动识别的方式，如光学文字读取装置、声音识别输入装置等方式，将分拣信息输入计算机中央处理器中。计算机将所获得的物品信息与预先设定的信息进行比较，将不同的被拣物品送到特定的分拣道口位置上，完成物品的分拣工作。分拣道口可暂时存放未被取走的物品。当分拣道口满载时，由光电控制，阻止分拣物品不再进入分拣道口。

3）自动分拣过程

自动分拣工作过程由收货、合流、分拣和分流、分运4个阶段组成。

（1）收货：物流配送中心每天接收成百上千家供应商或货主通过各种运输工具送来的成千上万种商品，在货物的外包装上贴上标签（包括商品品种、货主、储位或发送地点等），将这些商品运送到指定地点（如指定的货架、加工区域、出货站台等）。当货物准备出库时，标签可以引导货物流向指定的输送机的分支上，以便集中发运。

（2）合流：在自动分拣系统中，货物由多条收货机接收并进入分拣系统，合并于一条汇集输送机上即合流。

（3）分拣和分流：把货物标签上的信息输入到控制系统，当货物到达分拣口时，由控制系统给自动分拣机发出指令，开动分支装置，进行分拣和分流。

（4）分运：分拣出来的货物离开主输送机，按配送地点的不同运送到不同的理货区域或配送站台集中，以便装车配送。

### 6.1.3 自动分拣输送系统

**1．自动分拣输送系统的结构组成**

一个自动分拣输送系统主要由 5 部分构成。

1）管理和控制系统

管理系统管理分拣作业，接受并处理订单信息，生成分拣指令，并对分拣系统中各设备的运行情况进行记录、监测和统计。

控制系统接受上位管理系统的分拣指令，根据系统设定的分拣规则（如按货物类型、货主、尺寸、重量等），控制分拣机构产生分拣动作，完成分拣任务。

2）自动识别装置

自动识别装置用于识别物流标签信息，一般包括货物品种、规格、数量、货主等相关信息。目前常用的物流标签形式有物流条码标签和 RFID 电子标签，因此，在自动分拣输送系统中必须配置相应的自动识别装置。条码标签识别装置有各种类型的条码扫描阅读器，电子标签识别装置是 RFID 读写器。

3）分类装置

分类装置的作用是根据控制装置发出的分拣指令，产生分拣动作，完成货物的分拣作业。

4）主输送线

主输送线的作用是根据控制系统的分拣指令完成物品的输送任务。

5）分拣道口

分拣道口的作用是将已分拣好的货物脱离主输送线进入集货区域的通道。一般由钢带、皮带、滚筒等组成滑道，使商品从主输送线滑向集货站台，在那里工作人员将该道口的所有货物集中并整理后，等待下一步的配送作业。

以上 5 部分装置通过计算机网络连接在一起，配合人工控制及相应的人工处理环节，构成一个完整的自动分拣输送系统。

**2．自动分拣输送系统的适用条件**

"二战"后，自动分拣输送系统逐渐开始在西方发达国家投入使用，成为发达国家先进物流中心、配送中心或流通中心所必需的设施条件之一。但是，由于自动分拣输送系统要求使用者必须具备一定的技术经济条件，因此，在发达国家，物流中心、配送中心或流通中心不用自动分拣输送系统的情况也很普遍。在引进和建设自动分拣输送系统时一定要考虑以下几个因素。

1）一次性投资巨大

自动分拣输送系统本身需要建设短则 40~50m、长则 150~200m 的机械传输线，还有配套的机电一体化控制系统、计算机网络及通信系统等，这一系统不仅占地面积大，动辄 2 万平方米以上，而且自动分拣输送系统一般都建在自动主体仓库中，这样就要建 3~4 层楼高的立体仓库，库内需要配备各种自动化的搬运设施，丝毫不亚于建立一个现代化工厂所需要的硬件投资。这种巨额的先期投入需要 10~20 年才能收回，如果没有可靠的货源作保证，企业很难在短期内回收成本，因此这种系统大都由大型生产企业或大型专业物流公司投资，小企业无力进行此项投资。

2）对商品外包装要求高

自动分拣机只适于分拣底部平坦且具有刚性的包装规则的商品。袋装商品、包装底部柔软且凹凸不平、包装容易变形、易破损、超长、超薄、超重、超高、不能倾覆的商品不能使用普通的自动分拣机进行分拣。因此，为了使大部分商品都能用机械进行自动分拣，可以采取以下两条措施：一是推行标准化包装，使大部分商品的包装符合国家标准；二是根据所分拣的商品统一的包装特性定制特定的分拣机。但要让所有商品的供应商都执行国家的包装标准是很困难的，定制分拣机又会使硬件成本上升，并且越是特别定制的分拣机其通用性就越差。因此，公司要根据经营商品的包装情况来确定是否建或建什么样的自动分拣系统。

3. 自动分拣系统的选用原则

分拣作业是配送中心的核心作业环节之一，高效率地完成分拣作业需要多个因素配合，因此，作为分拣作业的硬件基础，自动分拣系统要很好地与其他影响因素相匹配，选用时要遵循以下原则。

1）适应性原则

自动分拣设备选用时应考虑到作业对象和作业流程的要求，具有很好的适应性。首先对于分拣的货物要有必要的物理、化学特性要求，一般货物都必须满足底部平坦且具有刚性的条件，对于袋装货物、包装底部柔软且凹凸不平、包装容易变形、易破损、超长、超薄、超重、超高、不能倾覆的货物不能使用普通的自动分拣机进行分拣。在进行作业时要充分考虑到分拣货物的物理、化学性质及其外部形状、重量、包装等特性的千差万别，必须根据这些基本特性来选择分拣设备，这样才能保证货物在分拣过程中不受损失，保证配送作业的安全。同时还要考虑作业要求，主要是分拣的数量、频率以及种类等。

2）系统性原则

自动分拣系统需要一个与之相适应的外部条件，如计算机信息系统、作业环境、配套设施等。分拣系统是一个复杂的多元系统，各种子系统需要协调配合才能使整个系统正常工作。

3）经济性原则

自动分拣系统一般都造价高昂，因此，目前主要应用在医药、烟草等行业，而且自动分拣系统占地较多，在选用分拣设备时，要做好技术经济分析，尽量达到经济合理的要求。

## 6.2 常用的自动分拣机

根据分类机构的不同，常用的分拣机有如下几种类型。

1. 带式分拣机

带式分拣机是利用输送带载运货物完成分拣工作的机械设备，如图 6.1 所示。分拣机主输送线由相对独立的许多小型分拣皮带输送机组成，通过皮带的左右移动实现货物的分拣作业。当货物运行到相应的分拣道口时，分拣皮带机运转，将货物强制分拣出来。带式分拣机的适用范围较大，最大分拣重量可达 70kg，最小分拣重量为 1kg，最大分拣尺寸为 1 500mm×900mm×900mm，最小分拣尺寸为 50 mm×150mm×50mm，分拣能力可达每小时 5 000 箱。该分拣机的主要优点是：强度高，耐用性好，可靠性好。但设置较多的分拣滑道较困难，系统平面布局比较困难。另外，对货物冲击较大，运行费用较高，价格较高。

图 6.1　带式分拣机

2．交叉带式分拣机

交叉带式分拣机由主驱动带式输送机和载有小型带式输送机的台车（简称"小车"）连接在一起，当"小车"移动到规定的分拣位置时，转动皮带，完成把商品分拣送出的任务。因为主驱动带式输送机与"小车"上的带式输送机呈交叉状，故称交叉带式分拣机。

其主要性能特点如下。

（1）适宜于分拣各类小件商品，如食品、化妆品和衣物等。

（2）分拣出口多，可左右两侧分拣。

（3）分拣能力一般达 6 000～7 700 个/时。

大型交叉带式分拣系统一般应用于机场行李分拣和安检系统，根据作业现场的具体情况可分为直行循环式和水平循环式，如图 6.2 和图 6.3 所示。

图 6.2　直行循环式

图 6.3　水平循环式

3．翻板式分拣机

翻板式分拣机由一系列相互连接的翻板、导向杆、牵引装置、驱动装置、支承装置等组成，其工作原理如图 6.4 所示。

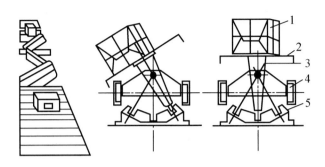

图 6.4 翻板式分拣机工作原理示意图

1—货物　2—翻板　3—导向杆　4—链条走轮　5—尼龙导轨

当货物进入分拣机后,由检测装置检测到物品的尺寸,并实时传输到计算机控制系统,当货物到达指定的分拣道口时,翻板向一侧倾翻,迫使货物滑入相应的分拣道口。每块翻板都可由倾翻导轨控制向两侧倾翻,根据货物的尺寸大小,每次都有几块翻板同时翻转,这取决于货物的尺寸。翻板式分拣机的适用范围较大,可分拣箱类、袋类等货物。它的分拣能力可达每小时 5 400 箱。但该类分拣机只能直线运行,占用场地较长。

4. 浮动滚子式分拣机

浮动滚子式分拣机的自动分拣装置由两排能够上下浮动的旋转滚轮组成,每排由 8～10 个滚轮组成。在非工作状态下,两排滚轮位于主输送线上表面下方,当滚轮接收到分拣信号后立即向上跳起,使两排滚轮的表面高出主传送线上平面一定高度(约 10mm),恰好与运行到这里的物品底面接触,将物品向上托起,并根据分拣信号要求控制滚轮向一侧方向旋转,使原来保持直线运动的货物在一瞬间改变了方向,进入分拣道口。图 6.5 为浮动滚子式分拣机构示意图。

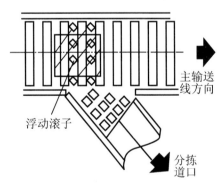

图 6.5　浮动滚子式分拣机构示意图

浮动滚子式分拣机的分拣能力可达每小时 7 500 箱。该分拣机的优点是可以在两侧分拣,冲击小,噪音低,运行费用低,耗电少,并可设置较多的分拣道口,适合于分拣底部平坦的纸箱、用托盘集装的货物。但它对货物包装要求较高,不适合分拣尺寸较长、底部不平以及软包装货物。

5. 气缸侧推式分拣机

气缸侧推式分拣机的工作装置是安装于主输送线一侧的推送气缸,如图 6.6 所示。当货物运行到需分拣的分拣道口时，侧推气缸迅速动作，将货物推下分拣道口，货物脱离主输送线进入相应的集货区域。

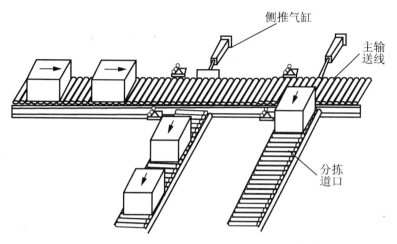

图 6.6　气缸侧推式分拣机工作装置示意图

侧推气缸式分拣机一般适用于包装良好、底面平整的箱装货物，其分拣能力较强，但结构复杂，价格较高。

6．推块式分拣机

推块式分拣机是利用独特形状的滑块，通过在主输送线链板间的左右滑动完成分拣作业的一种机械，如图 6.7 所示。

图 6.7　推块式分拣机

物品被送入分拣机后，沿着链板式主传送带运行。分拣机上安装的条码扫描器自动读取物品包装上的条码信息，条码信息被上传到控制系统，控制系统分配执行分拣动作的推块，当物品到达相应的分拣道口时，预先分配好的推块就会推动物品进入分拣道口，推块完成一次任务后复位，等待执行下一个分拣任务，分拣机如此周而复始地工作。推块式分拣机分拣时轻柔、准确，不会对货物造成损伤，而且可向左、右两侧分拣，占地空间小；分拣时所需商品间隙小，分拣能力高达 18 000 个/时；机身长，最长达 110m，出口多，适合多品种、大批量货物的拣选。

7. 轨道台车式分拣机

轨道台车式分拣机被分拣的物品放置在沿轨道运行的小车托盘上,当到达分拣口时,台车托盘倾斜 30°,物品被分拣到指定的目的地,如图 6.8 所示。其主要性能特点如下。

(1) 可三维立体布局,适应作业工程需要。
(2) 可靠耐用,易维修保养。
(3) 适用于大批量产品的分拣,如报纸捆、米袋等。

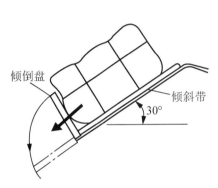

图 6.8  轨道台车式分拣机

8. 斜导轮式分拣机

斜导轮式分拣机主要是利用斜导轮的导向作用,斜导轮可以在货物的传输设备上上下浮动,实现与分拣对象的接触和分离,当货物到达预定分拣位置时,斜导轮浮起与货物接触,改变货物的运动方向,实现分拣功能,如图 6.9 所示。

图 6.9  斜导轮式分拣机

斜导轮式分拣机对商品冲击力小,分拣轻柔、分拣快速准确、分拣出口数量多,适合各类商品,主要是硬纸箱、塑料箱等平底面商品。

9. 摇臂式分拣机

被分拣的物品放置在钢带式或链板式输送机上,当到达分拣口时,摇臂转动,物品沿摇臂杆斜面滑到指定的目的地。摇臂式分拣机如图 6.10 所示,它的结构简单,控制容易,但只能实现单向分拣,价格较低。

图 6.10 摇臂式分拣机

10. 塔式分拣系统

塔式分拣系统如图 6.11 所示,主要应用于香烟分拣领域,每种香烟都有自己的出货口,由拨块负责操作,用于控制出货的数量,后面是补货系统,一般由人工完成补货作业。塔式分拣系统结构简单,分拣速度快。

图 6.11 塔式分拣系统

以上是常用的分拣机结构类型,在实际应用时具体选择哪种类型,需要综合考虑分拣货物的形状、体积、重量、数量以及单位时间分拣能力的要求等因素决定。

## 6.3 电子标签拣选系统

### 6.3.1 电子标签辅助拣货系统概述

1. 电子标签辅助拣货系统概念

电子标签辅助拣货系统是通过一组安装在货架储位上的电子标签作为拣货指示装置,引导拣货人员正确、快速、轻松地完成拣货作业的一种人机交互系统。它属于半自动化的分拣系统，如图6.12所示。

图6.12 电子标签辅助拣货系统

2．电子标签辅助拣货系统的性能特点

（1）提高拣货速度及效率，降低误拣错误率。电子标签借助于明显易辨的储位视觉引导，可简化拣货作业为"看、拣、按"3个单纯的动作，减少拣货人员思考及判断的时间，以降低拣错率并节省拣货人员寻找货物存放位置所花的时间。

（2）提升出货配送物流效率。电子标签系统可以实现快速拣选，极大提高了拣选的速度。

（3）降低作业成本。除了拣货效率提高之外，因拣货作业所需熟练度降低，操作简便，人员无须特别培训即可上岗工作。

3．电子标签拣选系统操作步骤

（1）命令下达。无须打印出库单，出入库信息通过中央计算机直接下载到对应的电子标签。

（2）指示系统发出信息。电子标签发出光、声音指示信号，指导拣货员完成拣货。

（3）人工作业。拣货员完成作业后，按动电子标签按键，取消光、声音指示信号，将完成信息反馈给中央计算机，拣货员按照其他电子标签指示继续进行拣货。

4．电子标签辅助拣货系统的优点

这是计算机辅助分拣方式下小配送中心经常使用的一种分拣系统。这种分拣系统可以用于批量分拣，也可以按单分拣，但是货物品项太多时不太适用，会导致成本过高。与传统的人工分拣方式相比，电子标签辅助拣货系统具有如下优点。

（1）实现无纸化作业，无需打印出库单、分拣单等纸张单据；减少了出库前单据处理时间，节省纸张。

（2）大大加快了分拣速度。

① 节约了库位寻找和核对的时间。

② 节约了品种核对的时间。

③ 被拣库位的直观显示可大大减少分拣员的行走距离。

④ 由于降低了分拣的劳动强度，使工作人员不易疲劳，始终可以保持最佳的工作状态，极大提高了工作效率。

(3) 大大提高了分拣的准确率。

(4) 提高了分拣效率，降低了分拣成本。一方面，利用计算机辅助分拣系统，即使对产品、仓库不熟悉的人员也可轻松从事分拣工作；另一方面，通过分拣效率的提升，使分拣人员需求数量下降。

(5) 分拣准确率提高，降低了因发货不准确造成的退货、投诉和财产损失，提高了企业的信誉度。

### 6.3.2 电子标签辅助拣货系统的结构组成

电子标签辅助拣货系统主要由管理与控制计算机系统、接线盒+控制器、电子标签及显示装置等组成，如图 6.13 所示。

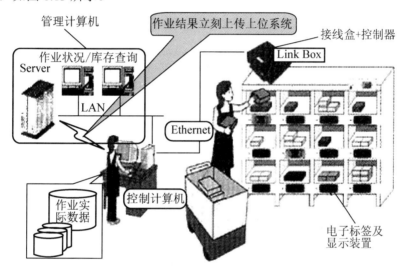

图 6.13 电子标签辅助拣货系统组成示意图

1. 管理与控制计算机系统

管理计算机的主要作用有两个：一是接收并处理客户订单，对客户需求信息进行整理分析并生成拣货指令；二是接收控制计算机上传的拣货作业完成信息，对货位信息及时更新。控制计算机接收管理计算机的拣货指令，并向接线盒传输拣货信息，同时也接收现场拣货作业完成信息并上传到管理计算机。

2. 接线盒+控制器

接线盒+控制器是为电子标签提供电力和信号的装置。根据实际需要，一台接线盒可连接多个电子标签，向各电子标签发送拣货指令，同时接收拣货作业完成的确认信息，并将接收到的确认信息传输给控制计算机。

3. 电子标签及显示装置

电子标签及显示装置安装于拣选货架的相应位置上，主要用于显示拣货信息。当某一货位有拣货任务时，该货位对应的电子指示灯亮起，并用数字显示需要拣货的数量。分拣员在货架通道行走，看到灯亮的电子标签就停下来，并按显示数字来拣取所需的数量；当拣货人员根据电子标签的显示完成拣货作业后，按下电子标签上的确认键，报告分拣作业已经完成。

### 6.3.3 电子标签辅助拣货系统的类型

根据拣货模式的不同,电子标签辅助拣货系统可分为两种基本类型。一种是摘果式电子标签辅助拣货系统,简称 DPS(Digital Picking System);另一种是播种式电子标签辅助拣货系统,简称 DAS(Digital Assorting System)。这两种系统应针对不同物流环境灵活运用。一般来说,DPS 适合多品种、短交货期、高准确率、大业务量的情况;而 DAS 较适合于品种集中、多客户的情况。

1. 摘果式电子标签拣货系统

摘果式电子标签拣货系统是在拣货操作区中的所有货架上,为每一种货物安装一个电子标签,控制计算机以订单为单位进行拣货信息处理,根据订单所需货物的位置发出拣货指示,并使货架上的电子标签指示灯亮起,拣货作业人员根据电子标签所显示的数量及时、准确地完成以"件"或"箱"为单位的商品拣货作业。

由于 DPS 在设计时充分考虑了拣货路线问题,对陈货指示的传输以最优路线为依据,可以降低拣货作业人员的劳动强度。一般情况下,DPS 系统还能够对现场作业进行实时监控,并具有紧急订单处理和缺货通知等各项功能。图 6.14 为摘果式电子标签辅助拣货系统的组成及作业流程示意图。

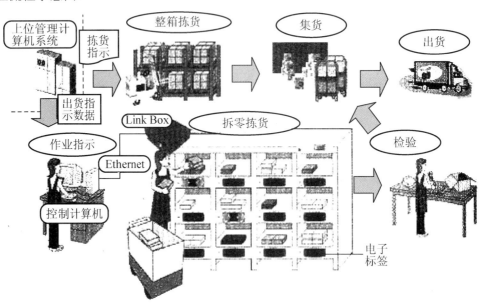

图 6.14 摘果式电子标签辅助拣货系统作业流程

2. 播种式电子标签辅助拣货系统

播种式电子标签辅助拣货系统是利用电子标签实现播种式拣货出库的一种辅助拣货系统。在这种系统中,每一储位代表着一个客户(如各个商店等),在每一储位上都设置电子标签。拣货作业人员先通过条码扫描器把将要分拣的货物信息输入系统中,需要该货品的客户相应的分货位置所在的电子标签就会亮灯并发出蜂鸣声,同时显示出该位置所需要货品的数量;拣货作业人员根据这些信息快速地将货物分放在相应的客户分货位置。图 6.15 为播种式电子标签辅助拣货系统作业流程示意图。

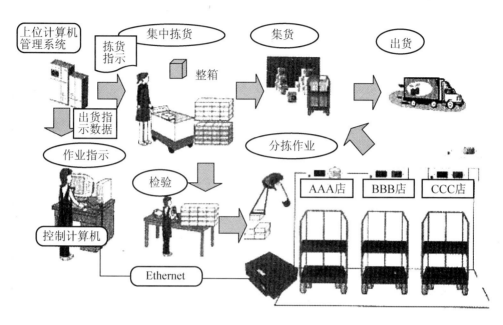

图 6.15 播种式电子标签辅助拣货系统作业流程

##  6.4 拣选系统合理配置和使用

电子标签辅助拣货系统的推广和应用,给客户和物流服务提供商都带来了一定的效益,具备极强的适应性。配送中心导入电子标签辅助拣货系统后,能够以较低的资金投入满足变化多端的客户需求,从而大大提升客户满意度。

### 6.4.1 拣选系统配置原则

现代化分拣设备是仓库和配送中心的重要设备,它的正确选用和合理使用,能够大大提高货物的分拣效率和整个配送系统的自动化程度,是物流现代化的重要标志之一。因此,在选用分拣设备时,要根据仓库、配送中心的分拣方式、使用目的、作业条件、货物类别、周围环境等条件综合考虑,慎重、认真地选用。一般来说,应考虑以下几项原则。

1. 技术先进性

在当前高新技术不断发展的条件下,技术先进性是选用设备时必须考虑的因素之一,只有采用先进的分拣设备,才能很好地完成现代配送作业。因此,在选用分拣设备时,要尽量选用能代表该类设备发展方向的机型。同时,设备的先进性是相对的,选用先进设备不能脱离国内外实际水平和自身的现实条件,应根据实际条件,具体问题具体分析,选用有效、能满足用户要求的设备。实际上,选用分拣设备就是选用那些已被实践证明技术成熟、技术规格和指标明确,并能在性能上满足要求的分拣设备。

2. 经济实用性

选用的分拣设备应操作和维修方便、安全可靠、能耗小、噪音低、能保证人身健康及货物安全,并具有投资少、运转费用低等优点。只有这样,才能节省各种费用,做到少花钱、多办事，提高经济效益。

3．兼顾上机率和技术经济性

上机率是上机分拣的货物数量与该种货物总量之比。追求高的上机率，必将要求上机分拣的货物的尺寸、质量、形状等参数尽量放宽，这将导致设备复杂化，技术难度及制造成本增加，可靠性降低；反之，上机率过低，必将影响设备的使用效果，增加手工操作的工作量，既降低了设备的性能价格比，也使分拣作业的效益降低。因此，必须根据实际情况，兼顾上机率和设备的技术经济性两方面因素，确定较为合理的上机率和允许上机货物的参数。

4．相容性和匹配性

选用的分拣设备应与系统其他设备相匹配，并构成一个合理的物流流程，使系统获得最佳的经济效果。

5．符合所分拣货物的基本特性

分拣货物的物理、化学性质及其外部形状、重量、包装等特性千差万别，必须根据这些基本特性来选择分拣设备，如浮出式分拣机只能分拣包装质量较高的纸箱等，这样才能保证货物在分拣过程中不受损失。

6．适应分拣方式和分拣量的需要

分拣作业的生产效率取决于分拣量大小及设备自身的分拣能力，也与分拣方式密切相关。因此，在选择分拣设备时，首先要根据分拣方式选用不同类型的分拣设备。其次，要考虑分拣货物批量大小，若批量较大，应配备分拣能力高的大型分拣设备，并可选用多台设备；而对于批量小的场合，宜采用分拣能力较低的中小型分拣设备。

另外，还应考虑物流作业对自动化程度的要求，可选用机械化、半自动化、自动化分拣设备，这样，既能满足要求，又能发挥设备的效率。

### 6.4.2 分拣系统合理使用

分拣系统设备一般投资大，在使用过程中要按规程操作。

正确使用分拣设备包括技术合理和经济合理两个方面。技术合理就是要严格执行有关技术文件规定的操作规程、技术要求、安全规则、维护和保养规程等；经济合理就是在设备性能允许的范围内，充分发挥分拣设备的效能，高效、低耗地获得较高的经济效益。

保证设备正确使用的措施主要包括以下几方面。

（1）严格执行各种设施设备的操作规程。设施设备的操作规程规定了设备的正确使用方法和注意事项，对异常情况应采取的行动和报告制度。

（2）实行技术经济责任制。操作者按规程操作，按规定交接班，按规定进行维护保养。班组、车间、生产调度部门和企业领导都应对设备的正确使用承担一定责任，安排工作任务时必须符合设备的操作规程。

（3）严格执行工作程序。对重要设备采取定人定机、教育培训、操作考试和持证上岗、交接班制度。

（4）实行设备维护奖励机制。对设备的技术状态引入奖励机制加以奖励，对出现人为设备事故的责任者严肃处理。

## 本章小结

本章介绍的自动分拣设备包括多种类型，可以实现快速、准确的分拣作业，在选型时要考虑作业对象的特点和作业要求。拣选作业是物流作业的核心环节，拣选作业形式多样，需要对种类、数量以及拣选频率等多种因素进行综合考虑，选择合适的分拣设备。

## 课后习题

### 一、填空题

1. 分拣输送系统的特点有（　　）、（　　）、（　　）。
2. 自动分拣工作过程由（　　）、（　　）、（　　）、（　　）4个阶段组成。
3. 自动分拣系统的选用原则为（　　）、（　　）、（　　）。

### 二、选择题

1. 关于配送中心的功能，下述说法错误的是（　　）。
   A. 商品存储的功能　　　　　　B. 商品有效分类的功能
   C. 商品加工的功能　　　　　　D. 商品生产的功能
2. 分拣信息转变成分拣指令的方式有（　　）。
   A. 人工键盘输入　　　　　　　B. 声音控制
   C. 激光扫描条码　　　　　　　D. 意念控制
3. 自动分拣系统一般由（　　）。
   A. 控制装置　　B. 分类装置　　C. 输送装置　　D. 分拣道口

### 三、简答题

1. 简述自动分拣机的工作原理。
2. 简述自动拣选设备的主要类型和特征。
3. 分析自动拣选设备的选型标准。
4. 简述电子标签辅助拣货系统的优缺点。

### 四、案例分析题

#### 长春烟草物流中心

吉林省烟草公司长春分公司（以下称"长春烟草"）下辖南关、宽城、朝阳、二道、绿园 5 个区级烟草专卖分局（营销部），农安、榆树、九台、德惠和双阳 5 个县级烟草专卖局（营销部）。长春烟草物流中心平均每天要满足 2 000 个客户的需求，完成 1 500 件烟的分拣配送。由于在长春市 724 万人中，农村人口就有400 多万，因此决定了长春市卷烟市场结构偏低。在这种情况下，长春烟草认识到，物流中心的建设不能一味追求先进性，只有选择适合自己实际的物流系统，才能在满足客户需求的同时降低物流成本。

长春烟草物流中心主要由卷烟自动存取系统与设备、条烟分拣系统与设备、管理信息系统 3 部分组成。卷烟存取采用立体仓库系统，成品烟存储量为 5 000 大箱。每天的条烟分拣量都在 10 000 箱以上，采用两组 A 字型自动分拣线（也称为"A 型架"），分拣工人 720 人左右，分两班作业。每天上午接受零售商户的订单，经过信息系统处理，下午两点开始分拣作业，然后按照配送线路装车，第二天一早配送到户。信息中心完成长春市内（外县）烟草销售点的信息采集、电话订购、订购信息处理与分拣单生成等。

科学专业的规划设计是保证物流中心高效运作的关键。长春烟草物流中心的设计原则如下。

按 30 条送货线路（对应于 30 辆送货车）对订单进行归类。每天要完成 2 000 个订单的送货任务，平均每条线路约完成 67 个订单。分拣作业区有两组自动分拣系统，每条分拣线左右两侧分别处理各自的订单，两条线可同时处理 4 个订单。按 4 条分拣线对发货线路进行归类，设定 30 条配送线路，平均每条分拣线对应 7.5 个发货方向线路，即 502 个订单。在分拣作业时，每一组分拣系统按照对应线路的订单次序逐单分拣，同时可保证分拣烟箱码放和发货的顺序，这样 4 条分拣线可同时分拣 4 条发货线路的订单。

一般情况下，头天下午至晚上为第二天一早的发货做好分拣和备货准备。在整个物流系统中，分拣系统的设计尤为关键。分拣作业区要完成的工作包括重力式货架的件烟补货、A 字型自动分拣机的条烟补货、条烟自动分拣、特品条烟分拣等工序。分拣作业区主要包含两条相对独立的 A 字型自动分拣线，可同时进行 4 个订单的分拣工作。

2006 年 10 月，为了解决卷烟分拣作业存在的问题，更好地服务于广大卷烟零售商户，长春烟草决定对原先的流程进行调整。在引进了叠层自动套膜封口热收缩包装机和高速标签打印机用于自动分拣后的卷烟包装与加贴标签后，新的分拣、配送作业流程如下。

经 A 型架自动分拣、打标后的香烟经过点数机（按客户需求隔离）后，进入叠层自动套膜封口热收缩包装机进行包装。包装好的香烟由分拣员与计算机显示的分拣信息进行核对，准确无误后粘贴同步打印、输出的外包装标签（包含零售商户信息及其所需香烟信息）并装入周转箱，配送人员根据包装上的标签信息将卷烟分送到终端客户。

（资料来源：http://wenku.baidu.com/view/b637964b767f5acfa1c7cd22.html.有改动.）

问题：（1）通过分析流程分析烟草配送中心的物流设备组成。
（2）说明物流设备的选择对配送中心的促进作用。

## 技能训练

【实训项目】配送中心规划

【实训目的】
(1) 掌握配送中心的设备选型方法。
(2) 熟悉配送中心的流程制定。

【实训内容】
(1) 根据提出的要求搭建基本的配送中心设备系统。
(2) 根据作业要求确定基本的设备选型原则。

【实验器材】
自动灌装机、贴标机、包装带以及模拟液体。

【实验步骤】
某烟草配送中心的日作业量如下：箱数 600（尺寸可以根据实际条件确定）；客户数 300；种类数 400；规定香烟销售人每半个月订一次货。

请根据上述条件确定基本的物流设备种类，并说明设备的选型标准。

# 第7章

## 流通加工设备

LIUTONG JIAGONG SHEBEI

【知识目标】

(1) 理解流通加工机械设备的基本概念和各种类型流通加工机械设备的功能。
(2) 理解不同类型包装机械设备、常用设备的基本组成和用途。
(3) 理解包装自动生产线的概念、分类和典型的包装自动生产线。
(4) 熟悉典型的混凝土机械、剪板机、木锯机、玻璃切割机等设备的基本组成和结构、特点。

【能力目标】

(1) 能够根据实际需要进行物流包装设备的选用。
(2) 懂得各类流通加工机械设备的功用、适用场合。
(3) 灵活运用所学知识解决实际问题。

**【导入案例】**

**阿迪达斯的组合式鞋店**

阿迪达斯公司在美国有一家超级市场，设立了组合式鞋店，摆放着的不是做好了的鞋，而是做鞋用的半成品，款式花色多样，有6种鞋跟、8种鞋底，均为塑料制造的，鞋面的颜色以黑白为主，搭带的颜色有80种，款式有百余种，顾客进来可任意挑选自己所喜欢的各个部位，交给职员当场进行组合。只要10分钟，一双崭新的鞋子便做好了。

这家鞋店昼夜营业，职员技术熟练，鞋子的售价与成批制造的价格差不多，有的还稍便宜些。所以顾客络绎不绝，销售金额比邻近的鞋店多10倍。

（资料来源：http://wenku.baidu.com/view/c8adf1215901020207409c77.html.）

思考分析：

阿迪达斯公司的经营案例给了我们什么样的启发？

## 7.1 流通加工机械设备

### 7.1.1 流通加工概述

1．流通加工的定义

流通加工是在物品从生产地到使用地的过程中，根据需要施加包装、分割、计量、分拣、刷标志、拴标签、组装等简单作业的总称。

2．流通加工的分类

从流通加工的任务上看，流通加工大多是对物品进行较为简单的多规格、多用户、小批量的初级加工，其中大部分需要借助机械加工设备，而且流通领域物品的种类繁多，因此，流通加工设备的类型也很多。按照流通加工对象的不同性质可分为以下几种。

1）食品的流通加工

流通加工最多的是食品加工。为了便于保存，提高流通效率，食品的流通加工是重要的加工环节，如鱼和肉类的冷冻、生奶酪的冷藏、将冷冻的鱼肉磨碎以及食品加工、生鲜食品的原包装、大米的自动包装以及上市牛奶的灭菌和摇匀等。

2）消费资料的流通加工

消费资料的流通加工是以服务顾客、促进销售为目的，如衣料的标识和印记商标、粘贴标价、安装广告用幕墙、家具等的组装、地毯剪接等。

3）生产资料的流通加工

生产资料的流通加工类型很多，根据不同的加工对象，采用不同的流通加工机械。具有代表性的生产资料的流通加工有钢铁、水泥、木材的加工，这种加工以适应顾客需求的变化、服务顾客为目的。

### 7.1.2 流通加工设备概述

1．流通加工设备的概念

流通加工设备是指在流通加工活动中所使用的各种机械设备和工具。流通加工机械设备的加工对象是进入流通过程的商品，它通过改变或完善流通对象的原有形态来实现生产与消费的桥梁和纽带作用。

**【资料】**

## 流通加工设备应用

流通加工大都是对物品进行浅层次的初级加工，如将钢板按用户要求切割成块、将散装的食用油灌装成小桶装、将散装的大米袋装或将货物贴上商标，所有这些，除部分手工操作外，大部分都要借助于机械加工设备。按照加工方式的不同，可以将流通加工设备大致分为以下几种：包装机械、切割机械、搅拌机械、称重设备等。

2．流通加工设备的分类

（1）按加工物资的类型、要求和加工方法分类，可分为剪裁机、折弯机、拔丝机、钻孔机、组装机和分装机等。

（2）按服务对象不同分类，可分为裹包集包设备、外包装配合设备、印贴条形码标签设备、拆箱设备和称重设备等。

（3）按流通加工形式分类，可分为剪切加工设备、开木下料设备和冷冻加工设备等。

3．流通加工中常见的设备

1）贴标机

在流通加工作业中，贴标签作业是较多的一种，以自动化层次而言可分为手工、半自动和全自动3种。在自动贴标机中，可分为接触式和非接触式两种，接触式贴标机必须是商品与贴标机接触才能贴标，而非接触式则是贴标机与商品没有接触的状态下贴标，是利用空气喷射的力量将标签贴在商品上。在物流中心的作业中，以半自动的贴标机为最多，因为物流中心大部分贴标签作业是属于多种少量的情形，当然也有少种多量的商品且其数量大，适合于自动化的设备，如图7.1和图7.2所示。

图7.1 平面贴标机

图7.2 双面贴标机

2）封箱机

封箱作业是指在流通加工完成，把商品放入纸箱后封上箱口的作业。以自动化层次而言，可分为人工方式、半自动方式和全自动方式3种。目前的流通加工大部分采用人工方式，数量较多的可以考虑全自动方式，如图7.3和图7.4所示。

3）热收缩包装机

热收缩包装在流通加工作业中是最普通的一种，而且也是属于机型较多的设备，一般而言，热收缩包装机由收缩膜封切机和烤炉两部分构成。以其封切方式的不同，大致可分为四面封、三面封、L 型封及一面封等，因此，机器设备的选择主要是参考货品包装的数量来确定。目前在流通加工中，使用半自动或手动的比较多，因为在物流中大都是多种少量的情况，如图 7.5 所示。

  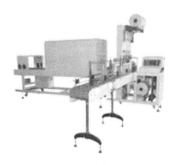

图 7.3　手动封箱机　　　　图 7.4　全自动封箱机　　　　图 7.5　热收缩包装机

4）剪板机

剪板机是在各种板材的流通加工中应用比较广泛的一种剪切设备，可用于板料或卷料的剪裁。剪板机连接运动的上刀片和固定的下刀片，采用合理的刀片间隙，对各种厚度的金属板材施加剪切力，使板材按所需要的尺寸断裂、分离。

（1）液压剪板机：液压剪板机采用钢板焊接结构，液压传动，蓄能器回程，刃口间隙调整有指示牌指示，调整轻便、迅速，设有灯光对线照明装置，并能无级调节上刀架的行程量，如图 7.6 所示。工作区采用栅栏式人身安全保护装置。后挡料尺寸及剪切次数有数字显示装置。

（2）液压摆式剪板机：液压摆式剪板机为液压传动、摆式刀架。机架整体焊接坚固耐用，使用氮气缸回程，平稳、迅速。具有无级调节行程的功能，上下刀片刃口间隙用手柄调节，刀片间隙均匀度容易调整，如图 7.7 所示。防护栅与电器联锁确保操作安全。数控系统与位置编码器组成闭环控制系统，速度快，精度高，稳定性好，能精确地保证后挡料位移尺寸的精度，同时数控系统具有补偿功能及自动检测等多种附加功能。

图 7.6　液压剪板机　　　　　　　　图 7.7　数控液压摆式剪板机

（3）液压闸式剪板机：液压闸式剪板机为全钢焊接结构，综合处理（振动时效、热处理）消除内应力，有很好的刚性与稳定性。采用先进的集成式液压系统，可靠性好，如图 7.8 所示。采用三轴承滚动导轨，消除导轨间隙，提高剪切质量。机动后挡料，手动微调，数字显示。刀片间隙有手轮调整，迅速、准确、方便。矩形刀片使各个刃口均可使用，使用寿命长。剪切角可调，减少板料扭曲变形。上刀架采用内倾结构，便于落料，并能提高工作的精度，具有分段剪切功能。

图 7.8 液压闸式剪板机

剪板机在使用过程中的注意事项。

（1）开动剪板机机器作空转若干循环，确保在正常情况下，试剪不同厚度板料，由薄至厚，确保用户熟悉剪板机性能。

（2）试剪时，针对不同板厚必须调对不同刀片间隙，若不调对相应的刀片间隙，则影响刀片耐用度。

（3）在剪切过程中打开剪板机压力表开关，观察油路压力值，不得为剪超规定材料面提高压力，造成机器损坏。

（4）操作时声音平衡，剪板机如有杂音，应停机检查。

（5）剪板机操作时油箱提高温度低于 60°，超过时关机休息。

5）卷板机

卷板机一般具备预弯和卷圆两种功能，广泛应用于装潢、化工、金属结构、输水输油管道及机械制造行业，是金属薄板弯曲成型的理想设备，如图 7.9 所示。

6）折弯机

折弯机是用于锻压机床、压力机、折弯机、制药机和印刷机等的折弯、校直的专用产品，如图 7.10 所示。

图 7.9 卷板机

图 7.10 折弯机

7）校平机

校平机主要用于将不同规格的卷料，经过开卷、校平、剪切成为所需长度和宽度的平整板材，如图 7.11 所示。校平机可加工各种冷轧和热轧卷板、硅钢板、不锈板、彩板、铝板及电镀后或涂装后的各类金属板材。

8）切割机

在现代工业制造领域中，切割是应用量很大、应用面广泛的基础工艺之一，尤其是在工程机械制造行业，切割工作量占有很大的比重，切割的效率和质量将直接影响生产的效率和质量。近年来，国内外切割技术取得了突破性进展，从单一的氧乙炔火焰切割发展成为新型工业燃气火焰切割、等离子弧切割、激光切割和水射流切割等多能源、多种工艺方法的现代化切割技术，与此同时，又将现代化控制技术与切割技术相结合，研究开发出新一代的全自动切割设备，如图7.12所示。

图 7.11　校平机

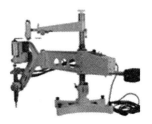

图 7.12　切割机

9）混凝土搅拌机

混凝土搅拌机主要用来生产和运输高品质的混凝土，在工程建设中起到了很大的作用。水泥混凝土搅拌机的用途就是机械化地拌制水泥混凝土，其种类较多，具体如下。

（1）按作业方式来分类：分为循环作业式和连续作业式两种。

① 循环作业式的供料、搅拌和卸料 3 道工序是按一定的时间间隔周期进行的，即按份拌制。由于拌制的各种物料都经过准确的称量，故搅拌质量好，目前大多采用此种类型的作业方式。

② 连续作业式的供料、搅拌和卸料 3 道工序是在一个较长的筒体内连续进行的。虽然其生产率较循环作业式高，但由于各料的配合比、搅拌时间难以控制，故搅拌质量差，目前使用较少。

（2）按搅拌方式来分类：分为自落式搅拌机和强制式搅拌机两种。

① 自落式搅拌机就是把混合料放在一个旋转的搅拌鼓内，随着搅拌鼓的旋转，鼓内的叶片把混合料提升到一定的高度，然后靠自重自由撒落下来，这样周而复始地进行，直至拌匀为止。这种搅拌机一般拌制塑性和半塑性混凝土。

② 强制式搅拌机是搅拌鼓不动，而由鼓内旋转轴上均置的叶片强制搅拌。这种搅拌机拌制质量好，生产效率高；但动力消耗大且叶片磨损快，一般适用于拌制干硬性混凝土。

（3）按装置方式来分类：分为固定式和移动式两种。

① 固定式搅拌机是安装在预先准备好的基础上，整机不能移动，它的体积大，生产效率高，多用于搅拌楼或搅拌站。

② 移动式搅拌机本身有行驶车轮，且体积小，重量轻，故机动性能好，多应用于中小型临时工程。

（4）按出料方式来分类：分为倾翻式和非倾翻式两种，倾翻式靠搅拌鼓倾翻卸料，而非倾翻式靠搅拌鼓反转卸料。

（5）按搅拌鼓的形状不同来分类：分为梨型、鼓筒型、双锥形、圆盘立轴式和圆槽卧轴式。前 3 种是自落式搅拌，后两种为强制式搅拌，目前国内较少使用。

（6）按搅拌容量来分类：分为大型（出料容量 1 000～3 000L）、中型（出料容量 300～500L）和小型（出料容量 50～250L）。

10）木屑机

木屑机又叫木材粉碎机，属于木材粉碎系列设备之一，如图 7.13 所示。它是生产木粉（锯末）的一种专用设备，广泛用于造纸、食用菌、机制木炭、刨花板、锯末板、高密度板和中纤板等工业生产的备料工段和单一的木粉（锯末）生产基地，切削的原料主要是原木、树枝。进料分水平和倾斜两种方式，出料也有上出料和下出料两种方式。

图 7.13 木屑机

工作原理：采用刀片切割和高速气流冲击、碰撞双重粉碎功能于一体，并能同时完成微料分选加工工序。在刀片切割粉碎过程中，转子产生高速气流，随刀片切割方向旋转，物料在气流中加速，并反复冲击使物料同时受到双重粉碎，加速物料的粉碎率。

4．流通加工机械设备的作用

通过流通加工设备改变和完善物品原有的形态，将生产与消费联系起来，促进了消费、维护了产品质量、提高了物流效率。利用流通加工机械设备进行流通加工的作用主要体现在以下几个方面。

（1）可以提高原材料利用率。利用流通加工环节进行集中下料，是将生产厂直接运来的简单规格产品，按使用部门的要求进行下料。例如，将钢板进行剪板、切裁；钢筋或圆钢裁制成毛坯；木材加工成各种长度及大小的木板、木方等。集中下料可以优材优用、小材大用、合理套裁，有很好的技术经济效果。北京、济南、丹东等城市对平板玻璃进行流通加工（集中裁制、开片供应），玻璃利用率从60%左右提高到85%~95%。

（2）可以进行初级加工，方便用户。用量小或临时需要的使用单位，缺乏进行高效率初级加工的能力，依靠流通加工可使使用单位省去进行初级加工的投资、设备及人力，从而搞活供应，方便了用户。目前发展较快的初级加工有将水泥加工成生混凝土，将原木或板方材加工成门窗，进行冷拉钢筋及冲制异型零件、钢板的预处理、整形、打孔等加工。

（3）提高加工效率及设备利用率。由于建立集中加工点，因此可以采用效率高、技术先进、加工量大的专门机具和设备。这样做既提高了加工质量，也提高了设备利用率，还提高了加工效率，其结果是降低了加工费用及原材料成本。例如，一般的使用部门在对钢板下料时，采用气割的方法留出较大的加工余量，不但出材率低，而且由于热加工容易改变钢的组织，加工质量也不好。集中加工后可设置高效率的剪切设备，在一定程度上防止了上述缺点。

（4）充分发挥各种输送手段的最高效率。流通加工环节将实物的流通分成两个阶段。一般来说，由于流通加工环节设置在消费地，因此，从生产厂到流通加工的第一阶段输送距离长，而从流通加工到消费环节的第二阶段距离短。第一阶段是在数量有限的生产厂与流通加工点之间进行定点、直达、大批量的远距离输送，因此，可以采用船舶、火车等大量输送的手段；第二阶段则是利用汽车和其他小型车辆来输送经过流通加工后的多规格、小批量、多用户的产品。这样可以充分发挥各种输送手段的最高效率，加快输送速度，节省运力运费。

（5）改变功能，提高收益。在流通过程中进行一些改变产品某些功能的简单加工，其目的除上述几点外还在于提高产品销售的经济效益。例如，内地的许多制成品（如洋娃娃玩具、时装、轻工纺织产品、工艺美术品等）在深圳进行简单的装潢加工，改变了产品外观功能，仅此一项就可使产品售价提高 20%以上。所以，在物流领域中，流通加工可以成为高附加值的活动。这种高附加值的形成，主要着眼于满足用户的需要、提高服务功能，是贯彻物流战略思想的表现，是一种低投入、高产出的加工形式。

## 7.2 包装机械设备

### 7.2.1 包装机械设备的概念

根据国际标准化组织制定的包装机械国际标准和我国制定的包装机械有关国家标准（GB/T 4122.1—2008），包装设备即包装机械设备，是指完成全部或部分包装过程的一类机器。包装过程包括充填、裹包、封口等主要包装工序以及与其相关的前后工序，如清洗、干燥、杀菌、计量、成型、标记、紧固、多件集合、集装组装、拆卸及其他辅助工序。根据包装机械的功能，可以分为充填、灌装、封口、裹包、捆扎、贴标等多种机械。

### 7.2.2 包装机械设备的类型

1. 充填机械

充填机械是将精确数量的产品充填到各种包装容器中的机械。它适用于包装粉状、颗粒状的固态物品。半自动充填机如图 7.14 所示。

图 7.14 半自动充填机

1）充填机械的分类

实际生产中，由于产品的状态、性质及所要求的计量精确度等因素各不相同，因此对于不同的物料，所用的充填方式也各有不同。按照计量方式的不同，可以分为容积式充填机械、称重式充填机械和计数式充填机械；按充填物的物理状态，充填机械可分为料粉充填机械、颗粒物料充填机械、膏状物料充填机械和块状物料充填机械；按充填功能不同，充填机械可分为制袋充填机械、成型充填机械和仅具有充填功能的充填机械等。

2）常用的充填机械

（1）容积式充填机械：根据物料容积计量的方式不同，容积式充填机可分为固定式量杯充填机、可调容量式充填机、气流式充填机、柱塞式充填机、螺杆式充填机、计量泵式充填机、插管式充填机、料位式充填机、定时充填机等。容积式充填机适合于干料或稠状流体物料的充填。它的特点是结构简单、计量速度快、造价低，但计量精度较低。因此，它适用于价格比较便宜的物品的包装作业。

（2）称重式充填机械：称重式充填机是将产品按预定质量充填到包装容器内的机器。由于容积式充填机计量精度不高，对一些流动性差、比重变化较大或易结块物料的包装，往往效果就显得较差。因此，人们对计量精度要求较高的各类物料的包装，通常采用称重式充填机。

称重式充填机包括单秤斗称重充填机、无秤斗称重充填机、多秤斗称重充填机、电子组合称重充填机、连续式称重充填机等。全自动称重式充填机如图 7.15 所示。

（3）计数式充填机械：计数定量的方法分为两大类，一类是被包装物品有一定规则地整齐排列，计数机构常见的有长度、容积、堆积等几种计数形式；另一类是从混乱的被包装物品的集合体中直接取出一定个数，常用的有转盘、转鼓、推板等形式，主要用于颗粒状、块状物品的计数。长度计数充填机如图 7.16 所示。

图 7.15　全自动称重式充填机

图 7.16　长度计数充填机

2．灌装机械

灌装机械的主要作用是将定量的液体物料充填入包装容器内。该类型机械不仅可以使黏度较低的物料依靠自重以一定速度流动，也可以使某些黏稠物料依靠压力以一定速度流动。

1）灌装机械的基本组成

灌装机械的类型繁多，但其结构主要由包装容器的供送装置、灌装物料的供送装置、灌装阀 3 部分组成。

包装容器供送装置的作用主要是将容器间隔地送至灌装工位，待灌装完成后，再将瓶子送出灌装机。

灌装物料供送装置的作用主要是将物料提供给灌装阀，再灌装入包装容器。常压供料装置是在常压下利用物料的重力向处于低位的灌装阀流送，物料装在处于高位的储液箱中，这种供料装置主要用于低黏度、流动性好的物料，如牛奶、墨水、酱油、醋等。对于中等黏度、流动性不好的物料，如果酱、牙膏、洗发膏等，它们在重力作用下难以自流，这就必须施加机械压力使其流动,利用活塞或柱塞的往复运动来压送液料。真空供料装置需先将包装容器(如瓶子)抽成真空,然后进行灌装。

灌装机的供瓶部分是将瓶子间隔地送至灌装工位,待灌装完成后切断供料装置。灌装阀的作用是根据灌装工艺要求切断或沟通液室、气室和待灌容器之间液料流通的通道,是灌装机进行灌装的关键部件。不同的灌装方式采用不同的灌装阀,相应地有常压灌装阀、压力灌装阀、真空灌装阀、等压灌装阀。

2)常见的灌装机

(1)膏状灌装机:膏状灌装机如图7.17所示,主要用于灌装膏状产品,由环形液室、拨瓶星轮、分件供送螺杆、中心进液管、进气管、灌装阀等组成。

工作时,洗净的瓶子由分件供送螺杆和拨瓶星轮送到托瓶台上,瓶子上升后瓶口与灌装阀紧密接触,进行等压灌装,灌装结束后,由拨瓶星轮将瓶子送到压盖机上。

(2)液体灌装机:液体灌装机主要用于洗涤液、糖浆、果汁、食油、乳剂、农药等溶液、黏液、乳液的定量灌装。GF-100型多头活塞式多功能自动灌装机如图7.18所示。

图7.17 膏状灌装机

图7.18 GF-100型多头活塞式多功能自动灌装机

(3)颗粒灌装机:颗粒灌装机专门进行各种颗粒物的灌装,它采用单相调速电动机配棘轮机构进行传动,所有接触灌装品的部分均用符合食用卫生标准的"316"不锈钢制成。根据不同需要,用户可随时、任意调整灌装数量和灌装速度。颗粒灌装机使用广泛,是食品、医药、化工等各行业颗粒灌装最理想的更新换代产品。

3. 封口机械

封口机械的作用主要是在包装容器内盛装产品后,为了使产品得以密封保存,保持产品质量,避免产品流失,对容器进行封口。封口机械适合于用任意材料制成的包装容器的封口,容器内可以盛装任意物品,但由于包装容器的形态及物理性能各不相同,因此,所采用的封口形式及封口装置也不一样。

1)封口机的分类和特点

按照封口方式的不同,封口机可分为以下几种类型。

(1)热压式封口机:热压式封口机即采用加热加压的方式封闭包装容器的机器,所使用的加热元件有加热板、加热环带、加热辊等。

(2)熔焊式封口机:熔焊式封口机即通过加热使包装容器封口处熔融而将包装容器封闭的机器,常用的加热方式有超声波、电磁感应和热辐射等。

（3）缝合式封口机：缝合式封口机即使用缝线缝合包装容器的机器，多用于麻袋、布袋、复合编织袋等的封口。

（4）卷边式封口机：卷边式封口机即用滚轮将金属盖与包装容器开口处相互卷曲勾合以封闭包装容器的机器。卷边式封口机又称封罐机，是罐头食品生产过程中的重要机械设备之一。

（5）滚压式封口机：滚压式封口机即指用滚轮滚压金属盖使之变形以封闭包装容器的机器。

（6）旋合式封口机：旋合式封口机即指通过旋转封口器材以封闭包装容器的机器。封口器材通常是带有螺纹的瓶盖或带有向内卷曲的盖爪的罐盖，以旋拧的方式旋紧在带有螺纹的瓶口或罐口上。

（7）结扎式封口机：结扎式封口机即使用线绳等结扎材料封闭包装容器的机器。

2）常见封口机

（1）手压式封口机：手压式封口机是常用且简单的封口机，其封合方法一般采用热板加压封合或脉冲电加热封合。这类封口机多为袖珍形，造型美观，重量轻，占地小，适于放在桌上或柜台上使用。它由手柄、压臂、电热带、指示灯、定时旋钮等元件组成。该机不用电源开关，使用时只要把交流电源线插头插入插座，根据封接材料的热封性能和厚度，调节定时器旋钮，确定加热时间，然后将塑料袋口放在封接面上，按下手柄，指示灯亮，电路自动控制。加热时间到后指示灯熄灭，电源被自动切断，约1~2s后放开手柄，即完成塑料袋的封口。

（2）脚踏式封口机：脚踏式封口机与手压式封口机的热封原理基本相同，其显著的不同之处是采用脚踏的方式拉下压板。操作时双手握袋，轻踩踏板，瞬间通电完成封口，既方便，封口效果又好。该类封口机可采用双面加热，以减小热板接触面与薄膜封接面间的温差，提高封接速度和封口质量。有的还配有印字装置，在封口的同时可以打印出生产日期、重量、价格等。有些脚踏式封口机的工作台面可以任意倾斜，以适应封接包装液体或粉状物料的塑料袋。

（3）落地式自动封口机：落地式自动封口机主要由环带式热压封口器、传送装置、电气控制装置和落地支架等几部分组成。环带式热压封口器是完成塑料薄膜袋封口的主要部件，它的全部元件安装在一个箱形结构的框架上，整个装置固定在落地支架的后部。

（4）卧式自动封口机：卧式自动封口机的工作原理及结构形式与落地式封口机基本相同，不同之处是卧式封口机没有落地支架。卧式封口机体积较小，可放在桌上、柜台上或其他工作台上使用，主要用于包装体积小的干燥物品。

（5）立式自动封口机：立式自动封口机的工作原理与落地式封口机基本相同，主要区别是在落地式自动封口机中环带式热压封口器的带轮轴是水平安放的，而在立式自动封口机中，其带轮轴则是垂直安放的。这样可使包装袋直立在输送带上运行并进行封口，因此这种封口机可以用于内装物不能平放的（如液体、黏稠体）包装袋的封口。

（6）超声波封口机：超声波封口机是一种投资费用较大、适应薄膜种类较多的热封设备。它常用于封焊塑料软管、铝塑复合管等较厚的材料，对于厚度不匀的材料也能取得较好的封口效果。

（7）自动缝合机：自动缝合机主要由缝纫机头、线挑、机头支架、备用支架、输送带、脚踏开关等部件组成。某些自动缝合机在机头支架上相对安装两个机头，一旦发生故障，转动支架即可更换机头，以免延误生产。可以在备用支架的上方安装一台称重装置，即可得到一个完整的称重兼封口设备。输送带的高度可以调整，以适应不同高度的袋子。自动缝合机可用于缝合较重的包装袋，输送带的速度可调，能与各种包装生产线匹配，完成封口工作。

（8）半自动手扳热排封口机：半自动手扳热排封口机首先热排，即在封口前加热罐头瓶及内装物，使瓶内空气密度减小，趁热封口，冷却后形成真空的工艺方法。工作时，将已装罐加盖的罐头瓶置于旋转压头与托罐盘之间；踏下脚踏板，通过拉杆（链条）、转臂使压轮与压头一起下降，压头紧压罐头瓶并带动它旋转；手扳把手通过偏心作用使滚轮径向接触瓶盖完成头道、二道封口工序；放开把手，滚轮在弹簧力作用下离开瓶盖复位；松开脚踏板，压头上升复位；完成一次封口工作循环。半自动手扳热排封口机结构简单，价格便宜，但封口前需将罐头中心温度加热至 80℃，致使操作环境条件恶劣，破瓶率较高，真空度波动范围较大。

（9）半自动旋合式封口机：半自动旋合式封口机能对带瓶肩的罐头瓶进行真空封口。对瓶身与瓶口直径相差 10 mm 以上的罐头瓶，封口时的密封容积由罐头瓶与机器共同形成，称为半密封，靠摩擦力防止封口时罐头瓶旋转；当瓶身与瓶口直径的差值在 10mm 以下时，封口时则需将罐头瓶置于机器的密封容积之中，称为全密封，并需要夹持瓶身，防止封口时转动。该机工作时将已灌装加盖的罐头瓶置于托盘上的导筒内，踩下脚踏板，旋阀打开，进气缸与真空管路接通，由真空气缸活塞推动托盘连同罐头瓶一起上升，与机头形成密封容积，此时真空气阀打开使密封腔接通真空源，对罐头瓶抽真空，并利用真空负压驱使夹盖气筒、旋盖气筒（全密封式还有夹瓶气筒）分别动作，完成旋合式封口，随即放松脚踏板，各部件自动复位，人工取出封好的罐头瓶，完成一个工作循环，如图 7.19 所示。

4．裹包机械

用挠性包装材料进行全部或局部裹包产品的包装设备统称为裹包机械。裹包机械是包装机械设备行业中最重要的组成部分之一。

1）裹包机械的分类及特点

裹包机械种类繁多，功能结构各异，按包装成品的形态可分为全裹包机和半裹包机。按裹包方式则可分为折叠式裹包机、接缝式裹包机、覆盖式裹包机、扭结式裹包机、拉伸式裹包机、缠绕式裹包机、贴体包装机、收缩包装机等。

裹包机械的共同特点是用薄型挠性包装材料（如玻璃纸、塑料膜、粘膜、各类复合膜、拉伸膜、收缩膜等）将一个或多个固态物品进行裹包，广泛用于食品、烟草、药品、日用化工品、音像制品等产品的包裹。其种类繁多、功能各异，

图 7.19　半自动旋合式封口机

因而裹包机械的结构较为复杂，其调整、维修需要一定的技术水平。

2）常见裹包机

（1）悬臂式拉伸薄膜缠绕裹包机：悬臂式拉伸薄膜缠绕裹包机可自动进料、上膜、缠绕、切膜、贴膜、出料、仓储等，实现无人操作，采用 PLC 可编程控制器及人机对话触摸屏，能自动警示、自动故障报警等。

（2）接缝式裹包机：接缝式裹包机的进料填充部分由等间距推料器构成的封闭链环组成，

工作时做匀速直线运动，将被包装物品按包装周期规律地送入成型器，完成裹包动作。

接缝式裹包机适合于各类固定形状物品的单件或多件的连续枕形包装，根据不同的包装要求，可进行普通包装、带托盘包装、无托盘集合包装等。所用的包装材料可以是各类复合膜，也可以是PE、PVC等热收缩单膜。目前，接缝式裹包机已广泛应用于流通中不同物品的包装。在选用时要根据自身产品的包装装潢特征来选取合适的包装机，还要考虑包装机的生产能力、尺寸规格、企业环境条件以及性能价格比。

5．贴标机械

贴标机的主要作用是采用黏结剂将标签贴在包装件或产品上。

1）贴标机的组成

贴标机基本由供标装置、取标装置、打印装置、涂胶装置及连锁装置等几部分组成。

供标装置的作用主要是在贴标过程中将标签纸按一定的工艺要求进行供送。它通常由标仓和推标装置所组成。

取标装置根据取标方式不同有真空式、摩擦式、尖爪式等不同形式。

打印装置主要是在贴标过程中在标签上打印产品批号、出厂日期、有效日期等数字，根据打印的方式不同有滚印式和打击式两种。

涂胶装置有多种，其作用主要是将适量的黏结剂涂抹在标签的背面或取标执行机构上，它主要包括上胶、涂胶和胶量调节等装置。

连锁装置设置的主要目的是保证贴标效能和工作的可靠性，可实现"无标不打印"、"无标不涂胶"，一般有机械式和电气式两种。

2）常见贴标机

自动双面贴标机采用了机电一体化的技术，选用大力矩步进电机驱动、光电控制装置、电源保护装置等先进系统，因此具有启动缓冲功能，整体灵敏度高，低速扭矩大，速度稳定，工作电压稳定，抗干扰能力强等技术特点，保证了贴标准确、稳定、可靠、高效。它主要适用于制药、食品、轻工、日化等行业的圆形塑料瓶、玻璃瓶等或类似物体的贴标。该贴标机能自动完成分瓶、送标带、同步分离标签、标贴和自动打印批号等工作，而且字迹清晰，如图7.20所示。

图7.20　自动双面贴标机

6．捆扎机械

捆扎机械是利用带状或绳状捆扎材料将一个或多个包件紧扎在一起的机器，属于外包装设备。利用机器捆扎替代传统的手工捆扎，不仅可以加固包件，减少体积，便于装卸保管，确保运输安全，更重要的是可大大降低捆扎劳动强度，提高工作效率。

捆扎机械广泛用于食品、医药、五金、化工、服装、邮政等行业，适用于纸箱、纸张、包裹信函、药箱、轻工业、五金工具、陶瓷制品、汽车配件、日化用品、文体用品、器材等各种大小货物的自动打包捆扎。

7. 贴标机械

贴标机械主要具有两面贴标机的作用，适用于医药、食品、润滑油、化妆品等行业的产品进行两个对应表面贴标签。目前市面上提供了多种贴标机械，主要有扁瓶贴标机、单面贴标机、侧面贴标机、洗发水瓶贴标机、不干胶贴标机、自动贴标机、广州贴标机、全自动贴标机、广东贴标机、两面贴标机等。

8. 封箱机械

封箱机械具有自动封箱、自动捆扎、光电感应、精确无误、自动输送、自动转向等功能，可调节打包距离。

9. 喷码机

喷码机广泛应用于食品、饮料、化工、建材、制药和塑胶等行业，可根据需要喷印中文、英文、数字、日期、批号等信息。图 7.21 为激光喷码机示意图。

图 7.21　激光喷码机示意图

## 7.3　包装自动生产线

### 7.3.1　包装自动生产线的概念

包装自动生产线是按包装的工艺过程，将自动包装机和有关辅助设备用输送装置连接起来，再配以必要的自动检测、控制、调整补偿装置及自动供送料装置，成为具有独立控制能力，同时能使被包装物品与包装材料、包装辅助材料、包装容器等按预定的包装要求和工艺顺序，完成商品包装全过程的工作系统。

应用包装自动生产线可以大大提高劳动生产率，提高包装产品质量，改善劳动条件，降低工人劳动强度，减少占地面积，降低包装产品成本。包装自动生产线特别适用于少品种、大批量的产品包装，是包装工业发展的方向。

## 7.3.2 包装自动生产线的分类

1) 按包装机排列形式分类

（1）串联自动包装线：各包装机按工艺流程单台顺序连接，各单机生产节拍相同。

（2）并联自动包装线：为平衡生产节拍，提高生产能力，将相同包装机分成数组，共同完成同一包装操作。在此类自动线中间一般需设置一些换向或合流装置。

（3）混联自动包装线：在一条自动线包装上，同时采用串联和并联两种连接形式，主要是为平衡各包装机的生产节拍，一般该自动包装线较长，机器数量较多，因此输送、换向、分流、合流装置种类繁杂。

2) 按包装机之间的联系特征分类

（1）刚性自动包装线：各包装机间用输送装置直接连接起来，以一定的生产节拍运行。但如果其中一台设备发生故障停车，将引起全线停车。

（2）柔性自动包装线：各包装机之间均连有储料器，由储料器对后续包装机供料。如果某台设备发生故障，不会因此而影响其他机器的工作，故生产效率高，但投资较大。

（3）半柔性自动包装线：将全自动线分成若干区段，对不易出现故障的地方则不设储料器，提高其"刚性"；对经常出现故障的地方则设置储料器，提高其"柔性"。因此，既保证了生产效率高，投资又不会过大。

## 7.3.3 典型的包装生产线

1) 酒类灌装自动工厂

成垛的空酒瓶由汽车运到工厂入口，由卸垛机卸下排成单行送到卸瓶机处，由卸瓶机将空瓶吊出放到传送带上，空托盘被输送到堆垛机。空的塑料箱被送至洗箱机，经洗净后再运行到装箱机以装内销酒；如果用的是纸箱，则由装箱机加工好后送到另一台装箱机以装外销酒。空瓶经洗瓶机、排列机、灌装机、封口机、检液机、贴标机等完成清洗、灌装贴标后，被分送到外销与内销装箱机处装箱。对外销的纸箱还要经过封箱。产品装箱后，被输送到储存输送设备，经分类机把不同品种的产品分别储存在不同的部位。然后，储存输送设备将同类产品送出到堆垛机。堆积好的托盘经收缩包装机包裹结实后，送入自动仓库存放。汽车在出口处按订货从自动仓库运出。图7.22所示为酒类灌装自动工厂的包装生产线。

图 7.22 酒类灌装自动工厂的包装生产线

2）听装自动生产线

听装自动生产线如图 7.23 所示，适用于生产各种粉末状、超细粉末状或粉粒状的物料，如米粉、奶粉、营养食品、固体饮料、食品添加剂、粉末味精、食盐、调味品、碳粉、化工原料等。高度灵活性的设备配置可以满足不同规格、不同用户的专业需要。完善的自动控制系统确保流水线中每一个环节都处于监控状态。高精度伺服电机驱动的螺杆充填计量系统，可以精确地控制每次下料的重量。

图 7.23　听装自动生产线

3）药品包装生产线

药品包装生产线如图 7.24 所示，包括铝塑泡罩包装机、多功能装盒机、热收缩薄膜包装机、自动称重秤及装箱机等几部分，它用于完成药品铝塑泡罩包装—泡罩板装盒—成品盒的动态称量—成品盒的捆扎式热收缩薄膜包装—装箱等一系列工作，从而实现药品包装的自动化生产，将人为差错降到最低限度，有效防止药品在包装过程中受到污染和质量下降，保证药品的包装生产过程完全符合《药品生产质量管理规范》（GMP）的要求。

图 7.24　药品包装生产线

 7.4　冷链设备

### 7.4.1　冷链概述

冷链是以保证冷藏冷冻类物品品质为目的，以保持低温环境为核心要求的供应链系统。

1. 冷链的定义

冷链是指易腐食品从产地收购或捕捞之后，在产品加工、储藏、运输、分销和零售，直到消费者手中，其各个环节始终处于产品所必需的低温环境下，以保证食品质量安全，减少损耗，防止污染的特殊供应链系统。因此，冷链建设要求把所涉及的生产、运输、销售、经济和技术性等各种问题集中起来考虑，协调相互间的关系，以确保易腐物品在加工、运输和销售过程中的安全，它是具有高科技含量的一项低温系统工程。

2．冷链所适用的食品范围

（1）初级农产品：蔬菜、水果；肉、禽、蛋；水产品；花卉产品。

（2）加工食品：速冻食品；禽、肉、水产等包装熟食；冰淇淋和奶制品；快餐原料。

（3）特殊商品：各类针剂、药品。

3．食品冷链的构成

食品冷链由冷冻加工、冷冻储藏、冷藏运输及配送、冷冻销售4个方面构成。

（1）冷冻加工。冷冻加工包括肉禽类、鱼类和蛋类的冷却与冻结，以及在低温状态下的加工作业过程；也包括果蔬的预冷、各种速冻食品和奶制品的低温加工等。在这个环节上主要涉及的冷链装备有冷却、冻结装置和速冻装置。

（2）冷冻储藏。冷冻储藏包括食品的冷却储藏和冻结储藏，以及水果、蔬菜等食品的气调储藏，它保证食品在储存和加工过程中的低温保鲜环境。在此环节主要涉及各类冷藏库/加工间、冷藏柜、冻结柜及家用冰箱等。

（3）冷藏运输及配送。冷藏运输及配送包括食品的中长途运输及短途配送等物流环节的低温状态。它主要涉及铁路冷藏车、冷藏汽车、冷藏船和冷藏集装箱等低温运输工具。在冷藏运输过程中，温度波动是引起食品品质下降的主要原因之一，所以运输工具应具有良好性能，在保持规定低温的同时，更要保持稳定的温度，在远途运输中这一点尤其重要。

（4）冷冻销售。冷冻销售包括各种冷链食品进入批发零售环节的冷冻储藏和销售，它由生产厂家、批发商和零售商共同完成。随着大中城市各类连锁超市的快速发展，各种连锁超市正在成为冷链食品的主要销售渠道，这些零售终端大量使用了冷藏/冻陈列柜和储藏库，由此逐渐成为完整的食品冷链中不可或缺的重要环节。

4．冷链的特点

（1）严格管理产地。对食品类产品的产地进行严格管理、追踪，对于特定的商品需要追溯原产地。

（2）对温度的控制严格。冷库对温度控制严格，冷冻库要求在-10～30℃，冷藏库-5～5℃。在整个冷库管理的过程中，需要严格控制温度的变化。现在有些企业已经开始使用带有温度传感器的RF进行全程温度控制。

（3）出入库作业要求高。由于冷库的特殊性质，导致商品出入库要求较高。为保证冷库的温度，不建议多频次出货，出库时间一般固定在一个时间段内；对业务频繁的冷库，需要定期封库，以保证库房的温度；对特殊要求商品要进行速冻或解冻处理，才可以进行出入库业务。

（4）自动化设备利用率低。由于需要低温，造成大部分设备应用受到影响，因此，在冷库中见到的自动化设备很少。

### 7.4.2 冷链物流

1. 冷链物流概述

冷链物流泛指冷藏冷冻类物品在生产、储藏运输、销售,到消费前的各个环节中始终处于规定的低温环境下,以保证物品质量和性能的一项系统工程。它是随着科学技术的进步、制冷技术的发展而建立起来的,是以冷冻工艺学为基础、以制冷技术为手段的低温物流过程。

冷链物流应遵循"3T"原则:产品最终质量取决于在冷链中的储藏与流通的时间(Time)、温度(Temperature)和产品耐藏性(Tolerance)。

"3T"原则指出了冷藏食品品质保持所允许的时间和产品温度之间存在的关系。由于冷藏食品在流通中因时间—温度的变化而引起的品质降低的累积和不可逆性,因此,对不同的产品品种和不同的品质要求都有相应的产品控制和储藏时间的技术经济指标。

2. 冷链物流的分类

冷链物流按温度划分为超低温、冷冻、冰温、冷藏和恒温 5 种;按冷链物品划分为肉、水产品、果蔬、冷饮、奶产品、速冻食品、医药和其他特殊物品 8 种类型。

3. 冷链运输

冷链运输是指在运输全过程中,无论是装卸搬运、变更运输方式还是更换包装设备等环节,都使所运输货物始终保持一定温度的运输。

冷链运输方式可以是公路运输、水路运输、铁路运输和航空运输,也可以是多种运输方式组成的综合运输方式。冷链运输是冷链物流的一个重要环节,其运输成本高,而且包含了较复杂的移动制冷技术和保温箱制造技术。冷链运输管理包含更多的风险和不确定性。

冷链运输过程必须依靠冷冻或冷藏等专用车辆进行,这些专用车辆除了需要有与一般货车相同的车体与机械之外,还必须额外在车上设置冷冻或冷藏与保温设备。在运输过程中要特别注意必须是连续的冷藏,因为微生物活动和呼吸作用都随着温度的升高而加强,如果运输中各环节不能保证连续冷藏的条件,那么货物就有可能在这个环节中开始腐烂变质。在运输时,应该根据货物的种类、运送季节、运送距离和运送地点确定运输方法。在运输过程中,尽量组织"门到门"的直达运输,提高运输速度,温度要符合规定。为保持冷冻货物的冷藏温度,可紧密堆码,但水果、蔬菜等需要通风散热的货物,必须在货件之间保留一定的空隙,以确保货物的完好。

冷链运输要求在中长途运输及短途配送等运输环节保持低温状态。它主要涉及铁路冷藏车、冷藏汽车、冷藏船和冷藏集装箱等低温运输工具。在冷藏运输过程中,温度波动是引起货物品质下降的主要原因之一,所以运输工具应具有良好性能,在保持规定低温的同时,更要保持稳定的温度,远途运输中尤其重要。

### 7.4.3 常见的冷链设备

冷链的主要设备有冷库、低温冰箱、普通冰箱、冷藏箱、冷藏包、冰排、冷柜、冷藏车和蓄冷箱等。

1. 冷库

冷库是指利用降温设施创造适宜的湿度和低温条件的仓库,又称冷藏库(图 7.25)。它是加工、储存农畜产品的场所，能摆脱气候的影响，延长农畜产品的储存保鲜期限，以调节市场供应。冷库应建在交通方便、水电供应来源可靠的地方，库址周围应有良好的环境卫生条件，尽量避开工矿企业的有害气体、烟雾、粉尘以及来自传染病院等的污染源。

图 7.25 冷库

1）冷库的组成

冷库主要由库体、制冷系统、冷却系统、控制系统和辅助系统几个部分组成。

（1）库体：主要保证储藏物与外界隔热、隔潮，并分隔各个工作区域，对于大型冷库有冷加工间、预冷间、冻结间、冷藏间、制冰间、穿堂、站台和电梯间等。

（2）制冷系统：主要用于提供冷库冷量，保证库内温度和湿度。根据冷库温度的不同，制冷系统也不同，通常冷库温度高于-30℃，则使用单级压缩制冷系统；冷库温度低于-30℃，高于-60℃，使用两级压缩制冷系统或复叠制冷系统；冷库温度低于-80℃，一般要用复叠制冷系统。

（3）冷却系统：主要用于冷却制冷系统的散热。空气冷却系统的制冷系统直接采用空气冷却，它的系统简单，操作方便，适用于缺水的地区和小型冷库。水冷却系统主要由冷却塔、水泵和冷却水管道组成，它的冷却效果好，但是系统复杂，操作麻烦，要求对冷却水系统定期进行清洗，以保证冷却水系统的传热效果。冷却水系统大部分用于大型冷库。蒸发冷却系统是将制冷系统的冷凝器直接与冷却塔结合，冷却水直接喷淋到冷凝器上进行蒸发冷却，它的冷却效果好，但是系统复杂，要求冷凝器直接安装在室外，所以系统的运行、维护保养工作要求高。

（4）控制系统：主要对冷库温度、湿度以及制冷系统、冷却系统等进行控制，保证冷库安全、正常地运行。随着技术的发展，目前计算机和网络技术已逐步应用到冷库的控制中。

（5）辅助系统：主要包括冷库操作间、机房等，对于大型冷库还要有动力车间、配电房、锅炉房、化验室、水泵房、仓库和水处理等场所。

2）冷库的分类

（1）按结构形式分。

① 土建冷库：这是目前建造较多的一种冷库，可建成单层或多层，主体结构和地下荷重结构都用钢筋混凝土，其维护结构的墙体都采用砖砌而成。

② 装配式冷库（活动冷库）：这类冷库的主体结构（柱、梁、屋顶）都采用轻钢结构，

其围护结构的墙体使用预制的复合隔热板组合而成。隔热材料采用硬质聚氨酯泡沫塑料和硬质聚苯乙烯泡沫塑料等。此类冷库还可称为组合式冷库、组合冷库、拼装式冷库或装配式活动冷库。此类冷库还可细分为玻璃钢装配式冷库、玻璃钢活动冷库、不锈钢活动冷库和彩钢装配式活动冷库等。

(2) 按使用性质分。

① 生产性冷库：它们主要建在食品产地附近、货源较集中的地区和渔业基地，通常是作为鱼类加工厂、肉类加工厂、禽蛋加工厂、蔬菜加工厂和各类食品加工厂等的重要组成部分。这类冷库配有相应的屠宰车间、理鱼间和整理间，具有较大的冷却、冻结能力和一定的冷藏容量，食品在此进行冷加工后经过短期储存即运往销售地区、直接出口或运至分配性冷藏库作长期的储藏。

② 分配性冷库：它们主要建在大中城市、人口较多的工矿区和水陆交通枢纽，专门储藏经过冷加工的食品，以供调节淡旺季节、提供外贸出口和作长期储备之用。它的特点是冷藏容量大并考虑多品种食品的储藏，其冻结能力较小，仅用于长距离调入冻结食品在运输过程中软化部分的再冻及当地小批量生鲜食品的冻结。

③ 零售性冷库：这类冷库一般建在工矿企业或城市大型副食品店、菜场内，供临时储存零售食品之用，其特点是库容量小、储存期短，其库温则随使用要求不同而不同。在库体结构上，零售性冷库大多采用装配式组合冷库。

(3) 按规模大小分。

① 大型冷库：此类冷库冷藏容量在10 000t以上，生产性冷库的冻结能力在120～160t/d范围内，分配性冷库的冻结能力在40～80t/d范围内。

② 中型冷库：此类冷库冷藏容量在1 000～10 000t范围内，生产性冷库的冻结能力在40～120t/d范围内，分配性冷库的冻结能力在20～60t/d范围内。

③ 小型冷库（小冷库）：此类冷库的冻结能力在1 000t以下，生产性冷库的冻结能力在20～40t/d范围内，分配性冷库的冻结能力在20t/d以下。

(4) 按冷库制冷设备选用工质分。

① 氨冷库：此类冷库制冷系统使用氨作为制冷剂。

② 氟利昂冷库：此类冷库制冷系统使用氟利昂作为制冷剂。

(5) 按使用库温要求分。

① 高温冷库：L级（-5～5℃），主要用来储藏果蔬、蛋类、药材和木材保鲜、干燥等，又称冷却库，库温一般控制在不低于食品汁液的冻结温度。冷却库或冷却间的保持温度通常在0℃左右，并以冷风机进行吹风冷却。

② 中温冷库：D级（-18～-10℃），主要用来储藏肉类、水产品及适合该温度范围的产品。

③ 低温冷库：J级（-28～-23℃），又称冻结库、冷冻冷库，一般库温在-30～-20℃，通过冷风机或专用冻结装置来实现对食品的冻结。

④ 超低温冷库：其温度≤-30℃，主要用来速冻食品及工业试验、医疗等特殊用途。

⑤ 冷藏冷库：即冷却或冻结后食品的储藏库。它把不同温度的冷却食品和冻结食品在不同温度的冷藏间和冻结间内作短期或长期的储存，通常冷却食品的冷藏间保持库温2～4℃，主要用于储存果、蔬和乳、蛋等食品；冻结食品的冷藏间的保持库温为-25～-18℃，用于储存鱼、家禽肉等。

⑥ 速冻冷库：又叫隧道冷库、速冻隧道冷库，用于食品快速冻结。

（6）按使用结构材料及档次分，冷库可分为高档冷库、低档冷库、玻璃钢冷库、彩钢冷库和不锈钢冷库。

（7）按使用储藏特点分。

① 超市冷库：超市用来储藏零售食品的小型冷库。

② 恒温冷库：对储藏物品的温度、湿度有精确要求的冷库，包括恒温恒湿冷库。

③ 气调冷库：气调保鲜库是目前国内外较为先进的果蔬保鲜冷库。它既能调节库内的温度、湿度，又能控制库内的氧气、二氧化碳等气体的含量，使库内果蔬处于休眠状态，出库后仍保持原有品质。所谓气调保鲜就是通过气体调节方法，达到保鲜的效果。气体调节就是将空气中的氧气浓度由21%降到3%~5%，即保鲜库是在高温冷库的基础上，加上一套气调系统，利用温度和控制氧含量两个方面的共同作用，抑制果蔬采后呼吸状态。它包括气调保鲜冷库、气调冷库。

（8）按储藏物品分，分为药品冷库、食品冷库、水果冷库、蔬菜冷库和茶叶冷库等。

2．冷藏箱

（1）疫苗冷藏箱（图7.26）：疫苗冷藏箱是指为保证疫苗从疫苗生产企业到接种单位运转过程中的质量而装备的储存、运输冷藏设施、设备，适用于医用采样、取样，生物制剂冷藏低温运输，血液运输等。

（2）血液冷藏箱：血液冷藏箱主要用于防疫疫苗、试剂运输保冷和血液制品的冷藏保温。

（3）医药冷藏运输箱：医药冷藏运输箱是普通医疗药物的保温运输工具。

（4）干冰运输箱：干冰运输箱广泛应用于干冰制造、储存和配送等各个领域。

3．蓄冷箱（柜）

蓄冷箱（柜）（图7.27）由保温箱体和蓄冷盒组成。保温箱起保温作用，蓄冷盒可以提供几小时或几十小时的冷源。它适用于速冻、冷藏食品、快餐、海鲜和水果等中长途及短途配送；生物、制药、化工企业、疫苗、有特殊温度要求的制剂或者产品运输；空运需要冷冻、冷藏、保鲜的物品。

4．冷藏运输工具

冷藏运输工具主要包括汽车（图7.28）、火车、轮船和飞机等。

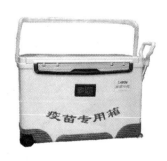

图7.26　疫苗冷藏箱

图7.27　蓄冷箱

图7.28　冷藏运输工具（汽车）

5．其他冷链设备

其他的冷链设备，如冰盒、冰袋、工业冷水机、气调库和车载冰箱等。

## 本章小结

本章介绍了流通加工机械设备的概念、分类和作用；按照不同的分类标准，详细地阐述了常见包装设备（包括充填机械、灌装机械、封口机械、裹包机械、贴标机、捆扎机、集装机械）的组成和特点；介绍了包装自动生产线的概念和分类、组成和特点，并以一些典型的包装自动生产线为例，进行了进一步阐述；指出包装自动线成为包装工业发展的重要方向。

## 课后习题

### 一、填空题

1. 冷链物流按温度划分为（　　）、（　　）、（　　）、（　　）、（　　）。
2. 流通加工的作用，体现在（　　）、（　　）、（　　）、（　　）等方面。
3. 冷库主要由（　　）、（　　）、（　　）、（　　）和辅助系统几个部分组成。

### 二、选择题

1. 冷链物流应遵循"3T"原则，产品最终质量取决于冷链的储藏与流通的时间、温度和（　　）。
   - A. 流通加工的速度
   - B. 产品耐藏性
   - C. 储藏的安全性
   - D. 温度
2. 食品冷链由（　　）构成。
   - A. 冷冻加工
   - B. 冷冻储藏
   - C. 冷藏运输及配送
   - D. 冷冻销售
3. 与流通加工相关的设备主要有（　　）。
   - A. 贴标机
   - B. 封箱机
   - C. 热收缩包装机
   - D. 捆扎机

### 三、简答题

1. 什么是流通加工？它有何作用？
2. 简述包装机械设备有哪些类型，其作用分别是什么？
3. 什么是包装机械设备？
4. 包装自动生产线主要由哪些部分组成？
5. 流通加工具体有哪些类型？
6. 冷链的特点是什么？

## 四、案例分析题

### PET 瓶装饮料中温灌装技术在高速生产线上的应用

自 PET 瓶装饮料中温灌装技术在中国诞生以来，采用该技术的灌装生产线经过短短几年时间的发展已日趋成熟，并形成了一定的市场规模。该技术是以普通 PET 瓶的耐温极限为出发点，通过与之配套的灌装生产线、灌装环境以及后续工艺，在不添加任何防腐剂的前提下达到产品保鲜的目的。通过生产实践，现已表明采用非耐热 PET 瓶生产的饮料，产品卫生指标达到了耐热 PET 瓶装饮料的卫生技术指标及国家有关标准要求，产品的保质期已达到一年以上。该技术依托于合理的灌装系统设计、完善的包装物消毒系统和空气净化系统的建立、全面周到的 SIP 系统和 CIP 系统以及完善的生产品质控制管理。

随着中国饮料工业的快速发展，PET 瓶装饮料中温灌装生产线向高速化发展成为必然。实现 PET 瓶装饮料中温灌装生产线的高速化，并非简单的设备放大。与以往的中低速生产线相比，需在灌装前的空瓶杀菌及灌装后的倒瓶杀菌工艺和设备上有所创新和突破。经过几年坚持不懈的研究与探索，江苏新美星在 PET 瓶装饮料中温灌装生产线实现高速化方面取得了突破性的飞跃，整线装备水平接近了目前世界先进水平。

江苏新美星整条新的生产线的关键设备（空瓶两次杀菌、冲洗、灌装、封盖五合一机）具有如下特点。

采用风送道与进瓶拨轮直连技术，进瓶拨轮采用创新设计的具有分瓶功能的瓶口夹持机构，省掉了进瓶螺杆及输送链，更换瓶形无须更换及调整任何零件。

瓶子传输全部采用卡瓶颈技术，并采用卡瓶口瓶夹代替传统的拨轮，变换瓶形无须调整设备高低，也无须更换及调整任何零件。

特殊设计的全不锈钢冲瓶夹结实耐用，不接触瓶口螺纹部位，避免瓶口二次污染。消毒液及无菌水冲洗管路均配备压力检测开关，具有低压保护功能。

采用 UHT 与灌装机直连方式，减少污染环节。进料方式为主液管通过动静密封与分配器相连，采用了无缸结构。灌装机设有 CIP 清洗杯，可以使灌装阀与物料接触的内、外壁均能进行有效 CIP 清洗和 SIP 杀菌。

消毒液冲瓶机、无菌水冲瓶机、灌装机、旋盖机、过渡拨轮等转动件与非转动件之间均采用液槽密封隔离，有效保护轴承等碳钢零件免受消毒液的腐蚀，同时隔绝外界不洁空气侵入，保持洁净的灌装环境。

配备百级空气净化系统及隔离封窗，并在进瓶口及出瓶口设有净化风帘，防止不洁空气侵入洁净室。封窗上设有多副隔离手套，便于进行简单维护。配备设备表面设置喷雾杀菌及洁净室熏蒸系统。

PET 瓶装饮料中温灌装技术为江苏新美星在国内首创，目前新美星为国内唯一拥有该技术并提供采用该技术的饮料灌装生产线的供应商。2004 年，江苏新美星推出了采用最新杀菌灌装工艺、世界先进水平的 20 000 瓶/小时（500 mL）瓶装饮料中温灌装生产线，凭借此生产线使新美星在哈药集团制药六厂的项目招标中脱颖而出。2005 年，日本大冢制药株式会社在长达一年对新美星的中温灌装技术及工艺流程的论证后，经过 20 多次的交流探讨，最终认可了新美星的中温灌装技术，并签订了一条 21 000 瓶/小时 PET 瓶装饮料中温灌装整厂工程，该生产线将用于维生素饮料的生产。

（资料来源：http://news.spjxcn.com/019368.html.）

问题：（1）PET 瓶装饮料是如何选择配置包装自动生产线设备的？

（2）PET 瓶装饮料中温灌装技术在高速生产线上是怎样得到应用的？有哪些技术革新？

（3）结合所学，谈谈案例中所用包装设备在整个生产线中的作用。

 技能训练

【实训项目】牛奶的灌装、封口和贴标

【实训目的】

通过对牛奶进行灌装、封口和贴标,深化对包装设备的认识,培养学生的动手和实践能力,在此基础上,对日常生活中一些食品的包装加以思考并能对所学知识加以应用。

【实验器材】

自动灌装机、贴标机、包装带以及模拟液体。

【实训内容】

针对实验室现有的灌装设备、封口机械和贴标机等诸多设备,对牛奶进行灌装、封口和贴标。

【实验步骤】

(1)根据液体包装特点调节温度,分析温度对包装效果的影响。

(2)在熟悉包装机械使用的基础上总结灌装、封口和贴标相关机械的性能参数。

# 第 8 章

## 物流信息设备

WULIU XINXI SHEBEI

【知识目标】

(1) 掌握物流信息设备的基本概念、分类以及主要特点。
(2) 熟悉典型物流信息设备的主要功能、特点以及性能参数。

【能力目标】

(1) 能够根据实际应用条件选择合理的物流信息设备。
(2) 能够搭建比较简单的物流信息系统的硬件基础。

## 【导入案例】

### 湖南天骄物流信息科技有限公司

湖南天骄物流信息科技有限公司是一家横跨电子商务和现代物流两个领域,专注于物流行业公共信息服务系统建设及互联网增值业务开发的高科技企业,也是湖南省目前唯一一家专业从事物流公共服务系统的龙头企业。公司成立于2007年,注册资本1 000万元,现有在职员工380余人,其中博士1人,硕士研究生6人,大专以上学历的员工占公司总人数的95%以上。

自成立以来,公司致力于为中小物流企业提供智能运作、简捷操作的物流信息公共服务平台,先后推出了天骄快车、天骄物流电子名片网、天骄物流诚信服务网和VOIP网络电话系统等系列产品,深受广大中小物流企业的欢迎。

物流公共信息平台技术的广泛应用提高了物流效率,降低了物流成本。湖南天骄物流信息科技有限公司作为全省物流信息服务龙头企业,为近一半的零担专线物流企业,几乎所有的整车运输、货运代理和货运中介信息部构筑了快捷的物流公共信息平台。据悉,通过物流公共信息平台配载,每台车比原来降低运费500元以上。"天骄快车"网每天网上配载成交量达5 000多车次,每天即可为生产企业节约物流成本250万元以上。

目前,公司用户超过10 000家,遍布湖南、湖北、江西、云南、四川、贵州和重庆等地。

(资料来源: http://hntianjiao.alibole.com/.)

思考分析:
为什么说物流公共信息平台可以降低物流成本、提高物流效率?

## 8.1 物流信息设备概述

### 8.1.1 物流信息的概念及分类

#### 1. 物流信息的概念

信息是指按照一定的程序经计算机处理、加工之后的数据产生的为特定目的服务的信息,是客观世界中各种事物状况及其特征的反映,它包括各种消息、情报、资料、信号,更包括语言、图像、声音等多媒体数据。物流信息是指在物流活动进行中产生及使用的必要信息,它是物流活动内容、形式、过程以及发展变化的反映。

及时准确的信息有利于协调生产与销售、运输与存储等业务的开展;有利于优化供货程序,缩短交货周期;有利于降低库存等。现代物流的一个重要特征就是物流信息化,主要表现为物流信息的商品化、物流信息收集的数据库化及代码化、物流信息处理的计算机化与电子化、物流信息传递的实时化及标准化、物流信息存储的数字化。

#### 2. 物流信息的分类

按照不同的标准,物流信息有多种分类形式。

1)按物流信息沟通联络方式分类

(1)口头信息:口头信息是通过面对面的交谈进行的信息交流。它可以迅速、直接地传播,但也容易失真,与其他传播方式相比是一种最简单的方法。

(2)书面信息:书面信息是保证物流信息的内容不变,并可以重复说明和进行检查的一种重要手段。各种物流环节中，数量的报表、文字说明、技术资料等都属这类信息。

2）按信息的来源分类

（1）外部信息：外部信息是指本系统以外的信息来源。它通常有一定的相对性。从物流系统来看，外部信息包括物质生产部门、物质消费部门、各机关以及国内外市场等提供的信息。

（2）内部信息：内部信息指来自物流系统内部的各种信息的总称。这些信息通常是协调系统内部人、财、物活动的重要依据，但也具有一定的相对性。

3）按物流信息的变动度分类

（1）固定信息：相对而言，这种信息通常具备相对稳定的特点。物流生产标准信息、物流计划信息以及物流查询信息3种形式的信息都是物流固定信息。

（2）流动信息：与固定信息相反，流动信息是指物流系统中经常发生变动的信息。这种信息以物流各作业统计信息为基础，如某一时刻物流任务的实际进度、计划完成情况、各项指标的对比关系等。

### 8.1.2 物流信息设备的概念、分类及特点

1. 物流信息设备的概念

物流信息设备是指实现物流信息采集、储存、管理和使用的设备，是实现物流信息化的硬件基础，是信息技术在物流领域中应用的重要保障。物流信息设备形式多样，被广泛应用于仓库管理、运输管理、产品目录管理等领域。

2. 物流信息设备的分类

1）信息采集设备

信息采集是物流信息设备的重要功能，是信息系统工作的基础。传统的手工录入等采集手段已经不再适应现代物流的要求，不但效率低下，而且容易出错。因此，目前广泛采用自动识别设备来完成信息的采集工作，如条形码识别设备可以确定商品的种类、价格等基本信息，提高工作效率和准确性。

2）信息处理设备

信息处理设备主要负责完成信息的整理、转化、存储和传递等，是物流信息系统的核心设备。超市使用POS机进行信息采集后可以对信息进行处理，完成必要的统计功能，可以存储并传输到物流信息系统，以备使用。

3）信息查询设备

信息的查询包含多种形式，比如车辆定位设备可以对物流系统的移动对象进行空间位置的确定，实现对运输车辆的跟踪，实现运输的全过程控制。

3. 物流信息设备的特点

（1）种类多样。物流是典型的集成应用领域，涉及流通领域的诸多问题，因此物流信息设备的种类非常广泛，可以涉及交通运输管理、销售数据处理等多个方面，这是由物流作业的广度所决定的。

（2）自动化程度高。物流作业依靠手工完成不但错误率高，而且效率低，对于大批量的物流作业并不适合，因此信息设备的自动化程度要求比较高，如利用自动识别设备实现信息的采集。

（3）标准化程度高。信息的标准化是信息实现采集、整理、存储的基础条件，否则就会在作业过程中增加处理的复杂度，如信息的格式等，如果不能标准化，就无法实现信息的共享。

## 8.2 自动识别设备

### 8.2.1 自动识别技术

#### 1. 识别的含义

识别的含义比较广泛，形式比较多样，人们彼此相识获得有关对方的一些信息就是一种识别，为便于管理而为一个单位的每一个人或一个包装箱内的每一件物品进行的编号也是一种识别，识别是信息采集的前提条件。随着社会的进步和发展，人们所面临的识别问题越来越复杂，完成识别所花费的人力代价也越来越大，在某些情况下，通过简单的人工识别已经不可能有效地完成工作。这方面的例子很多，如超级商场的物品识别管理，由于品种过于多样，超出了人的能力范围。计算机技术的广泛应用提供了一种快速、准确的信息识别手段，因此必须要利用自动识别技术。

#### 2. 自动识别技术的含义

自动识别技术（Automatic Identification Technology，AIDT）是将信息数据自动识读、自动输入计算机的重要方法和手段，它是以计算机技术和通信技术为基础的综合性科学技术。自动识别技术近几十年在全球范围内得到了迅猛发展，初步形成了一个包括条形码、磁识别、光学字符识别、射频、生物识别及图像识别等集计算机、光、机电、通信技术为一体的高技术学科。

#### 3. 自动识别技术的种类

按照国际自动识别技术的分类标准，可以将自动识别技术依照数据采集技术的不同和特征提取技术的不同分为条形码技术、射频识别技术、生物识别技术、语音识别技术、图像识别技术、磁识别技术和光学字符识别技术等形式。其中，在物流中广泛应用的是条形码技术和射频识别技术。

### 8.2.2 条形码技术与设备

#### 1. 条形码的概念

条形码是由一组规则排列的条、空以及对应的字符组成的标记，"条"指对光线反射率较低的部分，"空"指对光线反射率较高的部分，这些条和空组成的数据表达一定的信息并能够用特定的设备识读，转换成与计算机兼容的二进制和十进制信息。

条形码技术是在计算机应用和实践中产生并发展起来的一种广泛应用于商业、邮政、图书管理、仓储、工业生产过程控制、交通等领域的自动识别技术，具有输入速度快、准确度高、成本低、可靠性强等优点，在当今的自动识别技术中占有重要的地位。

条形码技术是电子与信息科学领域的高新技术，所涉及的技术领域较广，是多项技术相结合的产物。

2．条形码的特点

在自动识别技术中，条形码技术具有如下特点。

（1）应用简单。条形码应用简单，无论是条形码的制作还是识别都可以高效完成，没有复杂的操作，因此使用非常广泛。

（2）信息采集速度快。条形码技术属于自动识别技术，可以一次性地读取条形码所表示的所有数据，普通计算机键盘的录入速度是 200 字符/分钟，而利用条形码扫描录入信息的速度是键盘录入的 20 倍。

（3）可靠性高。键盘录入数据，误码率为三百分之一；利用光学字符识别技术，误码率约为万分之一；而采用条形码扫描录入方式，误码率仅有百万分之一。

（4）灵活、实用。条形码符号作为一种识别手段可以单独使用，也可以和有关设备组成识别系统实现自动化识别，还可和其他控制设备联系起来实现整个系统的自动化管理。同时，在没有自动识别设备时，也可实现手工键盘输入。

（5）成本低。条形码自动识别系统所涉及的识别符号成本以及设备成本都非常低。特别是条形码符号，即使是一次性使用，也不会带来多少附加成本，尤其是在大批量印刷的情况下。这一特点使得条形码技术在某些应用领域有着无可比拟的优势。再者，条形码符号识读设备的结构简单、成本低廉、操作容易，适用于众多的领域和工作场合。

（6）信息存储量大。利用传统的一维条形码一次可采集几十位字符的信息，二维条形码更可以携带数千个字符的信息，并有一定的自动纠错能力。

3．条形码的分类

条形码可分为一维条形码和二维条形码，一维条形码是通常所说的传统条形码。

1）一维条形码

一维条形码按照应用可分为商品条形码和物流条形码。商品条形码包括 EAN 码和 UPC 码，物流条形码包括 128 码、ITF 码、39 码、库德巴（Codabar）码等。一维条形码如图 8.1 所示。

一个完整的条形码的构成次序依次为：空白区（左）、起始符、数据符、校验符（可选）和终止符以及供人识读字符、空白区（右），如图 8.2 所示。

图 8.1　一维条形码

图 8.2　一维条形码构成图

空白区是条形码起始符、终止符两端外侧与空的反射率相同的限定区域。起始符是位于条形码起始位置的若干空与条。终止符是位于条形码终止位置的若干空与条。中间分隔符是位于条形码中间位置用来分隔数据段的若干空与条。条形码字符是表示一个字符的若干空与条。条形码数据符是表示特定信息的条形码字符。条形码校验符是表示校验码的条形码字符。

2）二维条形码

根据构成原理、结构形状的差异，二维条形码可分为两大类型：一类是行排式二维条形码（2D stacked bar code）；另一类是矩阵式二维条形码（2D matrix bar code）。有代表性的堆积式二维条形码有49码、417码、16k码等，如图8.3所示。

图 8.3　二维条形码

4．物流条码的编码结构

任何一种条码都是按照预先规定的编码规则和条码有关标准，由条和空组合而成的。编码规则主要研究包括条码基本术语在内的一些基本概念和条码符号结构以及编码基本原理。

在我国，当前主要应用的是 EAN/UCC-13 代码，这种代码可以分为 3 种结构，每种结构均由 4 个部分组成，分别是前缀码（国家或地区码）、厂商识别代码、商品项目代码和校验码。图 8.4 就是 EAN/UCC-13 编码的数据代码结构之一。

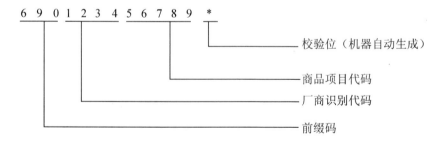

图 8.4　EAN/UCC-13 代码组成

5．条形码生成设备

根据条形码的生成原理，条形码生成设备可以分为非现场设备和现场设备两种。

1）非现场条形码生成设备

非现场条形码生成方式即采用传统印刷设备大批量印刷制作，它适用于数量大、标签格式固定、内容相同的标签的印制，如产品包装等。预印刷的设备和工艺，可以采用胶片制版的传统方式进行印刷，还可以采用专用条形码打码机进行印制。预印刷条形码设备包括胶片制版印刷、轻印刷系统、条形码号码机和高速激光喷码机，也可以采用一般办公打印机进行打印。

2) 现场条形码生成设备

现场印制是指由计算机控制打印机实时打印条形码标签，这种方式打印灵活、实时性强，可适用于多品种、小批量、需要现场实时印制的场合。目前，条形码现场印制设备大致分为两类，即通用打印机和专用条形码打印机。

（1）通用打印机：通用打印机有点阵式打印机、喷墨式打印机、激光打印机等。使用通用打印机打印条形码标签一般需专用软件，通过生成条形码的图形进行打印，其优点是设备成本低，打印的幅面较大，用户可以利用现有设备。因为通用打印机并非为打印条形码标签专门设计的，因此用它印制条形码在使用时不太方便，实时性较差。

（2）专用条形码打印机：专用条形码打印机是专为打印条形码标签而设计的，它具有打印质量好、打印速度快、打印方式灵活、使用方便、实时性强等特点，是印制条形码的重要设备。

专用条形码打印机主要有热敏式条形码打印机和热转印式条形码打印机两种。热敏式打印和热转印式打印是两种互为补充的技术，现在市场上绝大多数条形码打印机都兼容热敏和热转印两种工作方式。两者工作原理基本相似，都是通过加热方式进行打印。热敏式打印机采用热敏纸进行打印，热敏纸在高温及阳光照射下易变色，用热敏式打印机打印的标签在保存及使用上存在一些问题，但因为其设备简单、价格低，因此广泛用于打印临时标签的场合，如零售业的付货凭证、超市的结账单、证券公司的交易单等。热转印式打印机的执行部件与热敏式打印机相同或相似，但它使用热敏碳带。执行打印操作时，通过对加热元件相应点的加热，使碳带上的颜色转印到普通纸上形成文字或图形，打印速度为 40～200mm/s。热转印式打印方式与其他打印方式相比，具有分辨率高、打印质量好、打印速度快、操作简便、成本低廉、维护简单、可使用多种打印介质等优点，是条形码打印的最理想方式。目前，热转印式条形码打印机以其优良的性能逐步成为条形码现场打印领域的主导产品。

6. 条形码识读设备

1) 条形码识读设备的概念

条形码识读设备是指能够从条形码上读取信息的设备，条形码识读设备大部分都是采用光学原理，设备上都配有专用的光源，光线经发射返回到光电转换器上，转变为电信号，并经过编码器最终转变为人可以识读的数字信息，从而实现信息形式的转化。

2) 条形码识读设备的技术参数

（1）分辨率：扫描器的分辨率是指扫描器在识读条形码符号时能够分辨出的条（空）宽度的最小值，与扫描光点尺寸有关，扫描光点尺寸越小，分辨率越高。按照行业标准能够分辨 0.15～0.30mm 的为高分辨率条形码识读设备，能够分辨 0.30～0.45 mm 的为中分辨率条形码识读设备，能够分辨 0.45 mm 以上的为低分辨率条形码识读设备。

条形码扫描器的分辨率并不是越高越好，在能够保证识读的情况下，并不需要把分辨率做得太高，若过分强调分辨率，一是提高设备的成本，二是必然造成扫描器对印刷缺陷的敏感程度的提高，则条形码符号上微小的污点、脱墨等对扫描信号都会产生严重的影响。

（2）正确率：正确率是指条形码识读设备正确识别次数与识别总次数的比值，是衡量条形码识读设备正常工作的主要参数，有时也用误码率作为该项参数的衡量指标。误码率（misread rate）是指错误识别次数与识别总次数的比值。一般要求拒识率低于1%，误码率低于0.01%。但对于一些重要场合，误码率为百万分之一。

（3）读取景深：读取景深是指条形码识读设备能够读取条形码的距离范围，读取的景深越大，对条形码的位置要求越低。扫描识读距离的范围与条形码符号的最窄元素宽度以及条形码其他的质量参数有关。

（4）首读率：首读率是指首次读出条形码符号的数量与识读条形码符号总数量的比值。首读率过低，必然会使操作者感到厌倦，还会影响流水线的条形码自动识别作业。一般要求首读率在85%以上，对于一些重要场合，要求首读率为100%。

（5）接口类型：条形码识读器工作时不断把采集到的信息输送给计算机，需要相应的数据通路，一般采用键盘接口或者串口作为条形码识读器的数据接口。

（6）扫描频率：扫描频率是指条形码识别设备进行多重扫描时每秒的扫描次数，扫描图案的复杂程度以及被识别的条形码符号的运动速度都会影响条形码识别设备的扫描速度，工业流水线上使用的激光扫描器可达1 000线/秒。

（7）抗污染、抗皱折能力：条形码识别设备工作时不能保证条形码处于绝对的平整状态，因为条形码符号容易被水迹、手印、油污、血渍等弄脏，也可能被某种原因弄皱，导致在扫描过程中发生信号变形，条形码的原有信息不能正常被识别，也可以用拒识率（non-read rate）来衡量，拒识率是指不能识别的条形码符号数量与条形码符号总数量的比值。

7. 条形码数据采集器（手持终端）

1）条形码数据采集器的概念

人们把条形码识读器和具有数据存储、处理、通信传输功能的手持数据终端设备结合在一起，称为条形码数据采集器，简称数据采集器或手持终端。

2）条形码识读器的类型、特点

根据数据采集器的用途不同，大体上可将其分为两类：在线式数据采集器和便携式数据采集器。便携式数据采集器是为适应一些现场数据采集和扫描笨重物体的条形码符号而设计的，适合于脱机使用的场合。识读时，与在线式数据采集器相反，它是将扫描器带到物体的条形码符号前扫描，因此，又称之为手持终端机、盘点机。它由电池供电，与计算机之间的通信并不和扫描同时进行。它有自己的内部储存器，可以储存一定量的数据，并可在适当的时候将这些数据传输给计算机。几乎所有的便携式数据采集器都有一定的编程能力，再配上应用程序便可成为功能很强的专用设备，从而可以满足不同场合的应用需要。

3）便携式数据采集器应用

条形码数据采集器是具有现场实时数据采集、处理功能的自动化设备。条形码数据采集器具备实时采集、自动存储、即时显示、即时反馈、自动处理、自动传输功能，为现场数据的真实性、有效性、实时性、可用性提供了保证，如图8.5所示。

图 8.5 便携式数据采集器的物流应用

8. 条形码识读设备的分类

条形码识别设备种类多样,可以按照以下标准进行分类。

1) 按照识别方式分类

按照识别方式不同,条形码识读设备可分为接触式和非接触式两种条形码扫描器。接触式识读设备是指工作时识别对象必须与条形码识读设备保持接触,主要包括光笔与卡槽式条形码扫描器等。非接触式条形码识读设备工作时和识别对象可以保持一定的距离,主要包括CCD扫描器、激光扫描器。

非接触式条形码识读设备使用比较方便,可以避免与被识别对象接触而相互影响,特别是在一些仓储条件比较特殊的场合。

2) 按照识别操作方式分类

按照识别操作方式不同,条形码识读设备可分为手持式和固定式两种条形码扫描器。手持式条形码识别设备结构简单、灵活方便,适用于条形码尺寸多样、作业环境复杂、条形码形状不规整,特别是被扫描货物重量较大不宜搬运的应用场合。手持式条形码识别设备主要包括光笔、激光枪、手持式全向扫描器、手持式CCD扫描器和手持式图像扫描器等。

固定式条形码识读设备不能移动,操作人员劳动强度小,无须人工干预,自动化程度高,适用于超市的结算台、自动分拣等作业频繁的场合,主要包括固定式全向扫描器和固定式CCD扫描器。固定式条形码识读设备周边可以布置一些信息处理设备,增强系统的功能,识别操作方式的影响。

3) 按照识别原理分类

条形码识别设备从原理上可分为光笔、CCD、激光和拍摄4种类型,其中,光笔与卡槽式条形码扫描器只能识读一维条形码,而激光条形码扫描器还可以识读行排式二维码。图像式条形码识读器可以识读常用的一维条形码,还能识读行排式和矩阵式的二维条形码。目前,绝大多数用户采用技术较为成熟的 CCD 器件。CCD 技术是利用光学镜头成像转化为数字信号,像质好、感光速度快,但成本较高。

9. 常用条形码识读设备

常用条形码识读设备包括激光枪、CCD扫描器、光笔与卡槽和全向扫描平台等。

1) 激光枪

激光枪是利用激光发生器产生的激光扫描线扫描条形码的手持式可移动的自动扫描、自动识别设备,由于激光的方向性好,因此激光枪是一种适合远距离条形码识别的设备,其景深较大、操作方便、扫描首读率和精度较高、性能优越,因而被广泛应用。超市结算业务就采用此类设备,如图 8.6 所示。

图 8.6 激光枪式条形码识别设备

2) CCD 扫描器

采用 CCD 和发光二极管光源的识读设备,称为 CCD 扫描器。它是将发光二极管所发出的光照射到被阅读的条形码上,通过光的反射,达到读取数据的目的。CCD 扫描器操作方便,易于使用,只要在有效景深范围内,光源照射到条形码符号即可自动完成扫描,对于表面不平的物品、软质的物品均能方便地进行识读,无任何运动部件,因此性能可靠,使用寿命长。与其他条形码扫描设备比较,它具有耗电省、体积小、价格便宜等优点,但其阅读条形码符号的长度受扫描器的元件尺寸限制,扫描景深长度不如激光扫描器。目前,已有厂家针对 CCD 的不足开发出长距离 CCD,扫描距离可达 20 cm。

3) 光笔

光笔的笔尖安装有作为光源的发光二极管,光笔的光源有红光和红外光两种,红外光笔擅长识读被油污弄脏的条形码符号,但结构较为复杂,光笔的耗电量非常低,适用于电池驱动的手持数据采集。现在的光笔已经开始将译码器集成在光笔的内部,使用更为方便,而且分辨率也可以达到 0.1 mm。

4) 卡槽式扫描器

卡槽式扫描器属于固定光束扫描器,其工作原理与光笔类似,但在识别位置有一个槽,带有条形码符号的卡可以从槽中滑过实现扫描,这种设备便于使用者识别操作,因此广泛用于时间管理以及考勤系统。

5) 全向扫描平台

全向扫描平台利用全向激光扫描器进行条形码识别,标准尺寸的商品条形码以任何方向通过扫描器的区域都会被扫描器的某个或某两个扫描线扫过整个条形码符号,以保证条形码信息的快速、准确识别,因此效率非常高,适用于识读不同距离、不同方向的条形码符号,如传送带上的货物。

10. 条形码识别设备的选用原则和应用

1) 条形码识别设备的选用原则

条形码识别设备的选用必须综合考虑条形码自身属性、识别对象特征、工作环境等多方面因素。下面以便携式条形码识别设备为例进行分析。

(1) 适用范围:根据自身的不同情况,应当选择不同的便携式条形码识别设备。如应用在比较大型的立体式仓库,由于有些商品的存放位置较高,离操作人员较远,就应当选择扫描景深大、读取距离远且首读率较高的采集器。而对于中小型仓库,在此方面的要求不是很高,可选择一些功能齐全、便于操作的采集器。对于用户来说,便携式数据采集器的选择最重要的一点是"够用",而不要盲目购买价格贵、功能强的采集系统。

(2) 译码范围:译码范围是选择便携式数据采集器的又一个重要指标。一般情况下,采集器都可以识别几种或十几种不同码制,但种类有很大差别,因此,用户在购买时应根据自己实际应用中的编码范围来选取合适的采集器。

(3) 接口要求:采集器的接口能力是评价其功能的一个重要指标,也是选择采集器时重点考虑的内容。用户在购买时要首先明确自己原系统的环境,再选择适应该环境和接口方式的采集器。

(4) 首读率:首读率是数据采集器的一个综合性指标,它与条形码符号的印刷质量、译码器的设计和扫描器的性能均有一定关系。首读率越高,其价格也必然高。在商品的库存(盘点)中,可采用便携式数据采集器,由人工来控制条形码符号的重复扫描,对首读率的要求并不严格,它只是工作效率的量度而已。因此,在选择采集器时要根据自己的实际情况和经济能力来购买物美价廉的采集器。

(5) 价格:选择便携式数据采集器时,其价格也是购买者应关注的一个问题。采集器由于其功能不同,价格会产生很大差异。因此,在购买采集器时要注意产品的性能价格比,以满足应用系统要求且价格较低者为选购对象。

(6) 译码范围:条形码识别设备必须首先考虑与条形码符号的匹配,如条形码的存储密度、尺寸、分辨率等,否则可能出现无法识读的现象,因此译码范围是选择条形码识别设备的重要指标。

(7) 作业环境:工作环境光线太强,感光器工作就会受到影响。如果条形码表面覆盖有透明材料,反光度太高,虽然眼睛可以看到条形码,但是条形码识读器识读条件严格,同样不能正确识别,因此在选择条形码识别设备时应注意作业环境,选择适合的设备类型。

2) 条形码技术在物流管理中的应用

(1) 条形码仓储管理系统:条形码仓储管理系统根据货物的品名、型号、规格、日期、包装等属性制定物品代码编码规则,指定唯一的物品代码及其对应的包装代码,这些代码将贯穿条形码仓储管理系统的各种操作。条形码仓储管理系统包括传统的业务管理,如入库、出库、盘库、移库等操作,实现各种操作的多点、多方向的进销存管理。

条形码仓储管理系统实现对仓库存储空间的科学有效的管理。存储空间被划分为若干个库区,每个库区又可再划分为若干个库位,并定义相应的库位代码。这种划分可以是物理的、地域的划分,也可以是逻辑的、虚拟的划分。由物品代码、包装代码、库位代码构成的仓库库存记录,可以轻松地实现如先进先出、先整后零、由近及远等不同规则的仓库操作。条形码仓储管理系统通过条形码详细记录每一件物品的业务流程及所处状态,实现对单件物品的流程跟踪管理。

物品代码的唯一性可以有效地减少甚至杜绝人工操作可能出现的差错,如重入、重出等。条形码数据的适时采集结合网络技术的应用,可以完全掌握当前仓库操作的动态资料,为管理人员或其他管理系统如 MRPII、ERP 等提供准确及时的数据。

(2) 条形码物流管理系统:现代化的企业需要有现代化的物流管理系统。条形码物流管理系统首先对需要进行标识的物料打印唯一的条形码标识,在流通过程中对物料进行全程跟踪,建立完整的物料供应档案,并据此挂钩建立对供应商的评价体系。条形码物流管理系统可以建立与企业 MRP Ⅱ、ERP 等系统的关联,在向产品/服务供应商下达订单的同时,有效控制库存以降低成本、提高效率,便于企业资金的合理运用。根据企业自身特点及行业规则统一制定的唯一的条形码标识将有效地解决因物料无序而造成的混乱和损失。

(3) 条形码生产管理系统:条形码生产管理系统通过建立产品识别码和产品档案,实施对产品生产过程中的全程监控、采集生产测试数据和检验数据,直至完成。根据行业规则和企业自身特点制定产品识别码的编码规则,对所有产品建立唯一的产品标识码,并依此建立相应的产品档案。在生产线上建立合适的数据采集点,配合 PLC 可编程序控制器,可以动态监测及控制生产流程,实时地反映产品的未上线、在线、完工情况,汇总生产计划。采集质量检测数据,建立产品质量档案,既为 ERP 系统提供及时准确的数据,又可单独生成一系列报表数据。

(4) 条形码服务管理系统:条形码服务管理系统首先制定唯一的用户代码,配合对应的产品标识码建立用户档案,实现用户跟踪、维修服务跟踪。用户跟踪可以为市场分析提供数据,而维修服务跟踪为企业进一步提高产品与服务质量提供了依据,同时杜绝销售商虚假的维修报表,避免因此而造成的保修损失。

(5) 条形码票务管理系统:条形码票务管理系统使用先进的条形码自动识别技术,全程跟踪售票、验票等流程,精确统计各项数据报表,并可根据用户需要加入数字加密模块、网络通信模块及 PLC 控制模块,满足用户在安全、通信、控制等方面的要求。

(6) 作业管理:作业管理中对条形码的应用主要体现在条形码成为联系工作流程各环节的工具。利用条形码技术,对企业的物流信息进行采集跟踪的管理信息系统通过对生产制造业的物流跟踪,满足企业物料准备、生产制造、仓储运输、市场销售、售后服务、质量控制等方面的信息管理需求。在配送中心,利用条形码设备可以实现从卸货、理货、收货直到配货、出货、装货、存货等众多环节数据的实时准确的登录、处理、利用,比如将商品与托盘条形码自动匹配,通过识别托盘条形码便于查找相应商品;在国外的著名商业零售业中,几乎都采用无线条形码终端来完成商品的出入库管理、拣货管理等工作。目前国内的流通领域,如百货、超市、香烟、音像制品等各种产品专卖店已经广泛地使用条形码设备,完成诸如销售单品管理、进货入库检验、依单据库房拣货、货物分发配送、库存盘点、流动销售、价格检查、外出订货等种种操作,为商品零售环节提供了强有力的管理数据。

### 8.2.3 无线射频技术与设备

1. 无线射频技术的概念和分类

无线射频识别(Radio Frequency Identification,RFID)技术的基本原理是利用空间电磁感应或者电磁传播进行通信,以达到自动识别目标信息的目的,其作用是利用无线射频方式进行非接触双向通信,以达到识别和交换数据的目的。

RFID 识别系统的基本工作方法是采用粘贴、插放、植入、封装等方法将 RFID 标签与被识别对象形成一个整体单元,利用专用的 RFID 阅读器接近被识别对象,当距离达到可识别范围时,两者之间采用无线通信方式进行数据的相互传输,可以将标签内的存储数据通过阅读器解码后传递给控制用计算机,便于后期的处理分析。

射频标签有一定的标准码,ISO/IEC 15693 是频率为 13.56MHz 的标签和解读器国际标准。

这项标准与美国的 FCC、欧洲的 ETSI 和日本的 MPT 一致，使得射频标签可以在不同地域的射频解读器上发挥作用。

2．无线射频识别技术的特点

射频技术利用无线电波对记录媒体进行读写。射频识别的距离可达几十厘米至几米，且根据读写的方式不同，可以输入数千字节的信息，同时，还具有极高的保密性。射频识别技术适用的领域为物料跟踪、运载工具和货架识别等要求非接触数据采集和交换的场合，要求频繁改变数据内容的场合尤为适用。

（1）适用范围广。无线射频识别技术属于无接触式识别，最大识别距离可以达到几十米，使用方便，同时可以识别高速运动物体。无线射频识别采用无线电波来传递信息，因此不受非金属障碍物影响，没有传输屏障，具有非常广泛的使用范围。

（2）识别效率高。无线射频识别技术的识别时间比条形码的识别时间短，而且可以同时识别多个标签，实现同步操作。

（3）体积小。无线射频识别技术的标签可以制得很小，有的只有几毫米，且形状不受限制，这并不影响识别效果。

（4）可靠性高。无线射频属于非接触式识别，损耗小，还可以很好地进行封装，射频识别设备可使用几十年，而且对外界环境干扰不敏感。

（5）储存量大。目前的射频标签的储存量以兆字节为基本单位，且可以更新，适合数据容量大且信息需要变更的情况下使用。其存储的信息可以包含制造商、产品批号、序列号和其他如成分、尺码、重量、生产日期、产地以及物流作业信息。

（6）准确性好。射频识别设备的信息读取精度高，误差小，减少了人工作业造成的错误率。

（7）安全性好。信息的安全性与隐私权的保护问题是自动识别系统必须要考虑的。由于在非接触的条件下，可以对标签中的数据进行读取，因此，RFID 技术的安全性以及个人隐私权的保护问题备受关注，射频标签的存储信息可以进行保密，难以伪造，提高了系统的安全性。

3．RFID 系统的组成

RFID 系统由以下 3 部分组成。

（1）标签（Tag）：由耦合元件及芯片组成，每个标签具有唯一的电子编码，附着在物体上标识目标对象。

（2）阅读器（Reader）：读取（有时还可以写入）标签信息的设备，可设计为手持式或固定式。

（3）天线（Antenna）：在标签和阅读器间传递射频信号。RFID 技术的基本工作原理为标签进入磁场后，阅读器发出的射频信号凭借感应电流所获得的能量发送出存储在芯片中的产品信息（Passive Tag，无源标签或被动标签），或者主动发送某一频率的信号（Active Tag，有源标签或主动标签），阅读器获得信息并解码后（即识别），送至中央信息系统进行有关数据的处理，如图 8.7 所示。

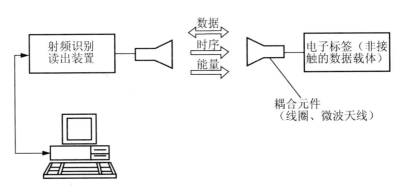

图 8.7 RFID 工作原理示意图

4．RFID 的分类

（1）根据标签的供电形式分类：依据射频标签工作所需能量的供给方式，可以将 RFID 系统分为有源、无源和半有源系统。

（2）根据标签的数据调制方式分类：标签的数据调制方式即标签通过何种方法与读头之间进行数据交换，据此 RFID 可分为主动式、被动式和半主动式。

（3）根据工作频率分类：RFID 系统的工作频率即为读头发送无线信号时所用的频率，一般可以分为低频、高频、超高频和微波。

（4）根据标签的可读性分类：射频标签内部使用的存储器类型不一样，可以分为可读写卡（RW）和只读卡（RO）。只读卡标签内一般只有只读存储器（ROM）、随即存储器（RAM）和缓冲存储器；而可读写卡一般还有非活动可编程记忆存储器，这种存储器除了存储数据功能外，还具有在适当条件下允许多次写入数据的功能。

（5）根据 RFID 系统标签和读头之间的通信工作时序分类：时序指的是读头和标签的工作次序问题，即是读头主动唤醒标签（Reader Talk First，RTF）还是标签首先自报家门（Tag Talk First，TTF）的方式。一般来说，无源标签一般是 TTF 方式，TTF 系统通信协议比较简单，防冲撞能力更强，速度更快。

5．射频识别原理

射频识别系统把电子标签内存有一定格式的电子数据作为待识别物品的标识性信息。应用中，将电子标签附着在待识别物品上作为待识别物品的电子标记。阅读器与电子标签可按约定的通信协议互传信息，通常的情况是由阅读器向电子标签发送命令，电子标签根据收到的阅读器的命令，将内存的标识性数据回传给阅读器。这种通信是在无接触方式下，利用交变磁场或电磁场的空间耦合及射频信号调制与解调技术实现的。

电子标签具有各种各样的形状，但不是任意形状都能满足阅读距离及工作频率的要求，必须根据系统的工作原理，即磁场耦合（变压器原理）还是电磁场耦合（雷达原理），设计合适的天线外形及尺寸。电子标签通常由标签天线（或线圈）及标签芯片组成。标签芯片相当于一个具有无线收发功能和存储功能的单片系统（SOC）。从纯技术的角度来说，射频识别技术的核心在于电子标签，阅读器是根据电子标签的设计而设计的。虽然在射频识别系统中电子标签的价格远比阅读器低，但通常情况下，在应用中，电子标签的数量是很大的，尤其是在物流应用中，电子标签可能是海量并且是一次性使用的，而阅读器的数量则相对要少得多。

6. RFID 的应用与选择

RFID 在物流诸多环节上发挥了重大的作用，它主要的一些应用如下。

（1）零售环节。RFID 可以改进零售商的库存管理，实现适时补货，有效跟踪运输与库存，提高效率，减少出错。同时，智能标签能够对某些具有时效性的商品的有效期限进行监控；商店还能利用 RFID 系统在付款台实现自动扫描和计费，取代人工收款方式。

（2）存储环节。在仓库里，射频技术最广泛的使用是存取货物与库存盘点，它能用来实现自动化的存货和取货等操作。在整个仓库管理中，通过将供应链计划系统制定的收货计划、取货计划和装运计划等与射频识别技术相结合，能够高效地完成各种业务操作，如指定堆放区域、上架/取货与补货等。这样，不仅增强了作业的准确性和快捷性，提高了服务质量，降低了成本，节省了劳动力（8%～35%）和库存空间，同时减少了整个物流中商品误置、送错、偷窃、损害和库存、出货错误等造成的损耗。

（3）运输环节。在运输管理中，在途运输的货物和车辆是通过在其上的 RFID 标签实现跟踪的。例如，将标签贴在集装箱和装备上，通过射频识别来完成设备与跟踪控制。RFID 接收转发装置通常安装在运输线的一些检查点上（如门柱上、桥墩旁等）以及仓库、车站、码头和机场等关键地点。接收装置收到 RFID 标签信息后，连同接收地的位置信息上传至通信卫星，再由卫星传送给运输调度中心，送入数据库中。

（4）配送/分销环节。在配送环节，采用射频技术能大大加快配送的速度，提高拣选与分发过程的效率与准确率，并能减少人工，降低配送成本。

## 8.3 EDI 与 POS 系统

### 8.3.1 EDI 系统

1. EDI 的定义

电子数据交换（Electronic Data Interchange，EDI）是指按照统一规定的一套通用标准格式，将标准的经济信息通过通信网络传输，在贸易伙伴的电子计算机系统之间进行数据交换和自动处理。它是一种利用计算机进行商务处理的新方法。EDI 是将贸易、运输、保险、银行和海关等行业的信息，用一种国际公认的标准格式，通过计算机通信网络，使各有关部门、公司与企业之间进行数据交换与处理，并以完成贸易为中心的全部业务过程。

2. EDI 系统的组成

EDI 包含了 3 个方面的内容，即计算机应用、数据通信网络和数据标准化。其中计算机应用是实现 EDI 的内部条件，数据通信网络是 EDI 应用的技术基础，数据标准化是实现 EDI 的关键。这 3 方面相互衔接、相互依存，构成 EDI 的基础框架。EDI 系统模型如图 8.8 所示。

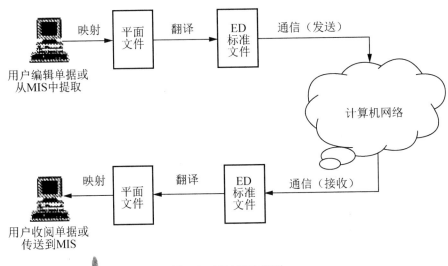

图 8.8 EDI 系统模型

3．EDI 系统的分类

根据功能，EDI 系统可分为 4 类。

（1）第一类是订货信息系统，是最基本的，也是最知名的 EDI 系统。它又可称为贸易系统（Trade Data Interchange，TDI），用电子数据文件来传输订单、发送货票和各类通知。

（2）第二类是电子金融汇兑系统（Electronic Fund Transfer，EFT），即在银行和其他组织之间实行电子费用汇兑。EFT 已使用多年，但它仍在不断改进中。其最大的改进是同订货系统联系起来，形成一个自动化水平更高的系统。

（3）第三类是交互式应答系统（Interactive Query Response，IQR）。它可应用在旅行社或航空公司作为机票预定系统。这种 EDI 在应用时要询问到达某一目的地的航班，要求显示航班的时间、票价及其他信息，然后根据旅客的要求确定所要的航班，并打印机票。

（4）第四类是带有图形资料自动传输的 EDI。最常见的是计算机辅助设计（Computer Aided Design，CAD）图形的自动传输。如美国一个厨房用品制造公司——Kraft Maid 公司，在计算机上利用 CAD 设计厨房的平面布置图，再用 EDI 传输设计图纸、订单和收据等。

4．EDI 的运作过程

假定有一个由发送货物业主（如生产厂家）、物流运输业主和接收货物业主（如零售商）三方组成的物流模型，此模型在实施 EDI 过程中运作流程如图 8.9 所示。

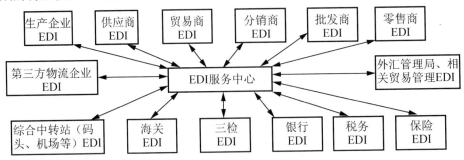

图 8.9 EDI 的运作过程

（1）发送货物业主在接到订货后制订货物运送计划，并把运送货物的清单及运送时间安排等信息，通过 EDI 发送给物流运输业主和接收货物业主，以便物流运输业主预先制订车辆调配计划，接收货物业主制订货物接收计划。

（2）发送货物业主依据顾客的订货要求和货物运送计划，下达发货指令，分拣配货，将物流条形码标签贴在货物包装箱上，同时把运送货物品种、数量、包装等信息，通过 EDI 发送给物流运输业主和接收货物业主。

（3）物流运输业主从发送货物业主处取运货物时，利用车载扫描读数仪读取货物标签的物流条码，核实与先前收到的货物运输数据是否一致，以确认运送货物。

（4）物流运输业主对货物进行整理、集装、制作送货清单，并通过 EDI 向接收货物业主发送发货信息。在货物运抵接收方后，物流运输业主通过 EDI，向发送货物业主发送完成运送业务信息和运费请示信息。

（5）接收货物业主在货物到时，利用扫描读数仪读取货物标签的物流条码，并与先前收到的货物运输数据核对确认，开出收货发票，货物入库。同时，通过 EDI 向物流运输业主和发送货物业主发送收货确认信息。

物流 EDI 的优点在于，与供应链组成各方基于标准化的信息格式、处理方法，通过 EDI 分享信息、提高流通效率、降低物流成本。例如，在上述流程中，生产厂家可按市场订单来组织生产，有可能实现零库存生产；运输商能根据生产厂家及用户信息主动安排运输计划，迅速有效地组织运输；对零售商来说，应用 EDI 系统可大大降低进货作业的出错率，节省进货时间、成本，能迅速核对订货与到货的数据，易于发现差错。EDI 使产、供、销更紧密有效地联系在一起，使物流企业能更合理、有效地进行管理。

5. EDI 在现代物流中的应用

近年来，EDI 在物流中得到了广泛应用，由此产生了物流 EDI。物流 EDI 可把物流供应链上的各单位连接起来，这些单位构成了物流 EDI 的有机组成部分，主要包括以下内容。

（1）货物业主，如生产厂家、贸易商、批发商、零售商等。

（2）承运业主，如独立的物流承运企业等。

（3）实际运送货物的交通运输企业，包括铁路、水运、航空和公路运输企业等。

（4）协助单位，包括政府有关部门、金融企业、海关、边检等。

（5）物流相关单位，如仓储业者、专业报关业者等。

（6）EDI 单证，如运输单证、商业单证、海关单证、商检单证、其他单证。

## 8.3.2 POS 系统

1. POS 机的定义

POS 是英文 Point Of Sale 的缩写，是指销售点终端的一种作业设备，包括硬件设备和软件设备两部分。POS 机通过采用数据传输协议 PPP（Point to Point Protocol）实现信息的传输，它配有条形码（bar code）或光字符码（OCR 码）等信息收集设备。目前，POS 机主要用于零售业和服务业的交易处理和记录，如在银行、百货商场、超市等，它也被称为收银机、收款机、电子收款机。POS 机是典型的一体化信息集成设备，可以完成信息的采集、存储、处理和传输，并可以实现供应链多个作业单位的信息共享，使得企业可以简化供应链、促进自助式交易并且降低部署和维护零售环节的基础设施的成本，是终端的零售商家不可缺少的收款设备。

2．POS 机的特点

POS 机是典型的一体化信息设备，但是作为一种终端设备，它的信息处理能力并不是很强，综合而言具有以下特点。

（1）信息采集效率高。作为一种终端设备，信息采集是 POS 机的主要功能，特别是在商品流通领域。很多情况下 POS 机是作为一种的典型的信息采集专用设备使用，如条形码收银设备等，以提高操作效率。

（2）作业功能全面。POS 机不但具有信息采集功能，还可以对录入的信息进行存储和处理，比如完成货物初步的数量和价格统计，并可以将数据传输给物流管理系统，作为决策分析的原始基础数据，还可以实现电子货币的实时转账。

（3）实用性强。POS 机可与多种设备相连接，还可以采用联网结构，所以系统的实时性强。POS 机是开放的系统，组件是相对独立的，便于进行模块功能的组合。

（4）经济性好。POS 机价格比较低廉，性能价格比高。POS 机与普通计算机结构相似，但是为了提高作业效率、降低成本，只能作为简单的终端使用，因此具有很强的专用性。

3．POS 机的基本组成

POS 机的基本结构包括主机与外部设备，其中主机结构和普通电子计算机类似，POS 机的主要外部设备包括条形码识别设备、票据打印机、顾客显示屏、显示器、专用机箱、编程键盘、磁卡阅读器以及收银钱箱，如图 8.10 所示。

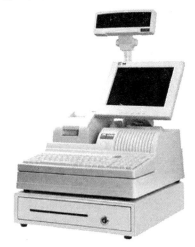

图 8.10　POS 机

4．POS 系统的运行步骤

（1）商品信息化。店铺销售商品都贴有表示该商品信息的条码或 OCR（Optical Character Recognition）标签。

（2）信息采集。在顾客购买商品结账时，收银员使用扫描读数仪自动读取商品条码标签或 OCR 标签上的信息，通过店铺内的微型计算机确认商品的单价，计算顾客购买总金额等，同时反馈给收银机，打印出顾客购买清单和付款总金额。

（3）信息传递。各个店铺的销售时点信息，通过 VAN 以在线联结方式即时传送给总部或物流中心。

（4）信息分析。在总部、物流中心和店铺利用销售时点信息进行库存调整、配送管理、商品订货等作业。通过对销售时点信息进行加工分析来掌握消费者的购买动向，找出畅销商品和滞销商品，以此为基础，进行商品品种配置、商品陈列、价格设置等方面的作业。

（5）信息利用。在零售商与供应链的上游企业（批发商、生产厂家、物流业者等）结成协作伙伴关系（也称为战略联盟）的条件下，零售商利用 VAN 以在线联结的方式，把销售时点信息及时传送给上游企业。这样，上游企业可以利用销售现场最及时准确的销售信息制订经营计划，进行决策。例如，生产厂家利用销售时点信息进行销售预测，掌握消费者的购买动向，找出畅销商品和滞销商品，把销售时点信息和订货信息进行比较分析来把握零售商的库存水平，以此为基础制订生产计划和零售商库存连续补充计划。

5．POS 系统在现代物流中的应用

（1）零售业的单品管理：指对店铺陈列、展示、销售的商品，以单个商品为单位进行销售跟踪和管理的方法。

（2）职工管理：指通过 POS 终端机上的计时器的记录，对每个职工的出勤状况、销售状况（以月、周、日甚至时间段为单位）进行考核管理。

（3）顾客管理：指在顾客购买商品结账时，通过收银机自动读取零售商发行的顾客 ID 卡或顾客信用卡，来把握每个顾客的购买品种和购买额，从而对顾客进行分类管理。

（4）自动读取销售时点的信息：在顾客购买商品结账时，POS 系统通过扫描读数仪自动读取商品条码标签或 OCR 标签上的信息，在销售商品的同时获得实时的销售信息，这是 POS 系统的最大特征。

（5）信息的集中管理：在各个 POS 终端获得的销售时点信息，以在线联结方式汇总到企业总部，与其他部门发送的有关信息一起由总部的信息系统加以集中，并进行分析加工。

## 8.4　GPS 与 GIS

### 8.4.1　GPS

1．GPS 的概念

全球定位系统（Global Positioning System，GPS）是利用空中卫星对地面目标进行精确导航与定位，以达到全天候、高准确度地跟踪地面目标移动轨迹的目的，它具有在海、陆、空进行全方位实时三维导航与定位的能力。美国从 20 世纪 70 年代开始研制 GPS，历时 20 年，耗资 200 亿美元，于 1994 年全面建成。

全球卫星定位系统是通过卫星对地面上运行的车辆、船舶进行测定并精确定位。在车辆、船舶或其他运输工具设备上配置信标装置，就可以接收卫星发射信号，以置于卫星的监测之下，通过接收装置就可以确认精确的定位位置。

2．GPS 的组成

GPS 系统包括三大部分：空间部分——GPS 卫星星座；地面控制部分——地面监控系统；用户设备部分——GPS 信号接收机，如图 8.11 所示。

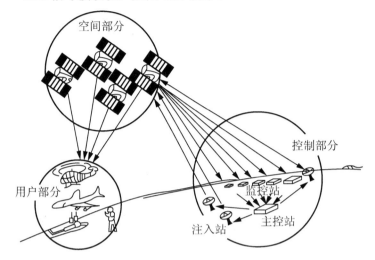

图 8.11　GPS 系统的组成

1）GPS 工作卫星及其星座

21 颗工作卫星和 3 颗在轨备用卫星组成 GPS 卫星星座，记作（21+3）GPS 星座。24 颗卫星均匀分布在 6 个轨道平面内，轨道倾角度为 55°，各个轨道平面之间相距 60′，即轨道的升交点赤经各相差 60°。每个轨道平面内各颗卫星之间的升交角距相差 90°，轨道平面的卫星颗数随着时间和地点的不同而不同，最少可以见到 4 颗，最多可以见到 11 颗。

2）地面监控系统

对于导航定位来说，GPS 卫星是一个动态已知点。卫星的位置是依据卫星发射的星历——描述卫星运动及其轨道的参数算得的。每颗 GPS 卫星所播发的星历，都是由地面监控系统提供的。卫星上的各种设备是否正常工作，以及卫星是否一直沿着预定轨道运行，都要由地面设备进行监测和控制。

3）信号接收系统

GPS 信号接收机的任务是：能够捕获到按一定卫星高度截止角所选择的待测卫星的信号，并跟踪这些卫星的运行，对所接收到的 GPS 信号进行变换、放大和处理，以便测量出 GPS 信号从卫星到接收机天线的传播时间，解译出 GPS 卫星所发送的导航电文，实时地计算出测站的三维位置，甚至三维速度和时间。

3．GPS 技术的特点

（1）定位精度高。应用实践已经证明，GPS 相对定位精度在 50 km 以内可达 $10^{-6}$，100～500km 可达 $10^{-7}$，1 000km 可达 $10^{-9}$。在 300～1 500m 工程精密定位中，1h 以上观测的解其平面位置误差小于 1mm，与 ME-5000 电磁波测距仪测定的边长比较，其边长误差最大为 0.5 mm。

（2）观测时间短。随着 GPS 系统的不断完善，软件的不断更新，目前，20 km 以内相对静态定位，仅需 15～20min；快速静态相对定位测量时，当每个流动站与基准站相距在 15 km 以内时，流动站观测时间只需 1～2 min，然后可随时定位，每站观测只需几秒钟。

(3) 测站间无须通视。GPS 测量不要求测站之间互相通视，只需测站上空开阔即可，因此可节省大量的造标费用。由于无须点间通视，点位位置根据需要可稀可密，使选点工作甚为灵活，也可省去经典大地网中的传算点、过渡点的测量工作。

(4) 可提供三维坐标。经典大地测量将采用不同方法分别对平面与高程进行测量。GPS 可同时精确测定测站点的三维坐标。目前，GPS 水准可满足四等水准测量的精度。

(5) 操作简便。随着 GPS 接收机的不断改进，自动化程度越来越高，有的已达"傻瓜化"的程度。接收机的体积越来越小，重量越来越轻，极大地减轻测量工作者的工作紧张程度和劳动强度，使野外工作变得轻松愉快。

(6) 全天候作业。目前 GPS 观测可在 24h 内的任何时间进行，不受阴天黑夜、起雾刮风、下雨下雪等气候的影响。

(7) 功能多、应用广。GPS 系统不仅可用于测量、导航，还可用于测速、测时。测速的精度可达 0.1m/s，测时的精度可达几十毫微秒。其应用领域不断扩大。当初，设计 GPS 系统主要是用于导航、收集情报等军事目的。但是，后来的应用开发表明，GPS 系统不仅能够达到上述目的，而且用 GPS 卫星发来的导航定位信号能够进行厘米级甚至毫米级精度的静态相对定位、米级至亚米级精度的动态定位、亚米级至厘米级精度的速度测量和毫微秒级精度的时间测量。因此，GPS 系统展现了极其广阔的应用前景。

4．GPS 的功能

(1) 定位功能。GPS 通过接收卫星信号，可以准确地定出其所在的位置（经纬度），位置误差小于 10 m。如果具有地图功能，可以在地图上相应的位置用一个记号标记出来。同时，GPS 还可以取代传统的指南针显示方向，取代传统的高度计显示海拔高度等信息。

(2) 测速功能。通过 GPS 对卫星信号的接收计算，可以测算出行驶的具体速度。

(3) 显示航迹功能。GPS 带有航迹记录功能，可以记录下车辆行驶经过的路线。

(4) 导航功能。GPS 可作为引导交通工具准确地沿着选定的路线准时到达目的地的手段。

(5) 防盗抢功能。

通过 GPS 上的控制盒来控制车辆的中控锁和一些传感器，在车辆被盗抢或非法移动时，设备就会把这种信号报告给监控中心和车主，从而进行相应的处理，如断油、断电等。

(6) 车辆的监控和调度功能。针对单位用户的车辆，车辆的行驶轨迹和状态都能在监控平台上显示出来，而且可以发布调度指令，由车载上的调度屏来接收，还可以实现限速控制等。

5．GPS 在现代物流中的应用

GPS 系统的建立给导航和定位技术带来了巨大的变化，它从根本上解决了人类在地球上的导航和定位问题，可以满足不同用户的需要。

(1) 对水运舰船的作用。对舰船而言，GPS 能帮助人们在海上协同作战，在海洋交通管制、海洋测量、石油勘探、海洋捕鱼、浮标建立、管道铺设、浅滩测量、暗礁定位、海港领航等方面做出贡献。

（2）对航运飞机的作用。对飞机而言，GPS 可以在飞机进场、着陆、中途导航、飞机会合、空中加油、武器准确投掷及空中交通管制等方面进行服务。

（3）对公路运输的车辆作用。在陆地上，GPS 可用于各种车辆、坦克、陆军部队、炮兵、空降兵和步兵等的定位，还可用于大地测量、摄影测量、野外调查和勘探的定位，甚至可以深入到每个人的生活中去，例如，用于汽车、旅行、探险、狩猎等方面。

（4）用于空间技术时的作用。在空间技术方面，GPS 可以用于弹道导弹的引航和定位、空间飞行器的导航和定位等。

6．GPS 设备的选型标准

（1）识别精度。识别精度是 GPS 设备的主要参数，对于不同的应用领域，识别精度的要求差别很大，对于一般的车辆跟踪识别，精度的要求并不是很高。

（2）通信方式。GPS 设备的关键是要实现数据的双向通信，因此通信方式十分重要，如蓝牙设备就必须与计算机连接后才能实现数据传输，通信方式的确定还需要考虑通信的传输速度。

（3）系统功能。GPS 的功能是可以扩展的，要与实际的应用情况相匹配，比如车辆的防盗功能就是在车辆的定位基础上实现车辆的动力系统控制。

### 8.4.2 GIS

1．GIS 的概念

地理信息系统（Geographical Information System，GIS）是多种学科交叉的产物，它以地理空间数据为基础，采用地理模型分析方法，适时地提供多种空间的和动态的地理信息，是一种为地理研究和地理决策服务的计算机技术系统。

2．GIS 的组成

GIS 主要由计算机硬件、计算机软件、地理空间数据和系统组织管理人员 4 部分组成。

（1）计算机硬件：计算机硬件主要由存储、处理和输入输出等设备组成，如图 8.12 所示。

（2）计算机软件：计算机软件主要有地理信息软件，数据库管理系统，支持地理查询、分析和视觉化的工具，能够使这些软件图形化的界面等，如图 8.13 所示。

（3）地理空间数据：GIS 中最重要的就是地理空间数据，该数据包括空间数据和属性数据。空间数据可以用栅格和矢量两种形式加以表达，表现了地理空间实体的位置、大小、形状、方向和几何拓扑关系。属性数据通常为文档或表格数据。

（4）系统组织管理人员：系统组织管理人员包括系统的建设管理人员和用户，GIS 系统设计、开发和维护的技术专家，还有使用系统并解决问题的专门人员。一个 GIS 的人员系统应该由项目负责人、信息技术专家、维护人员、程序员和操作员组成。

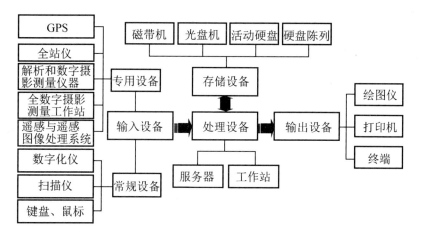

图 8.12　GIS 硬件组成

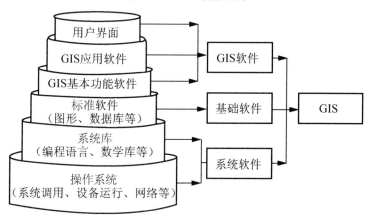

图 8.13　GIS 软件组成

3．GIS 的基本功能

GIS 的基本功能是将表格型数据（无论它来自数据库、电子表格文件还是直接在程序中输入）转换为地理图形显示，然后对显示的结果浏览、操作和分析。其显示范围可以从洲际地图到非常详细的街区地图，显示对象包括人口、销售情况、运输线路以及其他内容。

4．GIS 技术在现代物流中的应用

GIS 应用于物流分析，主要是指利用 GIS 强大的地理数据功能来完善物流分析技术。国外公司已经开发出利用 GIS 为物流分析提供专门工具的软件。完整的 GIS 物流分析软件集成了车辆路线模型、最短路径模型、网络物流模型、分配集合模型和设施定位模型等。

（1）车辆路线模型：用于解决一个起始点、多个终点的货物运输中，如何降低物流作业费用，并保证服务质量的问题，包括决定使用多少辆车、每辆车的行驶路线等。

（2）网络物流模型：用于解决寻求最有效的分配货物路径问题，也就是物流网点布局问题。例如，将货物从 $N$ 个仓库运往到 $M$ 个商店，每个商店都有固定的需求量，因此需要确定由哪个仓库提货送给哪个商店，使得运输代价最小。

（3）分配集合模型：可以根据各个要素的相似点把同一层上的所有或部分要素分为几个组，用以解决确定服务范围和销售市场范围等问题。例如，某一公司要设立 $X$ 个分销点，要求这些分销点要覆盖某一地区，而且要使每个分销点的顾客数目大致相等。

（4）设施定位模型：用于确定一个或多个设施的位置。在物流系统中，仓库和运输线共同组成了物流网络，仓库处于网络的结点上，结点决定着线路。如何根据供求的实际需要并结合经济效益等原则在既定区域内设立仓库，每个仓库的位置，每个仓库的规模，以及仓库之间的物流关系等，运用此模型均能很容易地得到解决。

## 本章小结

本章介绍了物流信息系统设备的式样、功能。自动识别设备是物流信息设备的主要组成部分，可以实现信息的高效采集、存储、传输和处理，在选择自动识别设备时应注意各种性能参数的选择必须与物流作业流程紧密结合。GPS 设备要注重其与交通工具的结合，引入动态的管理模式，实现物流运输流程的动态优化管理。

## 课后习题

一、填空题

1. RFID 系统由（    ）、（    ）和（    ）组成。
2. GPS 系统由（    ）、（    ）、（    ）三大部分组成。
3. 条码识读设备主要技术参数有（    ）、（    ）、（    ）、（    ）、（    ）、（    ）。

二、选择题

1. 实现 EDI 的关键是（    ）。
   A. 计算机应用　　　　　　　　B. 数据标准化
   C. 数据通信网络　　　　　　　D. 硬件设备
2. GIS 系统的组成有（    ）。
   A. 计算机硬件　　　　　　　　B. 地理空间数据
   C. 计算机软件　　　　　　　　D. 系统组织管理人员
3. RFID 根据工作频率分类可分为（    ）。
   A. 低频　　　　B. 高频　　　　C. 超高频　　　　D. 微波

三、简答题

1. 简述自动识别技术的主要作用。
2. 简述条形码数据采集器的物流应用领域。
3. 简述射频识别技术的技术特点。
4. 说明 POS 机的基本功能。
5. 简述 GPS 的主要技术特点。

## 四、案例分析题

### 沃尔玛信息技术的应用

沃尔玛使用 RFID 来管理供应链，降低沃尔玛的库存量，打击伪劣产品和保持低廉的销售价格，提高补货的效率，同时降低人工成本。

补货的关键在于补货信息及时提供给供应商。RFID 可以及时地反馈仓库的实时信息，可以反馈货架上货品的实时信息，这些信息可以实时通过互联网反馈到沃尔玛供应商的系统中。供应商可以及时将物品送到沃尔玛。供应商的商品出厂后，每个托盘都会打上 RFID 标签，在入库的时候无须人工干预，数据直接计入电脑，入库后可以由系统自动分拣，直接装上物流配送的车辆。

沃尔玛第一时间把物品摆放到货架上。进入店面仓库大门，无须手工扫描，入库数据直接计入电脑。在仓库中的各个库位均有读卡器的覆盖，可以实现库位的立体精确控制。店面仓库的货品拿出仓库大门时，出库数据进入电脑，摆放到货架后，可以实时监控物品被取走的情况。

2003 年 6 月，沃尔玛正式提出声明，要求旗下 100 家供应商自 2005 年 1 月开始必须无条件使用 RFID 标签于所提供的货箱上。供应商的货物在进入物流仓储中心前，由放置于大门的读卡器读取货箱（case）或托盘（pallet）资料进行仓储管理，并在货箱或托盘离开物流仓储中心时由另一组读卡器读取并记录。现实的商店中，货物管理包含货物进入商店后的管理与上架的管理，因此，分别布建一组读卡器记录货物的信息。

实施射频识别技术后，沃尔玛的各方面的成本和效率发生了很多变化，沃尔玛的 104 家超市、36 家山姆会员店和 3 个分销中心都已经使用了 RFID 技术，沃尔玛首席信息官 Unda Dillman 说，沃尔玛已经安装了 14 000 多个硬件和 230 多米电缆，100 家中的 57 家供应商已经完成了货物安装 RFID 标签的要求，到目前为止，沃尔玛已经读取了 7 161 个带有标签的货盘和 210 390 个货箱，已经记录了 150 万个电子产品代码信息。在分销中心的传送带上，零售商已经获得了 95% 的读取率，在分销操作的最后一环操作，也就是将货箱拆开放进压缩机的过程中，读取率达到 98%。

目前最大的问题还是读取整个货盘上所有货箱标签的读取率，只有 66%。脱销率降低了 16%，同时人工订货也减少了，从而使库存量降低了。

（资料来源：http://www.acctrue.com/rfid/rfid2-2.html. 有改动.）

问题：（1）说明选用射频识别设备需要考虑的主要因素。
　　　（2）说明该系统的主要组成部分以及各部分的功能。

【实训项目】条形码的制作
【实训目的】
（1）掌握条形码设备的基本使用方法。
（2）分析不同种类条形码的特点。
【实训内容】
（1）对比不同种类条形码的特点。
（2）分析条形码在使用中应考虑的影响因素。
【实验器材】
（1）条形码打印设备以及识别设备。
（2）不同种类的条形码打印纸。
（3）两种不同种类的货物若干。

【实验步骤】
（1）首先熟悉条形码打印设备的使用方法，并进行实际条形码的打印练习。
（2）利用不同种类的条形码打印相同的内容，对比分析不同种类条形码的特点。
（3）更换条形码打印纸，并调节不同的打印参数设置，比如分辨率等参数，全面地了解条形码打印设备的性能。
（4）利用识别设备对不同的条形码进行识别，分析条形码设备的兼容性。
（5）选择不同种类的货物进行条形码标签的粘贴，对于形状不规则的物品，分析表面平整度对识别效率的影响。

# 参 考 文 献

[1] 陈晖. 现代物流管理[M]. 郑州：郑州大学出版社，2010.
[2] 程捍东. 物流设施与设备[M]. 青岛：中国海洋大学出版社，2010.
[3] 付平德. 供应链管理[M]. 北京：机械工业出版社，2010.
[4] 王海兰. 物流设施与设备管理[M]. 北京：中国人民大学出版社，2011.
[5] 刘廷新. 物流设施与设备[M]. 北京：高等教育出版社，2009
[6] 王晨. 现代物流设施与设备[M]. 青岛：中国海洋大学出版社，2011.
[7] 唐四元. 现代物流技术与装备[M]. 北京：清华大学出版社，2008.
[8] 李联卫. 物流案例与实训[M]. 北京：化学工业出版社，2009.
[9] 王成林. 物流设施与设备[M]. 上海：上海交通大学出版社，2008.
[10] 蒋祖星，孟初阳. 物流设施与设备[M]. 北京：机械工业出版社，2009.
[11] 解云芝. 物流技术实务[M]. 北京：机械工业出版社，2007.
[12] 孔令中. 现代物流设备设计与选用[M]. 北京：化学工业出版社，2005.
[13] 刘昌祺. 物流配送中心设施及设备设计[M]. 北京：机械工业出版社，2004.
[14] 鲁晓春，吴志强. 物流设施与设备[M]. 北京：北京交通大学出版社，2005.
[15] 朱新民. 物流设施与设备[M]. 北京：清华大学出版社，2007.
[16] 张翠花. 物流设施与设备[M]. 北京：化学工业出版社，2009.
[17] 裴少峰，等. 物流技术与装备学[M]. 广州：中山大学出版社，2006.
[18] 周银龙. 物流装备[M]. 北京：人民交通出版社，2005.
[19] 米志强. 物流信息技术与应用[M]. 北京：电子工业出版社，2010.
[20] 魏国辰. 物流机械设备运用与管理[M]. 北京：中国物资出版社，2007.
[21] 张弦. 物流设施设备应用与管理[M]. 武汉：华中科技大学出版社，2009.
[22] 钟静，王魁. 物流设施与设备[M]. 长沙：湖南人民出版社，2007.
[23] 洪志杰. 物流设施设备[M]. 广州：广东经济出版社，2008.
[24] 张晓青. 物流管理基础[M]. 广州：华南理工大学出版社，2006.
[25] 董宏达. 生产企业物流[M]. 北京：清华大学出版社，2009.

# 北京大学出版社高职高专财经类规划教材书目

## 财务会计系列

| 序号 | 书　名 | 标准书号 | 主编 | 定价 | 出版年月 |
|---|---|---|---|---|---|
| 1 | 统计学基础 | 978-7-81117-756-5 | 阮红伟 | 30 | 201101 第 2 次印刷 |
| 2 | 统计学原理 | 978-7-81117-825-8 | 廖江平 | 25 | 201111 第 3 次印刷 |
| 3 | 统计学原理 | 978-7-301-21924-9 | 吴思莹 | 36 | 201301 |
| 4 | 统计学原理与实务 | 978-7-5038-4836-0 | 姜长文 | 26 | 201007 第 5 次印刷 |
| 5 | 实用统计基础与案例 | 978-7-301-20409-2 | 黄彬红 | 35 | 201204 |
| 6 | 经济学基础 | 978-7-301-21034-5 | 陈守强 | 34 | 201301 |
| 7 | 经济法实用教程 | 978-7-81117-675-9 | 胡卫东 | 39 | 201111 第 3 次印刷 |
| 8 | 经济法原理与实务 | 978-7-5038-4846-9 | 孙晓平 | 38 | 200905 第 3 次印刷 |
| 9 | 财经法规 | 978-7-81117-885-2 | 李　萍 | 35 | 201202 第 2 次印刷 |
| 10 | 会计基本技能 | 978-7-5655-0067-1 | 高东升 | 26 | 201211 第 3 次印刷 |
| 11 | 会计基础实训 | 978-7-301-19964-0 | 刘春才 | 29 | 201201 |
| 12 | 会计基础实务 | 978-7-301-21145-8 | 刘素菊等 | 27 | 201208 |
| 13 | 企业会计基础 | 978-7-301-20460-3 | 徐炳炎 | 33 | 201204 |
| 14 | 基础会计 | 978-7-5655-0062-6 | 常　美 | 28 | 201008 |
| 15 | 基础会计教程 | 978-7-81117-753-4 | 侯　颖 | 30 | 200907 |
| 16 | 基础会计教程与实训 | 978-7-5038-4845-2 | 李　洁 | 28 | 201008 第 5 次印刷 |
| 17 | 基础会计教程与实训（第 2 版） | 978-7-301-16075-6 | 李　洁 | 30 | 201301 第 2 次印刷 |
| 18 | 基础会计实训教程 | 978-7-5038-5017-2 | 王桂梅 | 20 | 201106 第 3 次印刷 |
| 19 | 基础会计原理与实务 | 978-7-5038-4849-0 | 侯旭华 | 28 | 200908 第 3 次印刷 |
| 20 | 财务管理 | 978-7-5655-0328-3 | 翟其红 | 29 | 201107 |
| 21 | 财务活动管理 | 978-7-5655-0162-3 | 石兰东 | 26 | 201301 第 2 次印刷 |
| 22 | 财务管理教程与实训 | 978-7-5038-4837-7 | 张　红 | 37 | 200911 第 3 次印刷 |
| 23 | 财务会计 | 978-7-5655-0117-3 | 张双兰 | 40 | 201101 |
| 24 | 财务会计（第 2 版） | 978-7-81117-975-6 | 李　哲 | 32 | 201003 |
| 25 | 财务会计 | 978-7-301-20951-6 | 张严心等 | 32 | 201208 |
| 26 | 财务会计实用教程 | 978-7-5038-5027-1 | 丁增稳 | 36 | 200805 |
| 27 | 财务会计实务 | 978-7-301-22005-4 | 管玲芳 | 36 | 201301 |
| 28 | 财务管理 | 978-7-301-17843-0 | 林　琳 | 35 | 201301 第 2 次印刷 |
| 29 | Excel 财务管理应用 | 978-7-5655-0358-0 | 陈立稳 | 33 | 201108 |
| 30 | 中小企业财务管理教程 | 978-7-301-19936-7 | 周　兵 | 28 | 201201 |
| 31 | 财务管理实务教程 | 978-7-301-21945-4 | 包忠明等 | 30 | 201302 |
| 32 | 成本会计 | 978-7-5655-0130-2 | 陈东领 | 25 | 201101 |
| 33 | 成本会计 | 978-7-81117-592-9 | 李桂梅 | 28 | 201207 第 3 次印刷 |
| 34 | 成本会计实训教程 | 978-7-81117-542-4 | 贺英莲 | 23 | 201101 第 3 次印刷 |
| 35 | 成本费用核算 | 978-7-5655-0165-4 | 王　磊 | 27 | 201211 第 3 次印刷 |
| 36 | 成本会计 | 978-7-301-19409-6 | 徐亚明 | 24 | 201211 第 2 次印刷 |
| 37 | 成本会计实务 | 978-7-301-19308-2 | 王书果 | 36 | 201108 |
| 38 | 成本会计 | 978-7-301-21561-6 | 潘素琼 | 27 | 201301 |
| 39 | 审计业务操作 | 978-7-5655-0171-5 | 涂申清 | 30 | 201301 第 2 次印刷 |
| 40 | 审计业务操作全程实训教程 | 978-7-5655-0259-0 | 涂申清 | 26 | 201204 第 2 次印刷 |
| 41 | 审计学原理与实务 | 978-7-5038-4843-8 | 马西牛 | 32 | 201007 第 2 次印刷 |
| 42 | 税务会计实用教程 | 978-7-5038-4848-3 | 李克桥 | 37 | 200808 第 2 次印刷 |
| 43 | 涉税业务核算 | 978-7-301-18287-1 | 周常青 | 29 | 201101 |
| 44 | 企业纳税实务 | 978-7-5655-0188-3 | 司宇佳 | 25 | 201101 |
| 45 | 企业纳税与筹划实务 | 978-7-301-20193-0 | 郭武燕 | 38 | 201203 |
| 46 | 纳税申报与筹划 | 978-7-301-20921-9 | 李英艳等 | 38 | 201207 |
| 47 | 企业纳税计算与申报 | 978-7-301-21327-8 | 傅凤阳 | 30 | 201210 |

| 序号 | 书　名 | 标准书号 | 主　编 | 定价 | 出版年月 |
|---|---|---|---|---|---|
| 48 | 会计电算化实用教程 | 978-7-5038-4853-7 | 张耀武 | 28 | 200802 |
| 49 | 会计电算化实用教程（第2版） | 978-7-301-09400-6 | 刘东辉 | 20 | 200806 |
| 50 | 电算会计综合实习 | 978-7-301-21096-3 | 陈立稳等 | 38 | 201208 |
| 51 | 会计电算化项目教程 | 978-7-301-22104-4 | 亓文会 | 34 | 201303 |
| 52 | 会计英语 | 978-7-5038-5012-7 | 杨　洪 | 28 | 200908 第2次印刷 |
| 53 | 财经英语阅读 | 978-7-81117-952-1 | 朱　琳 | 29 | 201301 第3次印刷 |
| 54 | 行业特殊业务核算 | 978-7-301-18204-8 | 余　浩 | 30 | 201101 |
| 55 | 预算会计 | 978-7-301-20440-5 | 冯　萍 | 39 | 201205 |
| 56 | Excel在财务和管理中的应用 | 978-7-301-22264-5 | 陈跃安等 | 33 | 201303 |

## 经济贸易系列

| 序号 | 书　名 | 标准书号 | 主　编 | 定价 | 出版年月 |
|---|---|---|---|---|---|
| 1 | 资产评估 | 978-7-81117-645-2 | 董亚红 | 40 | 201107 第2次印刷 |
| 2 | 国际结算 | 978-7-81117-842-5 | 黎国英 | 25 | 201207 第2次印刷 |
| 3 | 国际结算 | 978-7-5038-4844-5 | 徐新伟 | 32 | 200907 第2次印刷 |
| 4 | 国际贸易结算 | 978-7-301-20980-6 | 罗俊勤 | 31 | 201207 |
| 5 | 货币银行学 | 978-7-5038-4838-4 | 曹　艺 | 28 | 201206 第4次印刷 |
| 6 | 货币银行学 | 978-7-301-21181-6 | 王　菲等 | 37 | 201209 |
| 7 | 国际金融基础与实务 | 978-7-5038-4839-1 | 冷丽莲 | 33 | 200708 |
| 8 | 国际金融 | 978-7-301-21097-0 | 张艳清 | 26 | 201208 |
| 9 | 国际金融实务 | 978-7-301-21813-6 | 付玉丹 | 36 | 201301 |
| 10 | 国际贸易概论 | 978-7-81117-841-8 | 黎国英 | 28 | 201204 第4次印刷 |
| 11 | 国际贸易理论与实务 | 978-7-5038-4852-0 | 程敏然 | 40 | 200708 |
| 12 | 国际贸易实务 | 978-7-301-19393-8 | 李湘滇 | 34 | 201301 第2次印刷 |
| 13 | 国际贸易实务操作 | 978-7-301-19962-6 | 王言炉 | 37 | 201201 |
| 14 | 国际贸易实务 | 978-7-301-20929-5 | 夏新燕 | 30 | 201208 |
| 15 | 国际贸易实务 | 978-7-301-20192-3 | 刘　慧等 | 25 | 201305 第2次印刷 |
| 16 | 国际贸易实务 | 978-7-301-16838-7 | 尚　洁等 | 26 | 201208 |
| 17 | 国际商务谈判 | 978-7-81117-532-5 | 卞桂英 | 33 | 201001 第2次印刷 |
| 18 | 国际商务谈判（第2版） | 978-7-301-19705-9 | 刘金波 | 35 | 201112 |
| 19 | 国际商法实用教程 | 978-7-5655-0060-2 | 聂红梅 | 35 | 201204 第2次印刷 |
| 20 | 进出口贸易实务 | 978-7-5038-4842-1 | 周学明 | 30 | 200805 第2次印刷 |
| 21 | 金融英语 | 978-7-81117-537-0 | 刘　娣 | 24 | 201009 第3次印刷 |
| 22 | 财政基础与实务 | 978-7-5038-4840-7 | 才凤玲 | 34 | 201001 第2次印刷 |
| 23 | 财政与金融 | 978-7-5038-4856-8 | 谢利人 | 37 | 200808 第2次印刷 |
| 24 | 外贸单证 | 978-7-301-17417-3 | 程文吉 | 28 | 201109 |
| 25 | 新编外贸单证实务 | 978-7-301-21048-2 | 柳国华 | 30 | 201208 |
| 26 | 国际商务单证 | 978-7-301-20974-5 | 刘　慧等 | 29 | 201207 |
| 27 | 商务英语学习情境教程 | 978-7-301-18626-8 | 孙晓娟 | 27 | 201109 |
| 28 | 国际投资 | 978-7-301-21041-3 | 高田歌 | 33 | 201208 |
| 29 | 商业银行会计实务 | 978-7-301-21132-8 | 王启姣 | 35 | 201208 |
| 30 | 商业银行经营管理 | 978-7-301-21294-3 | 胡良琼等 | 27 | 201209 |
| 31 | 保险实务 | 978-7-301-20952-3 | 朱丽莎 | 30 | 201208 |
| 32 | 国际市场营销项目教程 | 978-7-301-21724-5 | 李湘滇 | 38 | 201301 |
| 33 | 报关实务 | 978-7-301-21987-4 | 董章清等 | 35 | 201301 |
| 34 | 报关与报检实务 | 978-7-301-16612-3 | 农晓丹 | 37 | 201303 |
| 35 | 报检报关业务：认知与操作 | 978-7-301-21886-0 | 姜　维 | 38 | 201301 |
| 36 | 外贸英语函电 | 978-7-301-21847-1 | 倪　华 | 28 | 201301 |
| 37 | 经济学基础 | 978-7-301-22536-3 | 王　平 | 32 | 201306 |
| 38 | 国际海上货运代理实务 | 978-7-301-22629-2 | 肖　旭 | 27 | 201306 |
| 39 | 国际贸易实务 | 978-7-301-22739-8 | 刘笑诵 | 33 | 201307 |
| 40 | 国际贸易与国际金融教程 | 978-7-301-22738-1 | 蒋　晶等 | 31 | 201307 |

## 营销管理系列

| 序号 | 书　名 | 标准书号 | 主　编 | 定价 | 出版年月 |
|---|---|---|---|---|---|
| 1 | 电子商务实用教程 | 978-7-301-18513-1 | 卢忠敏 | 33 | 201211 第2次印刷 |

| 序号 | 书 名 | 标准书号 | 主编 | 定价 | 出版年月 |
|---|---|---|---|---|---|
| 2 | 网络营销理论与实务 | 978-7-5655-0039-8 | 宋沛军 | 32 | 201112 第2次印刷 |
| 3 | 电子商务项目式教程 | 978-7-301-20976-9 | 胡 雷 | 25 | 201208 |
| 4 | 电子商务英语 | 978-7-301-17603-0 | 陈晓鸣 | 22 | 201111 第2次印刷 |
| 5 | 市场营销学 | 978-7-5038-4859-9 | 李世宗 | 28 | 200807 第2次印刷 |
| 6 | 市场营销 | 978-7-81117-957-6 | 钟立群 | 33 | 201207 第2次印刷 |
| 7 | 市场调查与预测 | 978-7-5655-0252-1 | 徐 林 | 27 | 201105 |
| 8 | 市场调查与预测 | 978-7-301-19904-6 | 熊衍红 | 31 | 201112 |
| 9 | 市场营销理论与实训 | 978-7-5655-0316-0 | 路 娟 | 27 | 201107 |
| 10 | 市场营销项目驱动教程 | 978-7-301-20750-5 | 肖 飞 | 34 | 201206 |
| 11 | 市场调查与预测情景教程 | 978-7-301-21510-4 | 王生云 | 36 | 201301 |
| 12 | 市场调研案例教程 | 978-7-81117-570-7 | 周宏敏 | 25 | 201101 第2次印刷 |
| 13 | 营销策划技术 | 978-7-81117-541-7 | 方志坚 | 26 | 201012 第2次印刷 |
| 14 | 营销策划 | 978-7-301-20608-9 | 许建民 | 37 | 201205 |
| 15 | 现代推销技术 | 978-7-301-20088-9 | 尤凤翔等 | 32 | 201202 |
| 16 | 推销与洽谈 | 978-7-301-21278-3 | 岳贤平 | 25 | 201009 |
| 17 | 商务沟通实务 | 978-7-301-18312-0 | 郑兰先 | 31 | 201112 第2次印刷 |
| 18 | 商务礼仪 | 978-7-5655-0176-0 | 金丽娟 | 29 | 201207 第2次印刷 |
| 19 | 商务礼仪 | 978-7-81117-831-9 | 李 巍 | 33 | 201205 第3次印刷 |
| 20 | 现代商务礼仪 | 978-7-81117-855-5 | 覃常员 | 24 | 201206 第3次印刷 |
| 21 | 商务谈判 | 978-7-5038-4850-6 | 范银萍 | 32 | 200908 第2次印刷 |
| 22 | 商务谈判 | 978-7-301-20543-3 | 尤凤翔等 | 26 | 201205 |
| 23 | 职场沟通实务 | 978-7-301-16175-3 | 吕宏程 | 30 | 201208 |
| 24 | 管理学基础 | 978-7-81117-974-3 | 李蔚田 | 34 | 201204 第3次印刷 |
| 25 | 管理学原理 | 978-7-5038-4841-4 | 季 辉 | 26 | 201007 第3次印刷 |
| 26 | 管理学原理与应用 | 978-7-5655-0065-7 | 秦 虹 | 27 | 201207 第2次印刷 |
| 27 | 管理学实务教程 | 978-7-301-21324-7 | 杨清华 | 33 | 201301 |
| 28 | 企业管理 | 978-7-5038-4858-2 | 张 亚 | 34 | 201007 第3次印刷 |
| 29 | 现代企业管理 | 978-7-81117-806-7 | 于翠华 | 38 | 200908 |
| 30 | 现代企业管理 | 978-7-301-19687-8 | 刘 磊 | 32 | 201301 第3次印刷 |
| 31 | 通用管理实务 | 978-7-81117-829-6 | 叶 萍 | 39 | 201101 第2次印刷 |
| 32 | 中小企业管理 | 978-7-81117-529-5 | 吕宏程 | 35 | 201108 第4次印刷 |
| 33 | 中小企业管理（第2版） | 978-7-301-21124-3 | 吕宏程 | 39 | 201305 第2次印刷 |
| 34 | 企业管理实务 | 978-7-301-20657-7 | 关善勇 | 28 | 201205 |
| 35 | 连锁经营与管理 | 978-7-5655-0019-0 | 宋之苓 | 37 | 201208 第3次印刷 |
| 36 | 企业经营管理模拟训练（含记录手册） | 978-7-301-21033-8 | 叶 萍等 | 29 | 201208 |
| 37 | 企业经营ERP沙盘实训教程 | 978-7-301-21723-8 | 葛颖波 | 29 | 201301 |
| 38 | 管理信息系统 | 978-7-81117-802-9 | 刘 宇 | 30 | 200907 |
| 39 | 现代公共关系原理与实务 | 978-7-5038-4835-3 | 张美清 | 25 | 201003 第2次印刷 |
| 40 | 公共关系实务 | 978-7-301-20096-4 | 李 东等 | 32 | 201202 |
| 41 | 人力资源管理 | 978-7-5038-4851-3 | 李蔚田 | 40 | 200802 |
| 42 | 人力资源管理实务 | 978-7-301-19096-8 | 赵国忻 | 30 | 201107 |
| 43 | 消费心理学 | 978-7-81117-661-2 | 臧良运 | 31 | 201205 第5次印刷 |
| 44 | 消费心理与行为分析 | 978-7-301-19887-2 | 王水清 | 30 | 201305 |
| 45 | 广告原理与实务 | 978-7-5038-4847-6 | 郑小兰 | 32 | 201007 第2次印刷 |
| 46 | 零售学 | 978-7-81117-759-6 | 陈文汉 | 33 | 201111 第2次印刷 |
| 47 | 商品学概论 | 978-7-5038-4855-1 | 方凤玲 | 20 | 201008 第3次印刷 |
| 48 | 秘书理论与实务 | 978-7-81117-590-5 | 赵志强 | 26 | 200812 |
| 49 | 广告实务 | 978-7-301-21207-3 | 夏美英 | 29 | 201209 |
| 50 | 营销渠道开发与管理 | 978-7-301-21214-1 | 王水清 | 34 | 201209 |
| 51 | 商务统计实务 | 978-7-301-21293-6 | 陈晔武 | 29 | 201209 |
| 52 | 秘书与人力资源管理 | 978-7-301-21298-1 | 肖云林等 | 25 | 201209 |